PE

Frederick Bailes

Ich lebe glücklich

In 7 Tagen ein neuer Mensch

Glauben Sie es nicht!
Versuchen Sie es!

Verlag PETER ERD · München

HIDDEN POWER FOR HUMAN PROBLEMS
by Frederick Bailes
Original English Language edition published by
Prentice-Hall, Inc., Englewood Cliffs, New Jersey 07632
Copyright © 1957 by Frederick Bailes

Umschlaggestaltung: Barbara Klauer
Aus dem Amerikanischen übertragen und bearbeitet
von Volker H. M. Zotz
Copyright © der deutschen Ausgabe Verlag PETER ERD, 1986
Alle Rechte, auch die des auszugsweisen Nachdrucks, der Übersetzung
und jeglicher Wiedergabe vorbehalten.
Printed in West-Germany
ISBN 3-8138-0064-4

Inhalt

Einführung 15
Einige Menschen meistern ihr Leben. Andere werden durch die Umstände des Lebens beherrscht. Worin besteht der Unterschied?

ERSTER TEIL: DAS GESETZ DER SCHÖPFERKARFT 25
Seine Entdeckung, Entwicklung und Erklärung

1. Kapitel: Der »unheilbar« Kranke findet Heilung 27
Der schöpferische Prozeß rettet ein Leben 28
Das Gesetz, nach dem der schöpferische Prozeß wirkt 30
Was denken die Wissenschaftler? 31
Was Jesus über dieses Gesetz sagte 32
»Wie soll ich es nur anpacken?« 32
Eingefahrene Denkbahnen müssen korrigiert werden 33
Wir lernen durch die Praxis, nicht durch die Theorie 34
Die drei Schritte 34
Die Widerstände fallen – die Heilung kommt 39

2. Kapitel: Ein Magengeschwür wird überwunden 43
Unser Glaube bedingt unsere Erfahrungen 45
Die Theorie der »Wurzel-Gedanken« 46
Wie ein »Wurzel-Gedanke« wirkt 47
Das Problem der Übersicht 49
Die Macht jenseits der Reizbarkeit 51
Das Ewige in Ihnen 53
Glauben Sie es nicht – versuchen Sie es! 56

3. Kapitel: Das Universum braucht Sie 61
Innere Zustände, die Unfälle verursachen 63
Wie der Wurzel-Gedanke der »Absonderung« wirkt 64
Das Universum ist eine Ganzheit 65
Das menschliche Verlangen nach Vereinigung 66

Vereinigung ist Heilung 69
Der rechte Weg zur Ganzheit 71

4. Kapitel: *Warum der Reiche reicher wird* 75
Das Einkommen richtet sich nach dem Bewußtsein 76
Die Segel bestimmen den Kurs, nicht der Wind! 78
Etwas ist immer in Ordnung 79
Unser Glück beginnt in uns 81
Wem gehört der »Schwarze Peter?« 84

5. Kapitel: *Warum die Angst wählen?* 89
Ein ängstlicher Geist fordert das Schicksal heraus 90
Die heilende Kraft des »Was soll's!« 92
Wie ein Bild zur Wirklichkeit wird 93
Hängen Sie jetzt die richtigen Bilder auf! 94
Wenn ein falsches Bild auftaucht, hänge man es nicht auf! . . . 95
Ein grundlegendes Gebet zur Erwartung des Positiven 96
Die Heilung beginnt sofort 99
Handeln Sie mutig, und Sie werden sich mutig fühlen! 100
Die große Kraft des freien Entschlusses 102
Sie können sich für Vertrauen und Sicherheit entscheiden . . . 103
Sie können sich für die spirituelle Erfahrung entscheiden . . . 105
Glauben ist Tat, nicht bloßes Gefühl 106

6. Kapitel: *Die Welt soll auf Ihrer Seite stehen* 111
Der Wurzel-Gedanke der Feindseligkeit 112
Bakterien bevorzugen ein bestimmtes Klima 113
Die Unendlichkeit kennt keine Feindseligkeiten 113
Das Recht des Bewußtseins 115
Was mir zusteht, wird mir zuteil werden 117
Vor dem »Haben« steht das »Sein« 119
Jeder Mensch ist ein geborener Sieger 121
Worte ohne Bewußtsein haben keine Wirkung 122
Das Problem des schüchternen Menschen 123
Das Zentrum der Zuneigung muß außerhalb des eigenen Wesens liegen 126

7. Kapitel: *Finden Sie Ihren Weg* 129
Das Universum ist niemals gehemmt 130
Die Wurzel-Gedanken wachsen 131

Versuchen Sie, das Beste zu erwarten 132
Die Ursache für Herzleiden 133
Glaube oder Tatsache? 135
Wir bekommen, was wir erwarten 135
Sehen Sie sich in universellem Lichte! 137

8. Kapitel: Wie man es schafft 141
Spirituelle Heilung vermittelt spirituelle Unabhängigkeit 142
Der Wurzel-Gedanke der Überlastung 143
Das Universum kennt keine Überlastung 145
Das Leben überlastet uns nicht 146
Durch uns wirkt die universelle Ganzheit 148
Das Problem des Alkoholismus 150
Wir alle wollen gewinnen 151
Die eingebildeten Siege des Alkoholikers 152
Wie die Illusion des Abseitsstehens beginnt 154
Was der Alkohol vermag, geht durch rechtes Denken besser! 155
Der Schutz des Unendlichen 156

9. Kapitel: Nichts ist für immer verloren 161
Der Wurzel-Gedanke, der Verluste herbeiführt 162
Was Gedanken verursachen, können Gedanken auch heilen 163
Stimmen Sie dem Verlust nicht zu! 164
Das Hinnehmen eines Verlustes führt zu weiteren 166
Positive Dinge zählen doppelt 167
Jedes Ende ist zugleich ein neuer Anfang 168

10. Kapitel: Machen Sie sich liebenswert! 173
Wir lehnen uns selbst ab, doch beschuldigen andere 174
Das eigenartige Gefühl der Wertlosigkeit 175
Liebe bedeutet, zuerst an den anderen zu denken 177
Wer an das Beste glaubt, wird es erhalten 179
Der unsichtbare Heiratsvermittler 179
Der unsichtbare Grundstücksmakler 181
Ihre Weltanschauung bestimmt Ihre Lebensqualität 183

11. Kapitel: Ihr ergebener Diener 187
Der Körper neigt von Natur aus zur Gesundheit 187
Wir sind nicht verdammt 188

Das Geheimnis der Lebensfülle 190
Glauben heißt heilen, nicht nur predigen 191
Das Unendliche möchte sich durch den Menschen ausdrücken 193
Das fortschreitend göttliche Wesen der Natur 195
Der Mensch ist das ideale Sprachrohr des Universellen 196
Das Mysterium der spirituellen Sehnsucht 198
Die menschliche Reise zur Selbsterkenntnis 199

ZWEITER TEIL: DIE ANWENDUNG DES GESETZES DER
SCHÖPFERKRAFT 203
Methoden, Übungen und Fallbeispiele

12. Kapitel: Wie man eine heilende Gebetsbetrachtung
vornimmt 205
Wir müssen einen universellen Standort einnehmen 206
Beim Beten ist der Leidende nicht direkt anzureden 207
Das Denken ist einziges Hilfsmittel! 208
Bitten Sie nicht! Sprechen Sie einfach die Wahrheit aus! 209
Praktische Beispiele 211
Wie lautet die universelle Wahrheit über uns? 212
Der Mensch ist ein Ausdruck göttlicher Ganzheit 214
Machen Sie sich keine Gedanken, wie es geschehen wird! 214
Lassen Sie sich nicht von »Aussichtslosigkeiten« entmutigen 215
Wie lange sollte eine Gebetsbetrachtung sein? 217
Wie oft sollte man eine Gebetsbetrachtung vornehmen? 218
Nur die Gedanken müssen geheilt werden 220
Schwächt persönliche »Unwürde« die Wirkung? 221
Wie man sich der Kraft versichert 221
Gebet und Arzt 223
Wie man mit dem Arzt zusammenarbeitet 225

13. Kapitel: Wirksame Hilfen bei der Gebetspraxis 229
Die »Nebel-Methode« 229
Die »Nebel-Methode« führt zur Heilung 230
Eine Gebetsbetrachtung zur »Nebel-Methode« 232
Die »Methode der unsichtbaren Welle« 233
Die »Methode der unsichtbaren Welle« in schwer durchschaubaren
Fällen 234
Die »Methode des Ausdehnens und Zusammenziehens« 235

Die Bedeutung spiritueller Bewußtheit 236
Die Kraft der Stille 237
Die »gebietende Methode« 237
Nichts kommt ohne unser Einverständnis 240
Die »Methode der räumlichen Konzentration« 241
»Was kann durch mich geschehen?« 244
Das heilende Gesetz ist das Gesetz der Liebe 246
Jeder Mensch kann Liebe entfalten 248

Anhang: Gebetsbetrachtungen für bestimmte Probleme 251
1. Der Wurzel-Gedanke der Überlastung 252
2. Der Wurzel-Gedanke des Verlusts 253
3. Der Wurzel-Gedanke der Störung und Hemmung 254
4. Der Wurzel-Gedanke der Reizbarkeit 255
5. Der Wurzel-Gedanke der Feindseligkeit 256
6. Der Wurzel-Gedanke der Ablehnung 257
7. Der Wurzel-Gedanke des falschen Handelns 258

Mati
gewidmet

Der Mensch
gleicht einem Strome mit verborgner Quelle.
Wer weiß, wo sein Dasein entspringt?
Doch geborgen sind wir in unermeßlichem Sein,
Teilhaber der Wahrheit des Ganzen,
Werkzeug und Ausdruck seines Wirkens.
Nichts erschaffen wir aus uns allein,
stets pulst und strahlt durch uns
des Ganzen Wirklichkeit und Glanz.

Beten heißt,
das Leben vom göttlichen Standpunkt erschaun:
Es preist die Ganzheit ihre Harmonie und zeigt,
wie wir verwoben im reichen Geflechte des Seins,
welches uns trägt, in unsren Taten waltet,
sich durch die Fäden unsres Handelns webt
und selbst in Herrlichkeit gestaltet.
                              (nach Ralph Waldo Emerson)

Einführung

Einige Menschen meistern ihr Leben. Andere werden durch die Umstände des Lebens beherrscht. Worin besteht der Unterschied?

In Ihrer Umgebung sehen Sie Siege und Niederlagen
Lesen Sie Ihre Tageszeitung: hören Sie, was die Nachbarn erzählen; gehen Sie mit offenen Augen durch die Straßen. Was können Sie überall wahrnehmen?

Die Menschen sehen unterschiedlich aus, sind verschieden groß und haben alle ihre Besonderheiten. Doch über alle diese Unterscheidungsmerkmale hinaus gibt es eine große Verschiedenheit. Einige Menschen sind glücklich und erfolgreich, andere dagegen sind es nicht.

Manche verbringen ihre Tage voller Selbstvertrauen, indem sie einen Erfolg und Glücksmoment an den anderen reihen. Sie scheinen mit einer *besonderen Kraft* begabt zu sein. Andere dagegen schleppen sich durch die vierundzwanzig Stunden jeden Tages, als wäre das Leben selbst eine schwere Last, und von der Zukunft erwarten sie sich ausschließlich *weitere Schwierigkeiten*.

Sind Sie ein Sieger oder ein Verlierer?
In welcher Gruppe haben Sie Ihr bisheriges Leben verbracht? Gehören Sie vielleicht zu jenen Menschen, die sich ohne Höhepunkte und Tiefpunkte durchs Dasein *winden*: Man fühlt sich dann niemals völlig schlecht, doch auch niemals richtig glücklich. Man versagt nie ganz, doch echte Erfolge scheinen unerreichbar. Niemals ist man so krank, daß ein Aufenthalt im Krankenhaus notwendig wäre, doch stets trübt ein kleines Leiden den Alltag und verhindert ein gesundes Leben.

Wie lange möchten Sie noch die Gesetzmäßigkeiten mißachten, die derart grundlegende Unterschiede zwischen den Menschen bedingen?

Sie brauchen meine Darlegungen nicht, um sicher zu erkennen, daß derartige Unterschiede zwischen den Menschen bestehen. Doch wenn Sie zu den Unglücklichen gehören, ist dies eine *unbezweifelbare Tatsache:* Sie haben bislang *keinen* Gebrauch von jenem GESETZ gemacht, welches diese Unterschiede bedingt. Es ist die bewußte oder unbewußte Anwendung dieses bedeutenden Gesetzes, die Gesundheit, Wohlergehen und inneren Frieden in dieser Welt möglich macht.

Handelt es sich um ein neues Gesetz? Selbstverständlich nicht; es wurde nur *erneut entdeckt!*

In den vergangenen fünfzig Jahren entdeckte der Mensch mehr über die Gesetze seines Lebens, als in all den vorangegangenen Jahrhunderten bekannt war.

Dieses Buch erklärt das Gesetz der Schöpferkraft und zeigt Methoden seiner Anwendung auf.

Es gibt ein uranfängliches Gesetz der Schöpferkraft, welches unaufhörlich im Menschen wirkt. Es kann ihm jene Dynamik schenken, die er benötigt, um die von ihm gewählten Ziele zu erreichen.

Dieses Gesetz wirkt gleichbleibend und ohne Unterbrechung. Stets bringt es unabhängig vom menschlichen Wissen darüber *irgend etwas* hervor. Schlechte Dinge und gute Dinge entstehen auf diese Weise, Glück oder Unglück, Erfolg oder Niederlagen.

Doch der Mensch kann die Ausrichtung der Wirkung dieses Gesetzes beeinflussen, indem er auf die rechte Weise mit ihm zusammenarbeitet. Hier liegt der eigentliche Schlüssel zum Leben. Mit anderen Worten:

Der Mensch kann dieses Gesetz zu seinem eigenen Nutzen anwenden. Es *existiert,* um ihm zu nützen, wobei es ebenso sicher, normal und gleichbleibend wie die Naturgesetze ist.

Um das Verständnis und die Anwendung dieses Gesetzes einer größeren Anzahl von Menschen zugänglich zu machen, habe ich dieses Buch geschrieben. Um es Ihnen ebenso leicht wie möglich zu machen, die positiven Möglichkeiten dieses Gesetzes zu erlangen, habe ich besonderen Wert auf Methoden und die Praxis gelegt.

Diese Darlegungen sind immer wieder überprüft und verbessert worden.

Seit über vierzig Jahren lehre ich das hier Dargelegte an verschiedenen Orten. Auch im Ausland haben sich diese Methoden vielfach bewährt, wenn sie von anderen Interpreten vorgestellt wurden.

Die Anzahl jener Menschen, welche, gleich bei welchem Wetter, jeden Sonntag kommen, um mich über jenes Gesetz sprechen zu hören, ist seit Jahren stets angestiegen. Wiederholt mußte ich größere Versammlungsstätten wählen. Heute füllen etwa zweitausendfünfhundert Männer und Frauen regelmäßig eine der größten Hallen des amerikanischen Westens. Wie erklärt man sich dieses wachsende Interesse?

Immer mehr Menschen erkennen die Wirksamkeit dieses Gesetzes! Sie erfahren die Wahrheit des hier Dargelegten!

Wie das Gesetz der Schöpferkraft schon wirkte.

Nur aus einem einzigen Grunde kommen diese Männer und Frauen in so erheblicher Zahl zu den Versammlungen: Sie erfahren hier etwas, das sie praktisch in heilsamer Weise anwenden können.

Folgendes durften sie dabei erleben:
– Genesung, wo die Krankheit unheilbar schien,
– Fortschritte im Beruf, wo man zuvor auf der Stelle trat,
– Inneren Frieden, wo man zuvor in Hast und Aufregung lebte,
– Harmonie im menschlichen Zusammenleben, wo zuvor Streit und Uneinigkeit herrschte.

Familien haben wieder zusammengefunden; schwer erziehbare Kinder entwickelten sich positiv; Alkoholiker wurden von ihrer zerstörerischen Sucht befreit; einsame Männer und Frauen fanden in ihrem Leben zu Liebe und Ehe.

Dieses Gesetz wirkt unabhängig von der Gesellschaftsschicht.

Wie ich selbst gesehen habe, konnten Menschen unterschiedlichster Gesellschaftsschichten und Einkommensklassen dieses Gesetz zu ihrem Vorteil anwenden. Darunter gibt es Firmenleiter und Fernfahrer, Filmschauspieler und Bühnenarbeiter, Universitätsprofessoren und Studenten, Sekretärinnen, Geschäftsmänner und Handwerker.

Alle diese Menschen weisen die *Freiheit* von einem Charaktermangel auf: Sie haben etwas gefunden, das ihre Bestrebungen von unbegründeten Meinungen, Ansichten und Mutmaßungen befreit. Sie haben die Anwendung jenes Gesetzes gelernt, welches ihre Ziele Wirklichkeit werden läßt.

Jedes Gesetz beherrscht Sie, solange Sie es nicht verstanden haben.
Sobald Sie ein Gesetz verstanden haben, können Sie sich seiner bedienen. Doch beherrschen Sie ein Gesetz nicht allein dadurch, daß Sie über seine Wirkung Bescheid wissen. Sie müssen alle Aspekte des Gesetzes kennen, es regelrecht studieren und durch Anwendung überprüfen.

Und dabei müssen Sie absolut ehrlich gegenüber sich selbst bleiben. Gehen Sie niemals der Wahrheit aus dem Weg, indem Sie fadenscheinige Ausreden suchen. Laufen Sie nicht davon, wenn Sie in sich selbst bislang verborgene unerwünschte oder unedle Motive und Neigungen entdecken. Schrecken Sie nicht vor den notwendigen Schritten zurück, die bei der Eroberung der ganzen Wahrheit über Sie selbst gegangen werden müssen.

Sie müssen Ihr eigenes Wesen von Grund auf in neuer Weise gestalten. Dies erfordert sorgfältiges Lesen, klares Beobachten und ehrliche Anstrengung.

Um Sie dabei zu unterstützen, finden Sie am Ende eines jeden Kapitels Gedanken und Aussagen, die Ihre eigenen Überlegungen herausfordern sollen. Ich empfehle Ihnen, diese prägnanten Gedanken nach dem Durcharbeiten des jeweiligen Kapitels herauszuschreiben, um sie dann an Stellen anzubringen, wo diese oft von Ihnen gesehen werden. Hier bieten sich Plätze neben den Spiegeln im Bad und Schlafzimmer oder in der Nähe von Türen an.

Das Gesetz der Schöpferkraft hat nichts mit psychologischen Kniffen zu tun.

Dieses Buch handelt nicht vom Erlernen psychologischer Tricks, denn das Gesetz, um das es hier geht, ist von ganz anderer Art als derartige Kniffe.

Auf den folgenden Seiten werden Sie die genaue Natur dieses Gesetzes erfahren, doch sollte ich es hier schon kurz andeuten. Das Gesetz besagt, daß *alle Gedanken Wirklichkeiten sind*. Wenn wir unsere Gedanken in harmonischen Einklang bringen mit dem unermeßlichen Sein, in dem wir eingebettet sind, also mit dem, was religiöses Erleben als das Göttliche bezeichnet, *wird dieses Gesetz unsere hierdurch vollkommenen Gedanken zu vollkommenen Erfahrungen werden lassen.*

Die Kraft, die Sie tun läßt, was Sie tun wollen
Ein Richter des kalifornischen Gerichtshofes sagte einmal zu mir: »Ich weiß, daß ich meine eingefahrenen Gedankenmuster ändern sollte. Ich will das auch und habe es mir fest vorgenommen.« Doch dann fragte er fast verzweifelt: »Doch wie soll ich es nur anpacken? Ich habe es versucht, doch ich schaffe es nicht! Mein Denken scheint zwar mit meinem Wunsch nach Veränderung überein zu stimmen, doch es geht einfach in der gewohnten Weise weiter. Nun bin ich niedergeschlagener und enttäuschter als vorher, denn ich weiß, daß es besser sein könnte, doch ich bin unfähig, mein Leben entsprechend zu ändern.«

Wie so viele Menschen hatte dieser Mann zu einer *Ethik* gefunden, also zu Prinzipien, nach denen er sein Leben regeln möchte. Doch es fehlte ihm die *Dynamik*, die Kraft, ihn das tun zu lassen, was er tun will.

Dieses Buch möchte den entsprechenden Prozeß klar durchschaubar machen.
Aus diesem Grunde habe ich es in zwei Teile gegliedert.

Der erste Teil soll darüber berichten, wie ich dieses Gesetz der Schöpferkraft vor über dreißig Jahren wiederentdeckte, wobei es mir damals tatsächlich das Leben rettete. Es soll gezeigt werden, wie sich die Darlegung dieses Gesetzes entwickelte, bis es heute schließlich von Hunderttausenden Menschen beachtet wird. Dieser erste Teil soll das Gesetz auch in einer Weise erklären, die es Ihnen zweifelsfrei erlaubt, es zu verstehen. Hierzu soll auch gezeigt werden, wie die Anwendung des Gesetzes das Leben verschiedener Menschen, die mich um Hilfe baten, veränderte. (Vielleicht werden Sie etwas von jenem Geschäftsmann lernen können, der wütend und mit rot angelaufenem Gesicht zu mir kam, um mir zu sagen, daß ich im Rundfunk falsche Ansichten vertreten hätte. Schließlich führte seine vertraute Gewohnheit, den Sonnenuntergang über dem Meer zu beobachten, zum Beginn seiner Rückkehr zu innerer Ruhe durch den schöpferischen Prozeß.)

Der zweite Teil wird Sie mit allen notwendigen Methoden zum Gebrauch dieses schöpferischen Prozesses vertraut machen.
Der zweite Teil besteht aus drei Abteilungen. Diese könnten Ihnen zum Start eines neuen Lebens verhelfen.
Sie finden hier eine vollständige Darstellung des Themas, *wie man geistige Heilkraft benutzen kann.* Sie werden dabei erfahren, *weshalb* Sie vor einem Beginn die Möglichkeit des Erfolges anerkennen müssen und *weshalb* Sie sich innerlich niemals *gegen* klar vorgestellte Krankheiten oder körperliche Zustände wenden sollten.
Sie finden Antworten auf Fragen folgender Art:
– Wie kann durch das Gebet geistige Heilkraft aktiviert werden?
– Wie oft sollte geistige Heilkraft auf diese Weise eingesetzt werden?
– In welchem Zusammenhang steht ein diesbezüglicher Erfolg mit meiner eigenen Verwirklichung und meinen Mängeln?
– Kann das Aktivieren geistiger Heilkraft die ärztliche Therapie unterstützen?
Alles Notwendige zu Ihrem baldigen Nutzen der mächtigen Wirkungen des Gesetzes der Schöpferkraft soll hier deutlich und anwendbar dargelegt werden.

Es gibt bestimmte Methoden, die dabei helfen, den Prozeß in Bewegung zu setzen.
Eine weitere Abteilung des zweiten Teiles wird Ihnen die vollständigen Einzelheiten über fünf unterschiedliche Methoden unterbreiten, die den schöpferischen Prozeß tatsächlich in Gang bringen können. Diese Methoden wurden von mir in den vergangenen dreißig Jahren

ausgearbeitet, und ich gebrauche sie heute, um hilfsbedürftigen Menschen damit zu dienen.

Diese Methoden wirken nicht wie ein Zauberstab, mit dem man eigenartige und undurchschaubare Bewegungen ausführt. Vielmehr entspringen sie einer klaren Schau der menschlichen Natur.

Der Mensch denkt *in Bildern*. Worte und Begriffe dagegen sind Werkzeuge, die uns dabei helfen, uns mit anderen über diese Bilder zu verständigen. *Die hier angesprochenen Methoden sind so aufgebaut, daß Sie sich das Wirken des schöpferischen Prozesses bildhaft vorstellen können.*

Auf diese Weise wird Ihr eigenes Vertrauen und Ihr Einsatz gestärkt, wodurch höhere Wirksamkeit entsteht.

Ich habe diesen Methoden folgende Bezeichnungen gegeben:
1. Die »Nebel-Methode«
2. Die »Methode der unsichtbaren Welle«
3. Die »Methode des Ausdehnens und Zusammenziehens«
4. Die »gebietende Methode«
5. Die »Methode der räumlichen Konzentration«.

Sie erfahren etwas über die Wurzeln Ihres unheilsamen Denkens, die Möglichkeiten, dieses zu überwinden und hierfür hilfreiche kurze meditative Gebete.

Obwohl ein ganzes Buch über die Schwierigkeiten, die aus den Wurzeln unheilsamen Denkens entspringen, geschrieben werden könnte, möchte ich doch versuchen, hier in einem eigenen Kapitel genügend Hinweise zu geben, daß Sie die Bedingungen Ihrer diesbezüglichen Probleme erkennen können. Für jeden dieser Fälle sollen innere Möglichkeiten der Überwindung angesprochen werden.

Schließlich sollen auch die geistigen Wirkungen der Gebetspraxis als Hilfe in den unterschiedlichsten Situationen betrachtet werden. Hierzu gebe ich Ihnen Beispiele an, die alle notwendigen Elemente enthalten und die Sie nach Ihren Bedürfnissen erweitern können. Auf diese Weise gestalten Sie diese knappen Vorgaben durch Ihre eigenen Worte und Gedanken zu einem Ausdruck Ihres *persönlichen Bewußtseins*.

Um Ihnen ein solches Ergänzen meiner Vorgaben zu erleichtern, wurden an den entsprechenden Stellen in diesem Buch jeweils einige Zeilen freigelassen, die Sie mit Ihren eigenen Worten und Gedanken füllen können. Auf diese Weise geraten Ihre Einfälle nicht in Vergessenheit, und Sie finden das für Sie Wesentliche an einem Ort.

Sie können sich zum Beginn eines neuen Lebens entschließen.
Menschen können seltsam sein: Man sagt ihnen, daß es möglich ist, die Lasten eines ziel- und sinnlosen, schwierigen Lebens abzuwerfen, unter dem sie jahrelang gelitten haben. Sie schauen interessiert und nicken sogar zustimmend mit dem Kopf. Doch was denken sie in ihrem Innersten: »Das ist zu schön, um wahr zu sein!«

Wenn dieser verbreitete Gedanke des Zweifels auch in Ihnen nagt, *dann reißen Sie ihn aus Ihrem Herzen!*

Nichts ist sicherer als folgende Tatsache: Wenn Sie Ihr Leben wirklich ändern wollen, wenn Sie sich ein erfülltes und erfolgreiches Dasein wünschen, *dann ist dies Ihr bestimmtes Ziel, das Sie auch erreichen können.*

Das Prinzip eines Neubeginns ist überraschend einfach. Das neue Leben gehört Ihnen, wenn Sie sich dazu entschließen, es anzustreben.

Würden Sie sieben Tage dafür investieren, Ihr Leben von Grund auf zu erneuern?
Manchmal verändert sich das Leben eines Menschen, der das Gesetz der Schöpferkraft versteht und zur Erneuerung seines Daseins anwendet, sofort und unmittelbar. Bei anderen vollzieht sich die Änderung eher langsam, weil sie zunächst viel überwinden müssen oder das Gelernte noch nicht gleich vollkommen anwenden können.

Doch ich darf voller Überzeugung Folgendes aussagen:
WENN SIE DIE PRINZIPIEN DES SCHÖPFERISCHEN PROZESSES, DIE AUF DEN FOLGENDEN SEITEN DARGELEGT WERDEN, PRAKTISCH ANWENDEN, WERDEN SIE INNERHALB VON SIEBEN TAGEN EINE NEUE KRAFT IN IHREM LEBEN ERKENNEN UND SPÜREN.

Die Erfahrung von dreißig Jahren und die Erlebnisse mit Tausenden Menschen verbürgen die Wahrheit dieser Aussage.

Ihre Tat zählt mehr als Ihr Empfinden!
Eine der eigenartigsten Tatsachen über das Gesetz der Schöpferkraft besteht darin, daß es bei Anwendung auch dann wirksam wird, wenn Sie nicht vollständig davon überzeugt sind. *Das Gesetz hängt nicht von Ihrem Glauben daran ab! Es ist in sich selbst wahr!*

Ihr »Glaube« an dieses Gesetz braucht nur soweit zu gehen wie die Absicht, es in Bewegung zu setzen. Dann wird das Gesetz von selbst wirken.

Sie können diesen Gedanken sogar in Ihre Gebetspraxis aufnehmen, indem Sie sagen: »Die Gesetzmäßigkeit wirkt für mich, wie sie für jeden anderen wirkt. Es ist gleichgültig, ob *ich* ihre Wahrheit erkenne oder nicht.«

Wenn Sie bis zu dieser Stelle gelesen haben, dann ist der Anfang schon gemacht.
Warum haben Sie zu diesem Buch gegriffen? War es reine Neugierde oder das ernsthafte Interesse, jene Gesetze kennenzulernen, die Ihr Dasein verbessern können? Haben Sie es zufällig bei einem Freund, in einer Bibliothek oder Buchhandlung aufgeschlagen?

Oder war es mehr als Zufall, mehr als Interesse oder Neugierde?

Oder war es bereits Ausdruck des schöpferischen Prozesses selbst, der Sie zu einem solchen Buch greifen ließ und Sie veranlaßte, bis zu dieser Stelle zu lesen? Nach allem, was wir über dieses Gesetz wissen, wäre das durchaus möglich. Eine *gewisse unbewußte Kenntnis* über das Gesetz der Schöpferkraft glimmt im Herzen jedes Menschen wie eine kleine Flamme.

Lesen Sie weiter, und diese kleine Flamme wird wachsen, bis sie im vollen Wirken des schöpferischen Prozesses gewaltig und leuchtend erscheint. Dann wird in dieser reinen Flamme alles Niedrige in Ihnen verzehrt, und aus der Asche des alten Daseins steigt ein neues, strahlendes und wunderbares Leben empor.

Vollziehen Sie folgende innere Betrachtung, um schon beim ersten Lesen den größten Nutzen aus diesem Buch zu ziehen.
Auch wenn Sie augenblicklich diese Worte lesen, könnte Ihr Geist

dennoch mit irgendwelchen Schwierigkeiten beschäftigt sein. Dann wäre es nicht möglich, die nachfolgende Betrachtung in ihrer ganzen Tiefe aufzunehmen. Einzelne Punkte könnten übersehen werden, wodurch Sie nicht zur vollen Einsicht in das Gesetz der Schöpferkraft fänden.

Darum entspannen Sie sich zunächst, um Ihren Geist in den besten Zustand zu versetzen, bevor Sie die folgende Betrachtung vornehmen.

Denken Sie an den friedlichsten Augenblick, an den Sie sich erinnern können. Überblicken Sie mit dem inneren Auge die damalige Situation, und rufen Sie so das Erlebnis all jener Umstände in sich wach, die jenem Augenblick seinen Frieden, seine Schönheit und seine Denkwürdigkeit gaben.

Wenn Ihr Geist ganz mit dem lebendigen Frieden jener Erinnerung erfüllt ist, lesen Sie die folgenden Worte. Lesen Sie zuerst immer nur einen Absatz, um dann eine Weile über dessen Inhalt nachzudenken. Lassen Sie sodann diese Gedanken mit Ihrem Bewußtsein verschmelzen.

»*Ich bin Ausdruck und Abbild des unermeßlichen Seins. Ein Teilchen, in dem sich doch das Ganze offenbart. Der tiefe Frieden, der die Natur des Unermeßlichen ist, wohnt darum auch in meinem Herzen und ist das Wesen meines Daseins.*

Nichts vermag diesen Frieden letztlich zu stören. Was immer auch die Ursachen meiner Leiden sein mögen, sie besitzen keine dauerhafte Wirklichkeit in der wahren Natur des Seins.

Mein Wesen ist geborgen im Frieden des Unermeßlichen wie das Kind in den Armen der liebenden Mutter. Vollkommen umfangen mich der Frieden und die Stille des Unermeßlichen.

Schweige mein Inneres! Und erkenne, wie ich Teil des Ganzen bin. Ruhig werde ich im Angesicht der Gegenwart des Unermeßlichen. Unendliche Stille kehrt in mich ein. Auch wenn draußen der Sturm tobt, ich spüre in mir den Frieden, der letztlich alles umfaßt. Unerschütterlich bin ich auf diese Weise, ruhig, gelöst und dem Höheren geöffnet.«

Erster Teil

Das Gesetz der Schöpferkraft

Seine Entdeckung, Entwicklung und Erklärung

1. Kapitel

Der »unheilbar« Kranke findet Heilung

Im Herbst des Jahres 1915 war ein junger Mann dem Tode geweiht. Wenige, die ihn in London durch die Straßen gehen sahen, hätten das angenommen. Die einzig sichtbaren Anzeichen seiner Todesnähe waren eine ungewöhnliche Blässe und der süßliche Geruch seines Atems.

Fachkundige Ärzte hatten diesen jungen Menschen aufgeklärt, daß er unter Diabetes, der Zuckerkrankheit, litt. Dieses Leiden galt als unheilbar. Selbst bei der verordneten sorgfältigen Diät sollte die Lebenserwartung noch etwa achtzehn Monate betragen. (Damals hatte Dr. Banting noch nicht das Insulin entdeckt.)

Der junge Mann war entsetzlich irritiert. Wie konnte das geschehen? Warum hatte Gott zugelassen, daß ihn eine derart schreckliche Krankheit befällt? Er fragte sich dies, weil er sich als Theologiestudent lange Jahre auf ein Leben im Dienst Gottes vorbereitet hatte. Er hatte immer gedacht, Gott wäre auf *seiner* Seite, denn es war seine Absicht gewesen, in Zukunft Kranken geistlichen Beistand zu leisten.

Harte Arbeit, billige Mahlzeiten und unablässige Studien bis in die frühen Morgenstunden hatte er freudig auf sich genommen. Mit höchsten Erwartungen hatte er sich auf das gefreut, was er künftig für seine Mitmenschen tun wollte.

Dabei war er kein ausgesprochener Stubenhocker. Immer wollte er voll am ganzen Leben teilnehmen. Wie die meisten anderen Neuseeländer war auch er ein athletischer Typ. Golf, Schwimmen, Tennis, Kricket, Fußball, Radfahren, Gewichtheben, Boxen, Ringkampf, Jagen und Fischen bildeten wesentliche Teile seines Daseins. Er liebte das Leben, und er wollte nichts lieber tun, als wahrhaft zu leben.

Und nun, ganz plötzlich, sollte ihm all das genommen werden. Er konnte es nicht glauben. Er *wollte* es nicht glauben.

Eines Tages, es war ein paar Wochen nach der schrecklichen Offenbarung der Ärzte, griff er scheinbar grundlos nach einem Buch im Hause eines Freundes. Diese einfache Handlung änderte die Richtung seines Lebens, denn das Wissen, das er aus diesem Buch gewann, führte nicht nur zur Heilung seiner scheinbar tödlichen Krankheit, sondern es ließ ihn auch eine abenteuerliche geistliche Laufbahn einschlagen, die sich von der ursprünglich geplanten völlig unterscheiden sollte.

Der Autor jenes Buches, Thomas Troward, war ein tief religiöser Engländer, der als Richter in Indien gewirkt hatte. Er studierte die indischen Religionen, das Christentum und das Judentum.

Zwar geht er in seinem Buch nicht besonders auf das Heilen körperlicher Krankheiten ein, doch skizziert er ein tief im Wesen des Universums verankertes Prinzip, welches die menschlichen Wünsche, Hoffnungen und Absichten aufgreift und ihnen Gestalt verleiht. Er zeigt dabei auf, wie sich dies jedesmal vollzieht, wenn wir denken. Mit dem Scharfsinn eines Rechtsgelehrten legt er in seinem Buch einen Fall dar, der seine Behauptung beweisen soll, daß jedermann alle seine Wünsche Wirklichkeit werden lassen kann durch jenen unermeßlichen schöpferischen Prozeß, der durch das Denken der Persönlichkeit wirkt.

Der schöpferische Prozeß rettet ein Leben

Der junge Zuckerkranke gehörte einer besonders strenggläubigen religiösen Richtung an. Aus diesem Grund schreckte er zunächst vor einigen ungewöhnlichen Äußerungen Trowards zurück. Doch was hatte er zu verlieren? Die ihm bislang unbekannten Auslegungen biblischer Aussagen durch Troward könnten zutreffend sein; so entschloß er sich, dessen Ideen offen zu überprüfen.

Hätte der junge Mann hierbei keinen Erfolg gehabt, könnten Sie heute nicht dieses Buch lesen; denn dieser junge Mann war ich.

Meine Heilung von der Zuckerkrankheit ist nichts, was ich mir eingebildet habe. Ich sollte die Gelegenheit bekommen, dies in strengen medizinischen Untersuchungen unter Beweis zu stellen, als ich später eine Lebensversicherung abschließen wollte. Die Versicherungsgesellschaft wies mich sogleich ab, nachdem sie von meiner Krankengeschichte gehört hatte. Doch bestand ich darauf, vollkommen geheilt zu sein. So schlug ich vor, mich den härtesten ärztlichen Prüfungen zu unterziehen. Unter ständiger Aufsicht mußte ich unvorstellbare Mengen an Zucker zu mir nehmen, und alle Reaktionen meines Körpers hierauf wurden sorgfältig getestet. Schließlich stuften mich die Ärzte in der geringsten Risikoklasse ein, und die Gesellschaft gewährte mir die Versicherung.

Seit damals habe ich bewiesen, daß dieses universelle Prinzip auf alle Situationen Anwendung finden kann. Es erschöpfen sich seine Möglichkeiten keinesfalls in der Heilung körperlicher Krankheiten. Das gleiche Gesetz, das für die Wiederherstellung meiner Gesundheit verantwortlich ist, wirkt auch im Geschäftsleben. Es ist dasselbe Prinzip, durch das erfolgreich mit Nahrungsmitteln, Versicherungen, Autos und Grundstücken gehandelt wird. Es kann das Leben eines Menschen mit Liebe erfüllen, ihn für schwierige Prüfungen reif machen und Harmonie in eine chaotische Umwelt bringen. Es ist ein universelles Prinzip, durch das die Wünsche des Menschen wahr werden können, ohne hierdurch andere zu schädigen.

Meine erste Erfahrung mit der wahrhaft unbeschränkten Nützlichkeit dieses Gesetzes hatte ich 1921, als ich im Rahmen eines öffentlichen Versorgungsunternehmens in Beloit, Wisconsin, tätig war. Fünf darin erfahrene Angestellte und ich erhielten die Aufgabe, Vorzugsaktien im Werte einer halben Million Dollar an die Kunden des Unternehmens zu verkaufen. Zwar war ich in solchen Dingen gänzlich unerfahren, doch die Kenntnis des schöpferischen Prinzips ließ mich die anderen fünf bei weitem übertreffen. Später konnte ich auf die gleiche Weise Wertpapiere für mehrere Millionen Dollar in Illinois und Wisconsin trotz harter Konkurrenz verkaufen. Doch dies geschah nicht, weil ich besondere Fähigkeiten besaß, denn die meisten meiner Konkurrenten waren tatsächlich begabter.

Jenes Gesetz, das ich das *Gesetz der Schöpferkraft* nenne, wird sich bei jeder menschlichen Tätigkeit, in der wir es vertrauensvoll anwenden, bewähren.

Das Gesetz, nach welchem der schöpferische Prozeß wirkt

Das Gesetz der Schöpferkraft kann durch ein einfaches Gleichnis umschrieben werden: Stellen Sie sich vor, daß das menschliche Dasein von einem unendlichen Fluß des Geistes umgeben ist. Alle Gedanken eines Menschen sinken in diesen Fluß ein, der diesen sodann in einem unaufhörlichen Prozeß eine ihnen entsprechende Gestalt verleiht. Dieser Fluß scheint dem Menschen zu gehorchen, denn es liegt in seiner Natur, Gedanken in wahrhafte Erfahrungen zu verwandeln. Seine diesbezügliche Kraft ist unbegrenzt, seine Kenntnis der jeweiligen Mittel und Wege unendlich, seine Gestaltungskraft verwirklicht sich ohne die geringsten Vorbehalte. Dieser Fluß ist der aktive Aspekt eines allumfassenden göttlichen Seins.

Wenn nun sämtliche menschliche Gedanken in Erfahrungen, in Vorfälle des tatsächlichen Lebens verwandelt werden, folgt daraus, daß ein Mensch, der vollkommene Erfahrungen machen möchte, zunächst vollkommene Gedanken hervorbringen muß. An diesem Punkt könnte man vielleicht verzweifeln. Doch hier liegt auch der Schlüssel und die Gewißheit eines erfüllten Lebens, das jenseits aller Vorstellungen liegt. Wir brauchen nicht in unseren bemitleidenswert unvollkommenen Gedanken und Einbildungen nach der Vollkommenheit zu suchen. Das unermeßliche Sein bringt bereits jene Inhalte hervor, die uns zu dem führen, was wir uns wünschen. Wir brauchen uns nur zu entschließen, unser Denken mit der Ganzheit des Seins in Harmonie zu bringen, bildhaft gesprochen: *das Göttliche seine Gedanken durch uns denken zu lassen.* Jener unendliche Fluß des Geistes, das Gesetz der Schöpferkraft, wird als gehorchender Diener den Rest erledigen.

Was denken die Wissenschaftler?

Man wird noch an das Gespräch zwischen Roger Babson und Charles Steinmetz, das Genie von Schenectady, denken, bei welchem es auch um die Frage ging, welcher Forschungszweig in den kommenden fünfzig Jahren die bedeutendste Entwicklung erleben würde. Statt auf das Gebiet der Elektronik einzugehen, wie man erwartet hätte, sagte Steinmetz, daß er sich die bedeutendsten Entdeckungen auf dem Gebiet der *Spiritualität* verspricht.

Mit seinen eigenen Worten: »Hier haben wir es mit einer Kraft zu tun, die sich durch die Geschichte als der wesentlichste Faktor menschlicher Entwicklung erwiesen hat. Bisher haben wir nur damit gespielt. Noch haben wir sie nicht ernsthaft studiert wie die Kräfte der Materie. Eines Tages werden die Menschen gelernt haben, daß materielle Dinge kein Glück bringen und wenig dazu beitragen, den Menschen schöpferisch und individuell begabt zu machen. In naher Zukunft werden die Wissenschaftler ihre Laboratorien verwandeln, um das Göttliche, das Beten und die spirituellen Kräfte zu erforschen, die man derzeit nur sacht berührt hat. *Wenn dieser Tag kommt, wird die Erde in einer Generation größeren Fortschritt erfahren als in den vergangenen vier.*« Sicher würde Steinmetz auch recht behalten, wenn er »in den vergangenen vierzigtausend Jahren« gesagt hätte.

Carl Gustav Jung erkannte dieses spirituelle Element, als er feststellte, daß die körperlichen Beschwerden seiner Patienten im Alter über fünfunddreißig Jahren letztlich auf religiösen Problemen beruhten. Nur jene konnten letztlich geheilt werden, die ihren Kontakt mit der Spiritualität wiederfanden.

Doch die Methode des vorliegenden Buches geht weit über jene der psychosomatischen Medizin hinaus. Man könnte vielleicht zutreffender sagen, daß die Theorie der Psychosomatik einer Ergänzung durch die spirituelle Dynamik bedürfte, um ein vollständiges System zu werden.

Was Jesus über dieses Gesetz sagte

Vor zweitausend Jahren versuchte Jesus zu zeigen, daß man nicht in Erwartung eines Almosens an die Himmelspforten pochen kann. Er erklärte, daß er gekommen wäre, um »das Gesetz« zu erfüllen. Er lehrte die Menschen, wie sie gleich dem Göttlichen Vollkommenheit erlangen können. Doch er sah sie an die Ketten falscher Ansichten gebunden: Man hielt sich für elend, krank, arm, schwach und nicht in der Gnade Gottes. Jesus bedauerte dieses Verkennen der wahren Bestimmung des Menschen. Er wußte, daß dessen Elend und Leid das Ergebnis seiner falschen Ansichten über sich war, und sprach: »Es geschieht Dir nach Deinem Glauben.«

Niemals werden wir *für* unsere Sünden bestraft, sondern *durch* sie. Alle »Sünden« bestehen letztlich im Festhalten falscher Ansichten. »Der Tod ist der Sünden Lohn.« Dies ist nicht die Verdammnis eines verärgerten Richters. Es ist die selbstverständliche Folge von Ursache und Wirkung, ähnlich der Aussage: »Das Ergebnis leichtsinnigen Autofahrens wird ein Verkehrsunfall sein.«

»Wie soll ich es nur anpacken?«

Ich sprach zuvor von einem Richter, der mir sein Leid geklagt hatte: »Ich weiß, daß ich meine eingefahrenen Gedankenmuster ändern sollte. Ich will das auch und habe es mir fest vorgenommen. Doch *wie* soll ich es nur anpacken? Mein Vorhaben übersteigt scheinbar meine Fähigkeiten, denn mein Denken ist widerspenstig. Zuerst scheint es mit meinem Wunsch nach Veränderung übereinzustimmen, doch es geht dann einfach in der gewohnten Weise weiter. Nun bin ich niedergeschlagener und enttäuschter als vorher, denn ich weiß, daß es besser sein könnte, doch ich bin unfähig, mein Leben entsprechend zu ändern.«

Ähnlich lag auch mein Problem, als ich der Tatsache meiner Zuckerkrankheit ins Auge zu sehen hatte.

Für den Anfang hatte ich zunächst Trowards erstaunliche Theorie, die ich in folgender Weise verstand: Das Göttliche ist vom Menschen abhängig wie der Mensch vom Göttlichen abhängig wird. Der Mensch braucht die Kraft des Göttlichen; das Göttliche braucht den Menschen als Kanal und Ausdrucksmittel.

Als ersten Schritt mußte ich lernen, dieses göttliche Gesetz der Schöpferkraft auf meine besondere Situation und für meine persönliche Entwicklung anzuwenden. Dabei war es selbstverständlich unmöglich, das Gesetz oder seine Wirkungsweise zu ändern. Vielmehr mußte ich jene Bedingungen herbeiführen, die für ein Wirken des Gesetzes in meinem speziellen Falle erforderlich waren.

Um ein Beispiel zu gebrauchen: Es gibt einige allgemeine Naturgesetze der Elektrizität; dennoch hat die Natur aus sich heraus keinen Staubsauger hervorgebracht. Doch jemand, der das Gesetz der Elektrizität anwenden lernte, ließ es unter bestimmten Bedingungen, die er herbeiführte, wirken, und nun konnte es Fußböden vom Staub befreien. Ein anderer ließ es Brot toasten, wieder ein anderer betätigte den ersten Ventilator oder schickte Nachrichten über den Rundfunk. Stets wirkten dieselben Gesetzmäßigkeiten, doch immer erfüllten sie andere individuelle Bedürfnisse entsprechend der jeweils geschaffenen Bedingungen.

Ich wollte nun Bedingungen herbeiführen, durch welche die unermeßliche Schöpferkraft meine Bauchspeicheldrüse, deren mangelhafte Funktion meine Zuckerkrankheit auslöste, wieder gesunden lassen könnte. Hierdurch sollte mein ganzer Körper wieder zur vollkommenen Genesung geführt werden.

Eingefahrene Denkbahnen müssen korrigiert werden

Ich begann also mit dem Versuch, mein eigenes Denken mit den vollkommenen Inhalten der Ganzheit des Seins in Harmonie zu bringen. Denn wäre ich mit dem unermeßlichen Sein in vollständiger Harmonie gewesen, hätte ich auch bei vollkommener Gesundheit sein müssen. Unablässig bemühte ich mich, meine unvollkommenen Gedanken und Vorstellungen nach dem Muster der universellen Harmonie des unermeßlichen Seins zu verändern. Das Ergebnis meiner Bestrebungen war zunächst von unterschiedlicher Art. Neben vielen Fehlschlägen fand sich auch manches Gute. Doch eine Tatsache wurde mir bald klar: Je größer mein Erfolg bei der Korrektur eingefahrener Denkbahnen war, um so größer war auch die Aufrichtigkeit, die nun in meinen Angelegenheiten wirkte. »Wenn Dein Blick *aufrichtig* ist, wird auch Dein ganzer Körper lichterfüllt sein.«

Wir lernen durch die Praxis, nicht durch die Theorie

An dieser Stelle möchte ich schon mit Nachdruck darauf hinweisen, daß eine nur siebentägige Praxis dessen, was ich hier darlege, mehr Beweiskraft hat als das Studium zahlreicher Bände mit theoretischen Erklärungen. *Alles, was zählt, ist das Gehen des Weges, den man gefunden hat.* Durch die Zeitalter haben Millionen Menschen den Weg betrachtet, untersucht, analysiert, darüber nachgedacht und diskutiert, ihn kritisiert oder nach ihm verlangt. Doch solche Theoretiker fanden keine Heilung. Nur jene, die den Weg tatsächlich gehen, werden ihre Heilung empfangen. Der Prophet Josua sagte den Israeliten, daß jedes Stück Land für sie bestimmt wäre, auf das sie den Fuß setzen. Doch sie könnten das Gelobte Land niemals gewinnen, wenn sie nur auf dem Berge Pisgah säßen, um ihre Augen darin zu weiden. Es war unbedingt notwendig, daß sie tatsächlich ihren Fuß auf dieses Land setzten. Sie mußten zur Tat schreiten, etwas unternehmen, um schließlich das Versprochene zu besitzen.

Die drei Schritte

Um den schöpferischen Prozeß für uns arbeiten zu lassen, müssen wir drei einfache Schritte unternehmen.
Zuerst haben wir das *Gesetz der Schöpferkraft zu begreifen.* Wir müssen wissen, auf welche Weise es wirkt und wie es mit unserem eigenen Handeln verknüpfbar ist. Dieses Verständnis ist hier ebenso

notwendig wie die Kenntnis der Gangschaltung beim Fahren eines normalen Autos. Bestimmte heilige Persönlichkeiten scheinen in dieser Beziehung zwar mit einer Art »Automatik« ausgestattet, die das Gesetz ohne ihr bewußtes Zutun für sie arbeiten läßt. Doch wir gewöhnlichen Menschen müssen jeden hierzu nötigen Vorgang bewußt vornehmen und aus diesem Grunde zunächst begreifen.

Nachdem wir einmal verstanden haben, daß dieses Gesetz unseren Gedanken eine entsprechende Gestalt verleiht, ist der zweite Schritt das Aufgreifen geeigneter Gedanken für das heilsame Wirken des schöpferischen Prozesses. Die meisten unserer Denkinhalte sind Bilder oder Vorstellungen. So könnten wir den zweiten Schritt als das *Aufbauen der richtigen Vorstellung* bezeichnen.

Mit dem dritten Schritt *entlassen wir das Vorstellungsbild in den schöpferischen Prozeß des uns dienenden Gesetzes.*

Ich werde nun aufzeigen, wie ich jeden dieser drei Schritte nahm, indem ich Heilung von meiner Zuckerkrankheit fand. Schon nach ein paar Wochen meines derartigen neuen Umgehens mit der Krankheit zeigten sich die ersten grundlegenden Besserungen, doch es sollte ein paar Jahre dauern, bis ich endgültig und vollkommen geheilt war.

1. Das Verstehen des Gesetzes der Schöpferkraft. Während der Jahre, die ich benötigte, um diese Methode in vollends richtiger Weise zu lernen, wurde ich oft durch eine bestimmte Versuchung entmutigt. Die meisten Menschen kennen diese Art der Versuchung. Sie besteht in der Annahme, die Ursache meines Leidens würde *außerhalb* meiner selbst liegen. So gab ich abwechselnd meinem Gott die Schuld an meiner Lage oder einer anderen Macht, die außerhalb Gottes Kontrolle und meinen Fähigkeiten wirkte.

Doch jeder von uns steht heute genau dort, wo er bedingt durch sein eigenes Bewußtsein hingehört. Viele Menschen weichen heute dieser Tatsache aus, denn sie erschrecken davor. Sie suchen nach Argumenten und scheinbaren Beweisen dafür, daß ihre Leiden durch die Schuld anderer entstehen oder zumindest nicht durch ihre eigene. Wer an dieser Annahme festhält, gehört zu den eigentlichen Unheilbaren dieser Erde. Man kann niemals seinem gegenwärtigen Elend entfliehen, solange man dieser falschen Meinung anhängt. Es ist eine grundlegende Wahrheit, daß jeder Mensch Schöpfer seines eigenen Himmels oder seiner eigenen Hölle ist.

Einmal beklagte ich mich darüber, daß ich doch wirklich alles mögliche getan hätte. Ich dachte, Gott müßte mich einfach heilen, wenn er mich wirklich lieben würde.

Doch in Wahrheit wirkt das, was ich unter göttlicher Liebe verstand, zugleich auch im Gesetz. Und dieses Gesetz wird *immer* das gleiche Ergebnis hervorbringen, wenn es in der rechten Weise angewendet wird. Ein Beispiel: Zwei Flugschüler erhalten nach einigen Übungsstunden die Erlaubnis, alleine zu fliegen. Der eine fliegt herrlich, der andere stürzt ab. Doch die Launen eines Gottes haben hiermit nichts zu tun. Vielmehr hat der eine Schüler die Prinzipien des Fliegens korrekt erlernt und begriffen, während der andere die Gesetze der Aerodynamik noch nicht lückenlos verstanden hatte. Einen ähnlichen Grund gab es dafür, daß ich noch keine vollständige Heilung gefunden hatte.

Wer sich mit diesbezüglich korrektem Denken des Gesetzes der Schöpferkraft bedienen will, wird immer ein entsprechendes Ergebnis erlangen. Es gibt dabei nichts Geheimnisvolles. Doch ist dieses *Gesetz* natürlich *keine Person*. Es läßt sich nicht durch unsere Bedürfnisse, Gelübde der Besserung oder durch Flehen berühren. Es wirkt ausschließlich dann, wenn wir in der richtigen Weise mit seinen Prinzipien umgehen können. Es wird jedoch niemals versagen, wenn wir es klug anwenden.

2. Das Aufbauen der richtigen Vorstellung. Die Anschauung, daß ich nur ganz allein auf mich gestellt wäre, daß alles bloß von meinem eigenen *ununterstützten* Kampf abhinge, hätte leicht ein großes Hindernis für das heilsame Wirken des Gesetzes der Schöpferkraft werden können. Wer sich durch eine solche Annahme auf sich selbst zurückzieht und abkapselt, wird schwerlich sein Denken mit der Ganzheit des unermeßlichen Seins in Harmonie bringen können.

Um dies zunächst zu bewirken, bevor ich mich um die Dienste des Gesetzes bemühte, sprach ich eine Betrachtung der folgenden Art:

»Meine Gedanken mögen sich durch die Weiten des Universums bewegen, als wäre mein irdisches Leid mit der Bauchspeicheldrüse völlig unerheblich. Damit möchte ich mich im Augenblick nicht beschäftigen. Ich stelle mir den weiten Himmelsraum vor, die unaufhörliche Bewegung der unfaßbar schweren Planeten, die mit sanfter Leichtigkeit im All kreisen. Ich vergegenwärtige mir den steten Fluß spiritueller Energie, welche in diesem Augenblick all diese unermeßliche Materie im Universum durchpulst und leitet. Ich versuche mich diesem Bild der Unbegrenztheit und Kraft völlig hinzugeben.«

Mit dieser Vorstellung gewann ich eine neue Anschauung von der ungebrochenen Kraft der Unendlichkeit und eine neue Einschätzung meiner eigenen Stellung in der Ganzheit des Seins, die mir nun auf eine bislang unbekannte Weise zum Verbündeten wurde. Meine Überlegung dabei war die folgende: Wenn in diesem unermeßlichen göttlichen Sein unvorstellbare Energien dazu verwendet werden, unbelebte Massen geschmolzener Materie durch den Weltraum zu bewegen, wieviel Energie muß dann einem lebendigen Menschen, einem bewußten Ausdruck dieses Unermeßlichen, einem intelligenten Wesen zu dessen Heilwerdung zur Verfügung stehen?

Nachdem ich nun in jener Betrachtung mich der unerschütterlichen Macht jenes Gesetzes, dem ich mich anvertrauen wollte, versichert hatte, baute ich nun die Vorstellung auf, wie mein Denken mit der Ganzheit des Seins in Einklang kommt, bildhaft gesprochen: wie das Göttliche seine Gedanken durch mich denkt. Hierfür bediente ich mich folgender gesprochener und vorgestellter Betrachtung:

»Meine Gedanken sollen die Bauchspeicheldrüse nicht mehr nur als *körperliches* Organ ansehen. Ich möchte jedes meiner Körperorgane auch als Ideen des Unermeßlichen betrachten, Ideen, die schon existierten, bevor ich ins Dasein trat. Es sind klare und einzigartige Ideen göttlicher Natur. Alle göttlichen Ideen sind vollkommen. Darum möchte ich meine Organe nicht mehr als schadhaft, mangelhaft oder untätig denken. Ich betrachte sie von nun an als willige Diener meiner denkenden Persönlichkeit. Und dieser Gedanke von mir befindet sich nun in Einklang mit dem universellen Sein und wird auf diese Weise zur Tatsache. Ich erkenne mein Organ als Idee, als vollkommene Idee. Laboruntersuchungen können mich nicht beunruhigen. Ich nehme nun den göttlichen Standpunkt ein und sehe alles Gewordene unter seinem Aspekt als vollkommene Idee. So *sei es.*«

Bitte beachten Sie, daß ich hier das Gewünschte *als Tatsache ausgesprochen* habe. Ich bettelte nicht darum, flehte nicht, bat nicht, denn all diese Vorgangsweisen enthalten in sich den Keim des Zweifels, indem sie die Möglichkeit der Ablehnung einschließen. Doch es gibt keinen Platz für Zweifel bei der Anwendung des Gesetzes der Schöpferkraft. Darum sollten Sie, auch wenn Sie vielleicht Zweifel *empfinden*, niemals so *handeln*, als wären diese vorhanden. Das Gesetz der Schöpferkraft wirkt nicht durch unsere Empfindungen, sondern durch jene *Vorstellungsbilder, die wir bewußt aufbauen,* um damit zu arbeiten. Dies mag unglaublich einfach klingen; doch alle Dinge sind einfach, wenn wir sie einmal verstanden haben.

3. *Das Entlassen des Vorstellungsbildes in den schöpferischen Prozeß.* Als ich auf der Grundlage jener Ideen vorging, hatte ich durch den Gebrauch der entsprechenden Worte das angenommen, was ich einen »*Heil-Gedanken*« nenne. In meiner Vorstellung entließ ich nun das ihm entsprechende Bild in den schöpferischen Prozeß. Nun arbeitete das Gesetz für mich, und ich brauchte mich darum nicht mehr zu kümmern. Wenn mich dennoch Zweifel überkamen, versicherte ich mir: »Ich bin froh, daß meine Schwierigkeit nun durch ein universelles Prinzip behoben wird. Unendliche Energien stehen dafür zur Verfügung.«

Zunächst waren die Ergebnisse nicht schlagartig zu sehen. Doch nach einigen Wochen erwiesen die Laboruntersuchungen, daß die Bauchspeicheldrüse aus ihrem Schlaf zu erwachen begann.

Es war nun ein Prozeß der Besserung in Gang gekommen, der von nun an Woche für Woche fortschritt. Zwar waren die jeweiligen Verbesserungen, wie die ärztlichen Tests zeigten, einmal deutlicher und dann wieder schwächer. Doch gab es keinen eigentlichen Rückfall mehr, sondern von Mal zu Mal eine wachsende Genesung.

Damit hatte ich den ersten und einzig zählenden Nachweis gewonnen, daß die Annahme des Gesetzes der Schöpferkraft mit der Wirklichkeit übereinstimmt: Es wirkte! Auf alle theoretischen Einwände habe ich nun eine Antwort: »Der Wert einer Speise erweist sich beim Essen. Versuchen Sie es, es wirkt!«

Die Widerstände fallen – die Heilung kommt

Der Rest meiner kleinen Geschichte ist einfach zu erzählen. Es ging mir besser, doch waren schon sechs Jahre vergangen, und ich wartete noch auf die völlige Genesung. Mit anderen Worten: Die Richtung stimmte, aber es war noch nicht der eigentliche Weg. Es schien, als gäbe es in mir noch verstärkte Widerstände. Irgendwo mußte es in meinen Gebeten, in meiner Ausrichtung auf den schöpferischen Prozeß eine Unvollkommenheit geben, die mir nicht ganz bewußt war.

Getrieben von der Notwendigkeit, endlich von dieser schrecklichen Krankheit frei zu werden, versuchte ich angestrengt jenen *»Heil-Gedanken«* zu finden, der jene Unvollkommenheit bezwingen könnte, die den wunderbaren Vorgang meiner Heilung störte. Zu jener Zeit kam ich in die Vereinigten Staaten von Amerika, nach Beloit in Wisconsin. In Beloit zeigten die medizinischen Tests schließlich, daß nur noch eine »Spur« der Zuckerkrankheit bei mir nachweisbar war.

Eines Abends saß ich an meinem Schreibtisch, die Ellenbogen aufgestützt, der Kopf in den Händen. Dann begann ich, ruhig und voller Vertrauen, etwa Folgendes auszusprechen:

»Was immer auch meine vollkommene Heilung verhindert, es muß ein verborgener Gedankenrest sein, der in mir Vorbehalte verursacht. Ich bin mir nicht bewußt, welcher Art er ist, warum er auftrat und weshalb er aktiv bleibt. Doch er muß in mir sein, ob ich ihn erkenne oder nicht.

Ich möchte nicht, daß er weiterhin wirkt. Darum erkläre ich, daß er ein Überbleibsel meines früheren unheilsamen Denkens ist. Mit Nachdruck stelle ich fest, daß er nichts mit den großartigen Ideen des Unermeßlichen zu tun hat, welche sich durch mich vollkommen ausdrücken wollen. Er ist Siedler auf einem Grund, auf dem er kein

Lebensrecht hat. Ich rufe das Gesetz an, ihn *sofort* zu vertreiben, aufzulösen und verschwinden zu lassen.

Ich wasche ihn ab von mir. Ich brauche nicht gegen ihn zu kämpfen, mir Sorgen zu machen oder ihn überhaupt zu beachten. Er ist ein Nichts, das etwas sein möchte. Er besitzt nicht mehr Wirklichkeit wie der Schwarze Mann, vor dem man als Kind Angst hat. Ich mache mir bewußt, daß mein ganzes Denken ohne Ausnahme im Einklang mit den unendlichen Harmonien des unermeßlichen Seins schwingt, was sich auch durch jede Zelle meines Körpers ausdrückt.

Ich denke an die unendliche Schönheit des Seins, seine unaussprechliche Harmonie, seine völlige Freiheit von jedem Widerstand, das Gute, das sich allgegenwärtig in dem von ihm erfaßten Universum zeigt. Ganz ruhig bringe ich mich in Einklang mit dieser Unermeßlichkeit, eigne mir ihren unerschütterlichen Frieden an und weiß, wie sie sich durch mein eigenes Denken offenbart.«

Immer wieder versicherte ich mich auf solche Weise meines Daseins im Unermeßlichen, dessen Macht durch mein Denken und meinen Körper wirkt. Zugleich drückte ich damit meinen Dank für die Heilung aus, die sich bereits vollzogen hatte. Meine letzten Worte waren die üblichen: »So *sei* es.«

Dann stand ich auf, ging hinaus und lief am Ufer des Rock-Flusses in Wisconsin entlang. Ich betrachtete die Bäume, blickte auf zu den Sternen und schaute über den Fluß. Leise sagte ich dann: »Alles ist gut, es ist gut, denn es sind auch Ideen des Unermeßlichen.«

Meine nächste ärztliche Untersuchung ergab: »Zucker negativ.«

Es war vollbracht. Die Krankheit ist niemals wiedergekommen.

Der schöpferische Prozeß

- Wenn Sie dem göttlichen Unermeßlichen gestatten, seine schöpferischen Gedanken durch Sie denken zu lassen, wirkt das Gesetz der Schöpferkraft in Ihnen!
- Das unermeßliche Sein bringt nur vollkommene Inhalte hervor. Je größer Ihre Harmonie mit dem Ganzen ist, um so vollkommener wird Ihr Leben sein.

Der schöpferische Prozeß besteht aus drei Stufen

1. *Verstehen Sie das Gesetz der Schöpferkraft!*
   Vor der Anwendung ist das Verstehen nötig. Beschäftigen Sie sich daher eingehend mit den Aussagen dieses Buches!
2. *Bauen Sie sich ein richtiges Vorstellungsbild auf!*
   Die meisten Menschen denken in Bildern. Sie müssen in Ihrem Inneren klare Vorstellungsbilder Ihrer Wünsche formen, damit der schöpferische Prozeß diese in die Wirklichkeit umsetzen kann!
3. *Entlassen Sie das Vorstellungsbild in den schöpferischen Prozeß!*
   Entlassen Sie dieses Bild bewußt aus Ihrem Inneren, und stellen Sie sich dabei vor, daß Sie es in die Obhut des göttlichen, schöpferischen Gesetzes geben! Freuen Sie sich darüber!

2. Kapitel

Ein Magengeschwür wird überwunden

Herr Bludgin war äußerst verärgert! Er saß mir gegenüber, sah mir ins Gesicht und sagte: »Gerade komme ich vom Arzt. Er hat mich darüber aufgeklärt, daß ich ein Magengeschwür habe. Ich hörte Sie nun kürzlich im Rundfunk darüber sprechen, daß Krankheiten unserem Innenleben entspringen und von unseren ängstlichen Gedanken ausgelöst werden. Wie erklären Sie sich nun folgendes, mein Herr? Ich habe mich noch nie vor einem Magengeschwür gefürchtet, es niemals erwartet, und ich habe mir niemals vorgestellt, daß ich ein Magengeschwür hätte. Trotzdem habe ich jetzt eins!«

Ich hatte von diesem Mann schon gehört. Es handelte sich um einen energischen, erfolgreichen Geschäftsinhaber, einen schnellen Denker, der ein Freund rascher Entscheidungen war. Er war äußerst selbstsicher und stets ungeduldig mit wankelmütigen Leuten. Doch jetzt brauchte er selbst Hilfe.

Meine Antwort hörte sich etwa folgendermaßen an: »Herr Bludgin, Ihr Einwand klingt vernünftig, doch er läßt sich entkräften. Zunächst würde ich niemals behaupten, jemand bekäme ein Magengeschwür oder eine andere Krankheit, indem er *bewußt daran denkt*. Das Zusammenspiel von Körper und Seele ist komplizierter und subtiler. Viele Menschen leiden unter Bedingungen, die sie niemals erwartet oder befürchtet hätten. Und dennoch führte ihr Denken so sicher zu diesen Bedingungen, als wenn sie diese bewußt herbeigeführt hätten.«

Ich legte Herrn Bludgin dar, daß sich der Mensch seiner eigenen Vorstellungen nicht immer bewußt ist. Millionen Menschen nehmen an, sie würden an bestimmte Dinge glauben. Doch eine nähere Untersuchung beweist dann, wie sie gerade *das Gegenteil in ihrem*

Innersten annehmen. Als Beispiel hierfür führte ich das berühmte Friedensschiff des Henry Ford im Ersten Weltkrieg an.

Henry Ford hatte einige Menschen zusammengeführt, die »an den Frieden glaubten«. Diese fuhren nach Europa, wo sie dem Krieg ein Ende bereiten sollten. Zweifellos dachte jeder von ihnen, er würde an den Frieden *glauben*. Doch bald sollten die Ereignisse zeigen, daß sie sich den Frieden *nur wünschten*. Ihr tieferer, grundlegender Glaube war jener an den Kampf, denn kaum war das Schiff ausgelaufen, begannen sie miteinander zu streiten.

Fraglos hätte jeder von ihnen gerne diesen bestimmten Krieg beendet, doch das war nur ein kleiner Aspekt ihres Glaubens. Jeder hatte darüber hinaus wahrscheinlich ganz egoistische Gründe, weshalb er diesem Krieg Einhalt gebieten wollte. Der eine wollte vielleicht nicht die Vergeudung des wertvollen Materials zulassen; der nächste könnte befürchtet haben, sein Sohn würde eingezogen; andere wünschten sich vielleicht das Wiederaufleben des Handels mit Europa, dachten möglicherweise gar daran, wie ihr Name in die Geschichte eingehen würde, wenn sie einen Krieg verhinderten, oder freuten sich einfach auf die Reise.

Das menschliche Bewußtsein ist schwer faßbar, und leicht weicht das Denken aus. Sehr leicht macht man sich vor, man würde an eine bestimmte Sache glauben. Doch weil es ein Gesetz unseres Bewußtseins ist, daß sich tatsächlich das ereignet, was wir im Innersten glauben, wird es offenkundig, wie diese Schiffspassagiere nur in zweiter Linie an den Frieden glaubten. Ansonsten wäre ihre Reise in vollkommener Harmonie abgelaufen. Die Tatsache, daß sie sich im Streit trennten, beweist ihren hauptsächlichen Glauben an den Zwist und die negative Auseinandersetzung.

Jesus glaubte zutiefst und mit aller Kraft an das Gute. Alles Unheilsame, das er »den Fürst dieser Welt« nannte, fand in ihm keinerlei Angriffspunkt. Das Leben und die Taten Jesu beweisen, wie die Versuchungen und Angriffe des Schlechten keinerlei Eindruck auf ihn machten.

Mahatma Gandhi erlebte zahlreiche Anfeindungen, doch ließ er sich davon niemals wirklich berühren. Der echte Glaube an den gewaltfreien Widerstand erfaßte sein ganzes Wesen. Dies zeigte sich nicht nur in seinen politischen Aktionen, sondern in seinem gesamten persönlichen Leben. Er lebte in vollkommener innerer Ruhe, was jene, die ihm begegneten, in Verwunderung versetzte und zuweilen auch mit Neid erfüllte.

Selbst die Kugel seines Mörders konnte bei Gandhi keinen Haß hervorbringen. Wie Sokrates und Jesus erlaubte er es niemals, daß die Mißgunst seiner Gegner auch von seiner Seele Besitz ergriff. Ich erwähnte diese Männer, weil sie niemals versteckte Mißgunst in sich hegten. Sie hatten den vollkommenen Glauben an den Frieden. Die Passagiere des Ford-Schiffes dagegen hatten diesen Glauben nur in sehr begrenztem Ausmaße.

Die Tatsache, daß Gandhi, Sokrates und Jesus durch andere sterben mußten, entkräftet diese Aussage nicht. Keiner von ihnen fürchtete den Tod oder betrachtete diesen als schlimmste Tragödie.

Unser Glaube bedingt unsere Erfahrungen

Herr Bludgin war einem Irrtum erlegen, der sich leicht nachvollziehen läßt. Er hat in seinen Überlegungen die Abfolge von Ursache und Wirkung nicht berücksichtigt.

Ein Mensch sieht in dieser materiellen Welt bestimmte Wirkungen auftreten. Nur kann er keine direkte Ursache dafür erkennen. Und schon glaubt er, das Schicksal oder ein Gott hätte ihm sein Leid auferlegt.

Und er fragt sich: »Ich bin doch ein anständiger Mensch. Warum passiert mir das nur?« Er fühlt sich verwirrt, gekränkt, verärgert und denkt, das Leben würde ihn ungerecht behandeln.

Seit mehr als dreißig Jahren bin ich es nun gewöhnt, daß mir ratsuchende Menschen gegenübersitzen. In dieser Zeit stellte ich fest, daß körperliche Schwierigkeiten und sonstige Probleme letztlich von weniger als einem Dutzend grundlegenden Geisteshaltungen verursacht werden. Diese Geisteshaltungen sind vollkommen falsch, werden aber für wahr und berechtigt gehalten.

Zu deren tatsächlicher Überwindung habe ich die in diesem Buch dargelegte Methode des Betens entwickelt, die ihren Wert immer wieder durch erstaunliche Wirkungen erweist. Die Fachliteratur der psychosomatischen Medizin, die in letzter Zeit stark zugenommen hat, scheint die menschliche Krankheit von einem ähnlichen Standpunkt anzusehen, nämlich als hervorgebracht von Grundanschauungen des Patienten über das Leben. Ich habe jenen falschen Ansichten die Bezeichnung »*Wurzel-Gedanken*« gegeben, während ich die sie korrigierenden Gegenteile »*Heil-Gedanken*« nenne.

Die Theorie der »Wurzel-Gedanken«

Im Laufe der Zeitalter hat die Menschheit einige Grundanschauungen über das Leben hervorgebracht. Diese haben den Charakter allgemeingültiger Auffassungen, die von ungezählten Inidviduen geteilt werden. Im Laufe der Generationen wurden sie wie selbstverständlich weitergegeben, bis sie schließlich inzwischen zu einem Hauptbestandteil des menschlichen Denkens geworden sind.

Die Menschheit ist durch zahlreiche Erfahrungen von Leid, Schmerz, Hinterlist und Niederlage gegangen. Zwar hat sie auch unsagbar viele glückliche und siegreiche Momente durchlaufen, doch man erinnerte sich leichter an das Negative, das als warnendes Erbe weitergegeben wurde. Zwar kommt der Säugling heute nicht angstgeschüttelt auf die Welt, doch trägt er in den Tiefen seines Geistes das *unbewußte kollektive Gedächtnis* aller verschütteten Erlebnisse seiner Vorfahren. Diese bilden sozusagen den Nährboden, in welchem seine eigenen persönlichen Erfahrungen wurzeln können.

Es handelt sich dabei um weniger als ein halbes Dutzend Grundanschauungen, die jedoch so tief im Bewußtsein des Menschen eingegraben sind, daß er sich ihrer normalerweise nicht erinnert. Dabei finden sie sich in jedem Menschen, im Heiligen ebenso wie im Sünder. *Diese Grundanschauungen sind der Humus unserer Zukunft*, auch wenn sie unserer Erkenntnis verborgen bleiben.

Ich habe ihnen die Bezeichnung »*Wurzel-Gedanken*« gegeben, weil aus ihnen unaufhörlich etwas wächst. Die »Gewächse« sehen wir häufig, doch selten nur die Wurzeln. Jene Gewächse sind unglückliche Erfahrungen, die sich in unseren täglichen Angelegenheiten zeigen. Doch sie wachsen hier nicht zufällig, sondern sie entstammen ganz bestimmten Wurzeln.

Oft versuchen nun Menschen, die sie störenden Gewächse abzuschneiden. Doch die Wurzeln bleiben in diesem Falle unberührt und bringen bald neue Wucherungen hervor. Ein Zweck dieses Buches besteht auch darin, die *»Wurzel-Gedanken«* aufzudecken und freizulegen. Wenn dies geschafft ist, kann aus ihnen nichts mehr erwachsen. Dies ist die einzige Methode wirklich dauerhafter Heilung, gleichgültig, ob es am Körper, an der Seele, in der Brieftasche oder im Geschäftsleben krankt. Wenn dies erst begriffen ist, kann der Mensch rasch dazu gelangen, »bewußt gut, überlegen und glücklich zu werden«, wie William James es ausdrückte.

Herr Bludgin hatte sich nie zuvor über Magengeschwüre Gedanken gemacht oder sich davor gefürchtet, doch er hegte in sich den überaus fruchtbaren *»Wurzel-Gedanken«* der *Reizbarkeit*. Er war ein ungeduldiger Mensch, der sich selbst und andere antrieb und leicht explodieren konnte. Hätte man sein Magengeschwür nur körperlich behandelt, wäre dies dem Abschneiden des Gewächses gleich gekommen. Aus diesem Grunde widerstehen solche Krankheiten oftmals der gründlichsten Behandlung oder kommen nach Abschluß der Behandlung wieder. Die Grundursache des Magengeschwürs ist tief im Seelenleben verborgen. Dort muß sie aufgespürt und ausgerottet werden. Glücklicherweise gibt es Möglichkeiten, dies zu tun.

Wie ein »Wurzel-Gedanke« wirkt

Zunächst ist es von großer Wichtigkeit, zu erfahren, daß der Mensch nicht nur mit dem Gehirn denkt, sondern vielmehr mit jeder Zelle seines Körpers. Wir können uns jede einzelne Zelle als ein intelligentes Zentrum vorstellen. Doch diese Intelligenz der denkenden Zelle ist von grundsätzlich gleicher Art, Qualität und *Wesenheit* wie jene, die im Gehirn wirkt. Die Gedankenmuster, die im Hirn entstehen, werden zur Basis des Denkens der Zelle, denn diese hat nicht die Fähigkeit, unabhängig zu denken. Die Zelle gleicht eher einem Empfänger.

Ein Mensch, der unter der Macht der Reizbarkeit steht, sendet durch seine Nervenbahnen chaotische Wellen der Aufruhr in jeden Teil seines Körpers. So drückt sich der *Wurzel-Gedanke* der Reizbarkeit aus. Und wie jede Gedanken-Energie sich auf irgendeine Weise umsetzen muß, werden auch die Wellen der Reizbarkeit im Körper von Zelle zu Zelle weitergeleitet. Solche Zellen, die dem keinen Widerstand entgegensetzen können, nehmen dabei Schaden. Die Magenschleimhäute werden durch diesen andauernden Prozeß zunehmend gereizt, entzünden sich, und das Ergebnis ist schließlich ein Magengeschwür.

Es ist wahr, Herr Bludgin hatte niemals ein Magengeschwür erwartet oder befürchtet. Er war zu sehr beschäftigt mit seinen aufgeregten Gedanken über die Dummheit, Langsamkeit und Lässigkeit seiner Mitarbeiter. Er wußte nicht, was er sich selbst damit antat, doch jede Nervenzelle und Faser seines Körpers wußte es. Er gab sich ganz dem *Wurzel-Gedanken* der Reizbarkeit hin.

Herrn Bludgin mußte gezeigt werden, *daß ihn im ganzen Universum nichts ohne seine Zustimmung reizen könnte.* Menschen, Orte oder Dinge reizen uns niemals; es ist stets unsere *Reaktion* darauf, die übertriebene Reizbarkeit zeigt.

Ein Mensch macht irgendeine Erfahrung, das heißt, er hat eine bestimmte Wahrnehmung. Diese reine Wahrnehmung hat keine Macht in sich, den Menschen zu reizen, doch er kann ihr diese Macht verleihen. Er kann jedoch auch mit unerschütterlicher Ruhe reagieren, wobei dann keinerlei Gereiztheit in ihm aufkommt.

Jedermann besitzt die Macht, auf einen Reiz zu reagieren oder davon Abstand zu nehmen, wie wir später noch ausführlich sehen werden. Einige Menschen gebrauchen ihre Möglichkeit zur freien Wahl zu schöpferischen Zwecken, andere zerstören sich selbst. In letzter Analyse ist der Mensch der Meister seines Schicksals, der Steuermann seines Lebensweges.

Das Problem der Übersicht

Ein Beispiel soll diesen Punkt verdeutlichen. Drei Frauen leben in nebeneinanderliegenden Wohnungen. Jene in der mittleren Wohnung läßt den ganzen Tag laut das Rundfunkgerät laufen. Ihre Nachbarinnen treffen sich im Treppenhaus. A sagt zu C: »Das Radio macht mich verrückt! Ich fürchte, daß ich eines Tages hineingehe und das Ding zum Fenster hinauswerfe. Es macht mich noch zum Nervenwrack.« C lächelt und sagt: »Es stört mich gar nicht. Manchmal macht es mir sogar Freude, ihre Musik durch die Wand zu hören.« Es ist das gleiche Rundfunkgerät, doch es gibt zwei völlig unterschiedliche Reaktionen. Wäre das Gerät selbst der Reizfaktor, würden sich beide Frauen gleichermaßen darüber aufregen. Doch das Rundfunkgerät selbst besitzt keinerlei Macht, jemanden aufzuregen.

Auch wenn A in ein völlig anderes Haus ziehen würde, könnte sie ihr Problem dadurch nicht lösen. Denn sie hätte damit lediglich das »Gewächs« abgeschnitten. Doch der *Wurzel-Gedanke* würde bleiben und neue Gewächse hervorbringen. In ihrer neuen Wohnung hätte sie nun etwas anderes, was ihre Reizbarkeit herausforderte. Vielleicht wäre es der Briefträger oder der Lebensmittelhändler, vielleicht wären es die Hüte ihrer Nachbarin oder die Art, in welcher der Hausmeister sie grüßt.

Zwar könnte es diese Frau durch allerlei geistige Akrobatik schaffen, daß sie das Radiogerät einfach überhört. Doch solange sie es nicht geschafft hat, den *Wurzel-Gedanken* der Reizbarkeit aus ihrem Inneren zu entlassen, wird ihr Leben in der einen oder anderen Weise von ihm beherrscht werden. Sie wird erst dann eine ihr vollkommen unbekannte Beruhigung erfahren, wenn sie ihr Denken erhebt über *alle* Formen des Glaubens, daß eine äußere Sache die Macht hat, sie zu reizen.

Dann werden Situationen, die sie zuvor noch reizten und ärgerten, plötzlich weniger schmerzhaft sein, allmählich werden diese immer seltener auftreten, und schließlich wird sie selbst dadurch erkennen, welch ein Quälgeist sie früher für andere gewesen sein muß.

Die Psychologen lehren uns, daß es ursprünglich zwei mögliche

Reaktionen auf bedrohliche Situationen gab: den Kampf oder die Flucht. Wenn sich früher ein Mensch plötzlich mit einem gefährlichen Tier konfrontiert sah, geriet sein Körper unmittelbar in einen Alarmzustand. Adrenalin wurde ins Blut ausgeschüttet, um seine Körperkraft zu unterstützen, damit er je nach Einschätzung der Lage kämpfen oder fliehen konnte. In unserem zivilisierten Leben haben sich die Arten der Gefahr geändert, doch die Instinktreaktionen sind dieselben geblieben, Flucht oder Kampf. Doch keine der beiden Methoden erweist sich als völlig befriedigend.

Aber es gibt eine dritte mögliche Reaktion: die wirkliche Überlegenheit. Wir können uns über die Bedingungen erheben, über sie hinauswachsen. Man kann Angst und Groll gegenüber einer gefährlichen Situation so weit hinter sich lassen, daß man dieser ihre bedrohliche Macht raubt.

Das Gespräch mit Herrn Bludgin zog sich über zwei Stunden hin und kann darum hier nicht vollständig wiedergegeben werden. Doch es wurde ihm als wichtigstes Ergebnis klar, daß es ein Fehler ist, gegen die Reizbarkeit anzukämpfen, wenn sie gerade auftritt. Solche Reaktionen sind nur Auswüchse. Er müßte sich um die Wurzeln kümmern. Dazu jedoch ist es wichtig, ganz zum Ursprung zu gehen und im Inneren das Fundament für *Heil-Gedanken* zu legen. *Heil-Gedanken* sind die schöpferischen Gegensätze der zerstörerischen *Wurzel-Gedanken*, welche durch sie überwunden werden.

Herr Bludgin sagte: »Ich habe versucht, meine Ausbrüche unter Kontrolle zu bekommen, doch es war meist schon soweit, bevor ich es merkte. Ich habe versucht, die Dinge oder Menschen, die mich reizten, aus meinem Geist zu verdrängen. Ich habe versucht, nicht daran zu denken, doch es hat nichts genützt. Was soll ich tun?«

Es wäre sinnlos gewesen, ihm zu raten: »Denken Sie einfach nicht daran.« Jahrelang hatte er dies versucht, doch sein Glaube, daß Äußeres ihn ärgern könnte, setzte sich immer wieder durch und beherrschte sein Denken. Man mußte ihm zeigen, daß es wirksamer ist, sich zu etwas Erwünschtem *hinzuwenden* als sich von Unerwünschtem *abzuwenden*.

Ich zeigte ihm, daß der Mensch tief in seinem Innersten von

göttlicher Natur ist. Daß er sich über seine Ausbrüche schämte, war ein Hinweis dafür. Sein Wunsch nach Gelassenheit entsprang einer wohl verborgenen Quelle, die Teil seines spirituellen Wesens war. Die einfache Tatsache, daß er die Erfahrung der Stille vorzog, bildete den Beweis deren Erreichbarkeit, denn was immer der Geist sich vorstellen kann, vermag er auch zu erreichen. Doch man muß die Gelassenheit durch die gleichen Gesetze an die Oberfläche bringen, die auch für das Erscheinen der Ungeduld arbeiteten.

Ich brachte Herrn Bludgin zu der Einsicht, daß seine Ungeduld lediglich eine schlechte geistige Gewohnheit war. Alle Kinder werden mit einer freundlichen und liebenswerten Natur geboren. Doch durch Mängel in der Erziehung und in der Schulausbildung werden die schlechten Tendenzen nicht in die rechten Kanäle geleitet. Der junge Mensch merkt, daß er ein Ziel erreichen kann, wenn er sich aufregt. Dies gräbt sich allmählich tief in seinen Geist ein und wird schließlich zu einem grundlegenden Charakterzug seiner Persönlichkeit. Doch weil dieser Charakterzug durch bestimmte Faktoren hervorgebracht wurde, muß er nicht von Dauer sein.

Mein Gesprächspartner begriff dies, doch er meinte: »Es bleibt die große Frage, wie ich diesen Charakterzug loswerde. Ich habe ihn fünfzig Jahre lang entwickelt. Es bleiben mir keine weiteren fünfzig Jahre, um ihn wieder abzulegen.«

Ich zeigte ihm, daß er keine fünfzig Jahre brauchen würde. Es kann viel schneller gehen; es könnte sich tatsächlich sofort etwas ändern.

Die Macht jenseits der Reizbarkeit

Herr Bludgin konnte es kaum erwarten, mit der Veränderung zu beginnen. Ich fragte ihn nun: »Was ist für Sie die friedlichste Szene, die Sie jemals gesehen haben?«

»Das ist einfach beantwortet. Ich sehe sie jeden Abend. Von unserem Haus habe ich eine Aussicht über das Meer. Jeden Tag, wenn ich aus dem Büro zurückkomme, setze ich mich mit einem kalten Whisky auf die Veranda. Ich mag es, über das Meer zu schauen und die Sonne zu beobachten.

Es ist interessant, zu sehen, wie die Sonne untergeht. Manchmal scheint sie sich im Zentrum zu bewegen wie eine Zelle, die sich teilen möchte. Sie nimmt dann allmählich die Gestalt einer großen goldenen Urne an. Dann verwandelt sie sich wieder und hat unmittelbar vor ihrem Verschwinden die Form eines umgedrehten Halbmondes. Durch diese Beobachtungen werde ich so ruhig, daß ich mich fast dafür schäme. Und wenn ich jetzt diese Szene beschreibe, spüre ich, wie ich von allen inneren Spannungen befreit werde.«

»Gut. Damit wollen wir anfangen! Könnten Sie sich vorstellen, daß die Sonne einmal gereizt reagiert? Gibt es irgendwo irgend etwas, was ihre Ruhe stören kann? Könnten Sie sich denken, daß sie einmal voller Ungeduld ins Meer eilt? Nein, unbeirrt nimmt sie sich Tag für Tag ihre Zeit, in Kriegs- und Notsituationen, während Wirtschaftskrisen und Aufschwüngen. Ob die Börse in Aufruhr ist, ob die Preise gewaltig steigen, die Sonne bleibt stets das gleiche Bild des ungestörten Friedens und stiller Schönheit.

Die Sonne kann nicht nachdenken, um sich zu entscheiden, woanders hinzugehen. Ihre Bewegung wird durch göttliche Gesetze bestimmt. Und diese göttlichen Gesetze lassen uns auf die Natur des Göttlichen selbst schließen. So dürfen wir sicher annehmen, daß ein göttlicher Geist stets in innerem Frieden existiert.

Und auch Sie können teilhaben am gleichen Frieden, denn Sie sind von göttlicher Natur, nach göttlichem Bilde gestaltet. Tief in Ihnen ist dies als Möglichkeit angelegt, doch Sie haben es durch Ihren falschen Glauben über sich verschüttet. Sie glauben, daß Sie von äußeren Dingen herumgeschoben und bedrängt werden. Doch nichts bedrängt Sie außer Ihren falschen Denk-Gewohnheiten.«

Das Ewige in Ihnen

»Ich möchte Ihnen einen Vorschlag machen: Wenn Sie heute am Abend den Sonnenuntergang beobachten, dann sagen Sie ruhig, ganz ruhig zu sich selbst: ›Ich bin ein Teil dieses wunderbaren Universums, ein Teil dieser stillen Sonne, Teil jener universellen Liebe, die auch die Bahn der Sonne lenkt. Das Göttliche tief in mir zeigt, wie ungestörte Ruhe des Ewigen ein Teil meiner wahren Natur ist.‹«

Herr Bludgin hatte einen Einwand: »Aber ich beobachte die Sonne doch schon seit Jahren, ohne daß mich das weniger reizbar gemacht hätte.«

»Das kommt daher, weil Sie sich bisher nicht *selbst* wirklich damit in Verbindung gebracht haben. Sie betrachteten den Sonnenuntergang als eine Naturerscheinung, eine schöne Sache, doch *ohne* Bezug zu Ihrem eigenen Leben. Sie haben ihn bewundert, dadurch zeitweilig etwas Frieden erfahren, doch Sie erlaubten sich nicht, weiterzugehen. Ihr innerstes Wesen ist nicht in Kontakt mit der darin wirkenden Schöpferkraft gekommen.

Der Schafhirte David, der entzückt über den Anblick des Sternenhimmels auf dem Rücken lag, sagte mehr als nur: ›Wie schön!‹ Er gelangte in lebendige Verbindung mit dem, was hinter der Schönheit lag, und in diesem mystischen Moment pries er die Herrlichkeit des Göttlichen, dessen Ausdruck das Firmament ist. Worin der normale Mensch nur Schönheit erkennt, erschaut der Mystiker Göttliches.

Doch jedermann ist in seinem Herzen ein Mystiker. Sobald man sich eines tieferen Sinns hinter den oberflächlichen Erscheinungen bewußt wird, kontempliert man schon darüber auf mystische Weise. Doch mancher hat Angst vor dem Wort *Mystik*. Er bringt es entweder mit einem Scharlatan, der in eine Kristallkugel starrt, oder mit einer unheimlichen Gestalt mit Sandalen, Bart und wallendem Gewand, irgendwo in einer einsamen Berghöhle in Verbindung. Doch derartige Bilder sind unzutreffend.

Ein Mystiker ist ein Mensch, der die materielle Erscheinungswelt durchschaut und so seinen Weg in die innere Welt der Wahrheit findet. In dieser inneren Welt herrschen höhere Gesetze. Hier ist der Ursprung des Lebens, der Urquell alles Daseins in der bedingten Welt.

Von diesem verborgenen spirituellen Zentrum nimmt das Leben seinen Ausgang. Wenn ein Mensch Herr seiner Stimmungen werden möchte, dann muß er die Wurzeln seines Daseins tiefer in diesem Unsichtbaren einbetten. Das ist mit mystischer Erfahrung gemeint. Wir betrachten die Wunder dieses herrlichen Universums: das Lachen eines Kindes, das Entfalten einer Blüte, die Anmut eines fliegenden Vogels, das Erwachen des Lebens im Frühling. Den meisten Menschen vermitteln solche Wahrnehmungen eine ästhetische Befriedigung. Doch unser mystisches Gespür sagt uns, daß mehr hinter diesen Dingen verborgen ist, nämlich ein Spiel des Göttlichen in der Erscheinungswelt. Das Göttliche läßt sich ebenso in den Dingen finden, in denen es wirkt, wie in den Heiligen Schriften.

Unser Geist besitzt eine wertvolle Fähigkeit, die sich folgendermaßen beschreiben läßt: Jene Dinge, die wir uns absichtlich zum Inhalt unseres Bewußtseins *wählen*, sinken in die tieferen Schichten unseres Wesens ein, wo sie allmählich unseren Charakter formen. Das von den Psychologen sogenannte Unbewußte ist ein großes schöpferisches Feld, wo durch den unermeßlichen schöpferischen Prozeß Gedanken in Wirklichkeiten verwandelt werden. Wenn Sie darum eine *bewußte Wahl* dessen treffen, was Sie zum Inhalt Ihrer Gedanken und Wünsche machen, wird sich dies auf diesem Wege zur Wirklichkeit formen. Die ist ein *Gesetz* des Bewußtseins, das Sie nicht im Stich lassen wird. Vertrauen Sie ihm!

Früher haben Sie das Göttliche in einem theologischen Sinne aufgefaßt. Es war heilig, ehrfurchtgebietend, fern und von Ihnen getrennt. All das mag auch seine Berechtigung haben. Doch Sie sollten auch einen ganz anderen Aspekt begreifen: Lassen Sie das Göttliche nahe kommen! Es soll sich mit Ihnen persönlich verbinden! Ein Dichter sagte einst: ›Näher ist es dir als das Atmen, näher als Hände und Füße.‹

Eine mystische Erfahrung dieser Art ist keine geheimnisvolle Praktik. Sie stehen als Geschäftsmann mit beiden Beinen fest auf der Erde. Sie wissen, daß Sie Ihren Mitarbeitern die jeweiligen Arbeitsvorgänge verständlich erklären müssen. Dann können diese zufriedenstellend arbeiten. Wenn man dann nach einiger Zeit sagt, daß die entsprechenden Angestellten ›Erfahrung gesammelt‹ haben, dann heißt dies, daß jene Dinge, die zunächst ganz bewußte Denkinhalte waren, nun in tieferen Schichten zu vertrauten Gewohnheiten verwandelt wurden.

Die Angestellten haben dann nicht nur rein äußerlich ihre Aufgaben erlernt, man kann sagen, daß sie ein grundlegendes ›Bewußtsein‹ ihrer Arbeit entwickelt haben. Ebenso kann der Mensch ein ›göttliches Bewußtsein‹ zur Grundlage seines Lebens machen. Auch die Bibel bringt den Gedanken zum Ausdruck, daß der Mensch im Wissen um das Göttliche wachsen könne.«

»Aber ich habe den Glauben an die Religion verloren. Ich gehe auch nicht mehr in die Kirche. Und jetzt erzählen Sie mir von solchen Dingen. Jetzt werden Sie mich gleich in den Gottesdienst schicken und mir sagen, ich müsse das Trinken und das Fluchen aufgeben.«

»Vielleicht haben Sie Ihr Vertrauen zur Religion verloren, weil Sie zuerst den Glauben an sich selbst verloren haben. Doch es interessiert mich nicht, ob Sie in die Kirche gehen. Mir geht es darum, daß Sie glücklich sind. Was Sie dazu aufgeben wollen, liegt ganz alleine bei Ihnen. Wenn jemand unter Druck etwas aufgibt, ist dies niemals richtig. Jedermann besitzt ein inneres Licht, das ihm zeigt, was angebracht für ihn ist. Es ist dies das göttliche Gesetz im eigenen Herzen.

Wenn in einem Menschen der Sinn für die innere Schönheit der Dinge aufgeht, wird er bald wissen, ob eine Tat im Einklang mit diesem Sinn steht oder ihn verletzt. Widerspricht sie dem Schönheitssinn, so kann er sie von selbst ohne äußere Anordnungen lassen, und er wird in keiner Weise daran haften. Sein Inneres wird dann das Wahre, das Gute und das Schöne als die höchsten und für die Menschheit unsterblichen Werte erkennen. Wenn eine Tat diese Werte nach Einschätzung seines Bewußtseins nicht verletzt, dann braucht er sie auch nicht zu lassen. Alles, worauf es ankommt, ist das Annehmen eines neuen Weltbildes, nach dem man selbst ein Teil des gesamten Daseins, eine Zelle der umfassenden Ganzheit ist.

Auf diese Weise gelangt man zu einer wahren Partnerschaft mit dem

Göttlichen, dessen Wirken man überall wahrnimmt und erkennt. So kann der Heilungsprozeß einsetzen, denn durch die erlebte Einheit mit der göttlichen Ganzheit erfährt man auch deren wunderbare Eigenschaften, zum Beispiel Frieden, Ruhe und Freiheit von jeder Reizbarkeit.«

Glauben Sie es nicht – versuchen Sie es!

»Eine Wahrheit bleibt auch dann wahr, wenn man nicht daran glaubt. Der Mensch ist ein Teilhaber der göttlichen Natur, gleichgültig, ob er es wahrnehmen möchte oder nicht. Sein Glaube oder Unglaube kann nichts daran ändern. Doch man kann es sich selbst beweisen, indem man es probiert. Dazu würden Sie nur sieben Tage benötigen. Wenden Sie die Methode, die ich Ihnen vorgeschlagen habe, an, und lassen Sie mich dann die Ergebnisse wissen!«

Herr Bludgin schüttelte seinen Kopf. »Ich möchte es schon versuchen. Doch ich habe meine Zweifel, ob es etwas nützen wird, denn ich kann nicht daran glauben. Was auch immer Sie gesagt haben, es hat mich nicht überzeugt.«

»Versuchen Sie es dennoch sieben Tage lang, und fügen Sie jeweils die Worte hinzu: ›*Dies ist die Wahrheit über mich, gleichgültig, ob ich es glaube oder nicht.*‹ Auch wenn Sie kein übergroßes Vertrauen zu dieser Methode haben, zeigt doch allein schon die Tatsache, daß Sie es versuchen wollen, daß etwas Glaube vorhanden ist. Und selbst wenn dieser nur die Größe eines Senfkornes hat, so kann er doch Berge versetzen.«

Eine Woche später kam unser Freund mit strahlendem Blick zurück: »Weshalb habe ich Sie nicht schon früher getroffen? Warum bin ich nicht schon vorher darauf gekommen? Ich weiß nicht, ob ich immer noch ein Magengeschwür habe, doch ich fühle mich körperlich gut und bin sicher glücklich wie nie zuvor.

Wir haben daheim ein neues Kätzchen. Als ich ihm am Abend zusah, wie es mit dem Ball spielte, beeindruckten mich seine Schnelligkeit, Anmut und die offensichtliche Tatsache, daß es Spaß am Spiel hatte. Ich dachte mir: ›Warum soll ich das nicht mit meinem neuen Experiment in Verbindung bringen?‹ So sagte ich mir still: ›Ein göttliches Bewußtsein wirkt in jeder Bewegung dieses Kätzchens. Tief in mir arbeitet das gleiche Bewußtsein in Leichtigkeit, Anmut und Freude.‹

Ich hatte immer viel Freude an der Schönheit der Rosen in meinem Garten. Doch in dieser Woche habe ich begonnen, sie auf mystische Weise wahrzunehmen. Ich erfreute mich an ihren herrlichen Farben, dem kunstvollen Aufbau der Blüte, dem reichen Duft und sprach: ›Gedanken eines göttlichen Bewußtseins kommen in diesen Pflanzen zum Ausdruck, im Formen ihrer Gestalt und im Wunder, aus Erde, Wasser und Sonne einen solchen Duft zu erschaffen. Auch in mir wirken Gedanken eines göttlichen Bewußtseins, die Schönheit und Freude zum Ausdruck bringen wollen.‹

Ich habe die Purpurschatten über den Bergen hinter dem Haus beobachtet, die Ruhe des Meeres am Morgen. Ich habe versucht, mich der Erfahrung Davids unter dem nächtlichen Sternenhimmel anzunähern. Und ich versuchte, den Geist zu erfassen, der sich durch den Gesang der Vögel in den Obstbäumen und das Summen der Bienen ausdrückt. Ich habe tatsächlich die Welt, in der ich lebe, wiederentdeckt. Sie ist eine Schatzkammer des Schönen.«

Ein paar Wochen später rief mich Frau Bludgin an und fragte: »Was haben Sie nur mit meinem Mann gemacht? Ich habe plötzlich wieder den Partner, in den ich mich vor fünfundzwanzig Jahren verliebt habe. Auch seine Angestellten haben mir erzählt, er wäre plötzlich so zuvorkommend, daß sie schon Angst hatten, er sei krank.«

Das war vor sieben Jahren. Das Magengeschwür ist lange verschwunden, denn auch seine Ursache war vergangen. Ein chirurgischer Eingriff wurde auf diese Weise verhütet. Aber noch wichtiger ist, daß dieser Mann nun ein würdiges Leben führt, befreit von der irrtümlichen Ansicht, Personen, Orte oder Dinge hätten die Macht, ihn gegen seinen eigenen Willen zu reizen.

Alle Leiden dieses Lebens entspringen

Wurzel-Gedanken

Diese sind negative Grundeinstellungen, die Ihr Leben beherrschen, *ob Sie sich dessen bewußt sind oder nicht.*
Es ist zwecklos gegen die Leiden und Schwierigkeiten selbst anzukämpfen, denn sobald diese vergangen sind, werden den WURZEL-GEDANKEN neue Probleme entspringen.

Entwickeln Sie statt dessen

Heil-Gedanken

Diese sind positive, aufbauende Anschauungen, die den problemschaffenden Wurzelgedanken ein Ende bereiten und es dem Gesetz der Schöpferkraft erlauben, in Ihnen zu wirken.

3. Kapitel

Das Universum braucht Sie

Zeitungen und Zeitschriften berichten heute vielfach über die bemerkenswerten Erfolge der *psychosomatischen Medizin*. Der Begriff wurde aus zwei griechischen Worten zusammengesetzt: *Psyche* bedeutet Geist oder Seele, *Soma* bedeutet Körper. Die *Psychosomatik* beschäftigt sich also mit der engen Beziehung zwischen der inneren Einstellung eines Menschen und seinem körperlichen Befinden.

Lange Zeit wurde dieser Aspekt des menschlichen Daseins von den Forschern vernachlässigt und als Aberglaube belächelt. Doch haben sich während der letzten Generationen erhebliche Wandlungen in der Welt der Wissenschaft vollzogen.

Seit den Tagen des Hippokrates wurden Ärzte durch gelegentliche Heilungen ohne jede körperliche Behandlung in Verlegenheit gebracht. Ärzte, die weiter dachten, haben in allen Jahrhunderten dieser Frage Raum in ihren Forschungen gegeben, doch blieben die Kenntnisse lange nur oberflächlich. Erst in den vergangenen Jahrzehnten begann die Forschung zu diesem Gebiet intensiv einzusetzen. Zahlreiche Untersuchungen praktizierender Ärzte und Wissenschaftler in Krankenhäusern und Instituten errichteten ein stattliches Gebäude stets wachsenden Wissens über dieses Thema. Ständige Laboruntersuchungen lassen diese Kenntnisse immer klarer werden.

Der vielleicht bekannteste Vertreter dieses Forschungszweiges ist Dr. med. Flanders Dunbar, die frühere Vizepräsidentin der Amerikanischen Psychopathologischen Gesellschaft und Schriftleiterin der Fachzeitschrift *Journal of Psychosomatic Medicine*. Durch die sorgfältigen Forschungen Dr. Dunbars und ihrer Kollegen im Presbyterian Hospital (New York), Massachusetts General Hospital (Boston) und anderen maßgeblichen Institutionen wurden die Beziehungen zwischen menschlichem Denken und körperlichem Befinden wissenschaftlich einwandfrei belegt. Ihre Arbeit wurde von einer großen Anzahl anderer Forscher bestätigt, was heute der umfangreichen Literatur zur psychosomatischen Medizin entnommen werden kann.

Diese Studien lassen keinen Zweifel darüber, daß der Körper und der Geist auf untrennbare Weise miteinander verbunden sind. Man kann unmöglich einen Punkt angeben, an welchem Körperliches aufhört und Geistiges beginnt oder umgekehrt. Die Funktion des einen scheint automatisch auch eine Funktion des anderen zu sein.

Schon in der Vergangenheit sah man einige Leiden als Grenzfälle an, die vielleicht geistig bedingt oder gar nur eingebildet waren. Neurasthenie (Nervenschwäche) in ihren unterschiedlichen Ausprägungen, verschiedene Arten der Verdauungsstörung, bestimmte Erscheinungen des Herzklopfens und überhöhten Blutdrucks sah man bereits als durch das Innenleben bedingt an.

Heute hat sich diese Liste erheblich erweitert und umfaßt nun auch Krankheiten, die früher als rein organisch galten: Asthma, Arthritis, Heuschnupfen, Herzleiden, Magengeschwüre, Zuckerkrankheit, Karies, Krebs, Lähmungen und Ausschlag.

Monatlich wächst diese Liste an. Es liegt nicht außerhalb jeder Wahrscheinlichkeit, daß sich eines Tages jede Krankheit des Menschen als ängstlichen, verwirrten und durcheinandergekommenen tiefen inneren Zuständen entsprungen erweisen wird. Das, was man »Krankheit« nennt, beginnt man langsam als ein äußeres und sichtbares Symptom tieferer Ursachen zu erkennen: Die eigentliche Krankheit liegt im gestörten gedanklichen Leben des Patienten.

Allmählich setzt sich die Anschauung durch, daß eine dauerhafte und umfassende Heilung ausschließlich durch die Behandlung eventueller negativer Einstellungen des Patienten gewährleistet wird. Wo dies beachtet wird, bewahrheitet sich täglich, daß eine bessere geistige Haltung auch zu einer besseren körperlichen Konstitution führt. Ein weltberühmter Chirurg wurde einmal gefragt, wie die Chirurgie des einundzwanzigsten Jahrhunderts aussehen würde. Es war nicht der

Leichtsinn, der ihn antworten ließ: »Dann wird es keine Chirurgie mehr geben!«

Innere Zustände, die Unfälle verursachen

Mancher mag die Tatsache unglaublich finden, daß Unfälle der inneren Einstellung entspringen können. Doch Dr. Dunbar hat sogar aufgezeigt, wie es einen bestimmten »Unfall anziehenden« Menschentyp gibt. Die psychosomatische Medizin ist tatsächlich so weit fortgeschritten, daß sie fast vorhersagen kann, welche Schwierigkeiten auf einen Menschen zukommen könnten, wenn sie seine Persönlichkeitsstruktur einer genauen Studie unterzieht. Dies nähert sich unserer Theorie der *Wurzel-Gedanken* an.

Hier eine diesbezügliche Geschichte, die auch für sich spricht: Ein bedeutendes öffentliches Versorgungsunternehmen war besorgt bezüglich eines Überhandnehmens von Verkehrsunfällen unter seinen Kraftfahrern. Trotz ernsthafter Strafen hielt die hohe Unfallrate an. Mitarbeiter, die häufig Unfälle verursachten, wurden nun zum Innendienst versetzt, worauf die Verkehrsunfälle abnahmen. Doch die nun im Innendienst Tätigen lösten weiterhin Unfälle aus. Es kam zu Unglücksfällen mit Maschinen, daheim, beim Sport, bei allen nur denkbaren Gelegenheiten.

Der entsprechende Menschentyp wurde einer Studie unterzogen: Er achtet sehr auf seine Gesundheit und ist seltener krank als der Durchschnittsmensch. Er unterhält ungebundene Geschlechtsbeziehungen, doch er hat wenig sexuelle Probleme. Er ist reaktionsschnell und von außergewöhnlicher Entschlossenheit. Rasche Vergnügungen sind für ihn anziehender als ferne Ziele.

Auf den ersten Blick scheinen diese Charakterzüge eine Persönlichkeit auszuzeichnen, der man zutrauen würde, rasch und sicher auf die Probleme des Straßenverkehrs zu reagieren. Doch es gibt weitere hiermit verbundene Charakterzüge, die tief im Wesen eingegraben sind. Jene versteckten Haltungen sind am mächtigsten und verursachen die Schwierigkeiten.

Der unfallgefährdete Mensch besitzt eine extreme Empfindlichkeit gegenüber Autoritäten. Er empfindet eine starke Auflehnung gegenüber Forderungen der Religion, des Staates, der Verwandten, Eltern und Partner. Dieses Empfinden bleibt zumeist unbewußt, bis die Aufmerksamkeit darauf gelenkt wird.

Wie der Wurzel-Gedanke der »Absonderung« wirkt

Der *Wurzel-Gedanke*, der jenen Gewohnheiten, die zum Unfall führen, zugrundeliegt, ist jener der *Absonderung*.

Wir ärgern uns nicht über die notwendigen Anforderungen einer Gemeinschaft, zu der wir gehören, weil wir uns mit ihr verbunden fühlen. Eine antisoziale Persönlichkeit fühlt sich nicht mit ihrer Familie oder ihren Mitmenschen verbunden. Sie ärgert sich über deren Anforderungen. Im Tiefsten fühlt sie sich als Außenseiter. So erstickt sie in sich die Wärme eines natürlichen Umgangs mit anderen und gibt auch seinen Nächsten nur wenig von sich preis.

Dr. Dunbar zeigte auf, daß sich die verborgensten Denkmuster dessen, der häufig Unfälle verursacht, und des Kriminellen ähneln. Letzterer richtet sie unbewußt gegen die Gesellschaft, der andere straft sich ebenso unbewußt durch seine Unfälle selbst.

Dabei erweisen sich auch die jeweiligen Ergebnisse als ähnlich: Einmal erleidet man die Absonderung von der Gesellschaft im Gefängnis, im anderen Falle im Krankenhaus mit Verrenkungen, Brüchen und Bänderrissen, die gleichfalls das Abseitsstehen symbolisieren.

Doch wirkt der *Wurzel-Gedanke* der Absonderung auch in anderen Bereichen. Er führt zu Trennungen und Scheidungen, Entlassungen und dem Zerbrechen von Freundschaften sowie zu allen möglichen Situationen, in welchen man von dem getrennt wird, was man doch gerne behalten würde.

Der betroffene Mensch sieht jedoch selten den wirklichen Grund seiner diesbezüglichen Tragödie. Er macht die Untreue seiner Freunde, die Undankbarkeit eines Arbeitgebers oder üble Nachrede von Seiten anderer dafür verantwortlich. Wenn er gegen seinen Willen verlassen wurde, beginnt er das andere Geschlecht zu hassen, und er schwört sich: »Nie mehr im Leben werde ich jemandem vertrauen.« Hat er seinen Arbeitsplatz verloren, meint er: »Ich werde mich beruflich nie mehr besonders engagieren. Sobald der Chef einen nicht mehr mag, wird man weggeworfen wie eine ausgepreßte Orangenschale.«

Auf diese Weise wird er zynisch, verstimmt und verbittert. Traurig daran ist, daß er bis zu seinem Tod anderen die Schuld an seinem Schicksal geben wird, wenn er nicht zu der Einsicht gelangt, daß die Ursache in ihm selbst liegt.

Jeder von uns wird meist so behandelt, wie er es verdient. Dies mag brutal oder gleichgültig klingen, doch es ist die reine Wahrheit. Das Gesetz von Ursache und Wirkung kennt nichts anderes als das stete Erschaffen von Wirkungen, die ihren jeweiligen Ursachen entsprechen. Haben wir dies erst einmal als ein führendes Lebensprinzip erkannt, werden wir nicht mehr fragen: »*Warum* muß ausgerechnet *mir* das passieren? oder: *Warum* behandeln *mich* die Menschen so?« Wir werden dann nach dem wirklichen Grund in uns selbst forschen: »*Was in mir* bringt das Ungewollte hervor?«

Dies ist Befreiung, Ausweg und Heilung. Meist suchen die Menschen am falschen Ort nach den Ursachen ihrer unglücklichen Lebensumstände. Sie führen dann weiterhin ein enttäuschtes Leben, leiden unter dauernder Krankheit und erfahren Fehlschläge, obwohl dieses ganze Universum zu ihrem Erfolg beitragen könnte.

Das Universum ist eine Ganzheit

Einer der grundlegenden *Heil-Gedanken* im Universum ist jener der Ganzheit. Schon der lateinische Begriff *Universum* deutet die Idee der Ganzwerdung an. Es beschreibt *ein* zusammenhängendes und zusammenwirkendes System, das Gestalten einer schöpferischen Ganzheit aus dem Getrennten.

Grundsätzlich kann man alle Menschen als »einen großen Menschen« betrachten. Jeder von uns ist in diesem Sinne nur eine einzige Zelle im großen Organismus der Menschheit. Eine Parallele hierzu ist das bemerkenswerte schöpferische Zusammenwirken der Billionen Zellen in unserem Körper, wobei jede ihre eigene Arbeit leistet und auf diese Weise dennoch zur Förderung jeder anderen und der Entfaltung des ganzen Körpers beiträgt.

Die Ganzheit des Zusammenwirkens im Kosmos läßt sich in zahlreichen Naturerscheinungen betrachten: Das Wasser der Erde verdunstet durch die Sonne und kehrt als Regen zurück. Bakterien bauen tote Stoffe ab und führen sie wieder dem Kreislauf des Werdens zu. Ohne derartige Zyklen wäre die Erde ein toter Planet, auf dem sich weder pflanzliches noch tierisches Leben fände. So weit man auch blicken kann, das Universum verkündet millionenfach die Botschaft seiner ganzheitlichen Natur, in welcher alle Teile harmonisch zusammenwirken.

Doch viele Menschen zeigen täglich die Tendenz zur Absonderung, ohne sich dessen jemals bewußt zu werden. Guter Wille entspricht der Ganzheit, Böswilligkeit der Absonderung. Liebe entspringt der Ganzheit, Haß führt zur Absonderung. Ein Lächeln zeigt Ganzheit, ein drohender Blick Absonderung. Lob fördert die Ganzheit, Nörgeln die Absonderung. Lachen kündet von Ganzheit, Weinen von Absonderung. Ehrliche Glückwünsche entsprechen der Ganzheit, heimlicher Neid spricht von Absonderung. Vertrauen fördert die Ganzheit, Mißgunst die Absonderung.

Das menschliche Verlangen nach Vereinigung

Es gibt keinen Menschen, der nicht religiös wäre. Mancher bezeichnet sich zwar selbst als Atheist oder Religionsfeind, doch beruht dies zumeist auf sehr äußerlichen Gründen. Den einen haben vielleicht seine wissenschaftlichen Studien zu Annahme geführt, das Universum wäre ein großer Mechanismus, in dem der bloße Zufall regiert. Ein anderer verneint die Religion, weil er in seiner Kindheit gebetet hatte, sein kleiner Bruder möge nicht sterben, doch dieser starb trotz seines Gebets. Der nächste ist gegen die Religion, weil es seine politische Philosophie verlangt.

Doch alle diese Menschen lehnen die Religion nur mit dem Verstand ab. Keiner ist mit ganzem Herzen und ganzer Seele dabei, was auch unmöglich wäre. Denn schon mit seiner Geburt als Einzelwesen trägt der Mensch ein unstillbares Verlangen nach Vereinigung mit der Ganzheit in sich. Einige bemerken dies schon früh im Leben, andere später, wieder andere niemals. Doch dieses Verlangen ist dennoch da und wirkt.

Viele Verlangen, die unbefriedigten materiellen Sehnsüchten zugeschrieben werden, sind in Wirklichkeit Äußerungen der spirituellen Tendenz des Menschen. So, wie es den Körper nach Speise verlangt, kann der innere Mensch ohne die notwendige Nahrung des Ganzheitserlebens keinen Frieden finden.

Rufus Jones drückte es einmal so aus, daß der Mensch eine unsichtbare Antenne besitzt, die beständig in höhere Dimensionen gerichtet ist. Doch beginnt der Mensch selten eine ernsthafte Suche, obgleich er selbst von der allumfassenden Ganzheit gewissermaßen »gesucht« wird. Die universelle Ganzheit bedarf des Menschen als einer Ausdrucksmöglichkeit. Der Mensch empfängt derartige Signale, doch er kann sie nicht entschlüsseln, als wären es Botschaften von fernen Planeten. Sobald er sie jedoch begreift, kann ein großartiges Einheitsempfinden mit der Ganzheit erlebt werden.

Wie zuvor bereits angedeutet wurde, kann dieses Ganzheitserleben auf unterschiedlichen Wegen erlangt werden. Ein naturverbundener Mensch wird sich vielleicht in einer Kirche innerlich leer und leblos fühlen, doch ein herrlicher Sonnenuntergang an einem rauschenden Fluß mit schön bewachsenen Ufern und der volle, reine Geruch der Erde können ihn zutiefst bewegen. Zu diesen Erlebnissen hat er eine Beziehung, doch nicht zur Theologie. Ein solcher Mensch muß dann genau mit solchen Naturerfahrungen anfangen.

Niemand sollte seinem Innenleben jemals Gewalt antun, indem er versucht, religiöse Dogmen anzunehmen, die seinem eigenen Erleben widersprechen. Das Ganzheitserleben, um das es uns geht, ist weitaus umfassender als die Zugehörigkeit zu einer Religion.

Ein anderer Mensch mag weniger Interesse an der Natur haben. Vielleicht beschäftigt er sich lieber mit philosophischen Studien, die er leicht begreift, und die Lehrsätze seiner Religion vermitteln ihm ein Erlebnis der umfassenden Ganzheit. Auch dies ist ein möglicher Weg der Annäherung. Doch dieser Mensch sollte sich nicht besser als jene fühlen, deren spirituelle Erfahrungen sich nicht in den Bahnen überlieferter Religiosität vollziehen.

Ich hatte einen Freund, der ein hervorragender Techniker war. Seine außergewöhnlichen Leistungen hatten ihm großen Wohlstand und zahlreiche Ehrungen eingebracht. Die Jahre vor seinem Tode war er im Aufsichtsrat eines qualifizierten wissenschaftlichen Institutes für Technologie in Kalifornien gewesen. Als ich einmal an einem Nachmittag mit diesem fast achtzigjährigen großen und aufrechten Mann durch sein schönes Grundstück spazierte, fragte ich ihn nach dem Glauben eines Wissenschaftlers.

Er hielt an, pflückte eine Blume, roch daran und sprach: »Ein Chemiker kann diesen Geruch synthetisch herstellen. Er kann sogar bis zu einem gewissen Grade beschreiben, wie die Natur diesen Duft hervorbringt. Ein Kunststoffexperte könnte eine Blüte formen, die ebenso schön wie diese aussieht. Doch niemals vermag es die Wissenschaft, eine lebendige Blüte zu erschaffen. Mein Glaube beruht auf der Tatsache, daß nur ein unvergleichlicher Schöpfungsprozeß eine solche Blüte hervorbringen kann.

Dies klingt sehr verstandesmäßig. Doch in langen, stillen Nächten, die ich als Bergbautechniker in der afrikanischen Wüste verbrachte, habe ich diese Dinge in mir erwogen, wobei ich einen unbeschreiblichen Frieden empfand. Dadurch wurde dies für mich ebenso eine Sache des Herzens wie des Verstandes. Es schien so, als würde der universelle Schöpfungsprozeß meinen Gedanken zustimmen. Er und ich und alles, was existiert, waren plötzlich jeweils Teile voneinander.

Dies ist mein Glaube. Ich gehöre zwar einer Kirche an, doch wenn mein Pfarrer mir sagen würde, ich müßte diesen Glauben aufgeben, um an bestimmte Worte und Lehrsätze zu glauben, würde ich seine Kirche niemals wieder betreten.«

Der Zweck aller religiösen Lehren ist es, den Menschen der universellen Ganzheit anzunähern. Dies ist eigentlich auch der Sinn aller Religionsgemeinschaften. Wer ein Empfinden für die universelle göttliche Ganzheit durch das Betrachten einer Blume oder des Himmelszeltes erlangt, ist ebenso sicher auf dem Wege wie jener, dem dies durch philosophische Studien gelingt. Würden die Religionen ihre Botschaft zunehmend dadurch verkünden, daß sie auch die Wunder dieses herrlichen Universums betonen, würden sie viele Menschen anziehen, die sich heute irrtümlich noch für unreligiös halten.

> Nicht verstehend leben wir gespalten,
> und unser Weg verliert sich in der Zeit.
> Wir staunen manchmal, wundern uns des Lebens,
> doch nicht erkennend schließt sich bald das Auge.
>
> Ach, könnten klarer nur die Menschen blicken
> und milder richten, wenn sie nicht klar sehn!
> Ach, könnten näher sie einander finden,
> sie kämen näher so dem Ganzen und Verstehn!
> <div align="right">(nach <i>Thomas Bracken</i>)</div>

Vereinigung ist Heilung

Verschiedene Probleme wurden bislang angesprochen. Doch sie alle sind unterschiedliche Ausdrucksformen der Absonderung von der idealen Vollkommenheit. Es ist in diesem Zusammenhang unbedeutend, ob man sich diese Vollkommenheit in Gestalt eines persönlichen Gottes und Vaters vorstellt oder ob man sich seinen höchsten Wert in ganz anderer Weise vergegenwärtigt.

Lebendiges Erleben der Vollkommenheit mag sich durch das Betrachten von Schönheit einstellen, durch das Erfahren einer wahren Liebe oder durch das religiöse Empfinden der Gegenwart einer höheren Dimension im eigenen Herzen. Die Bilder mögen unterschiedlich sein, doch das Ergebnis ist stets das große Einheitserleben mit dem Ganzen, dem Vollkommenen. Und dieses Erlebnis der Vollkommenheit bedeutet Heilung.

Jeder Mensch muß unter ungezählten Methoden den ihm entsprechenden Weg zur Vollkommenheit entdecken. Es ist interessant festzustellen, daß jene Menschen, die ihren Weg zunächst auf sogenannten unreligiösen Denkbahnen beginnen, dadurch schließlich zu ausgesprochen spirituellen Anschauungen gelangen. Sie werden genau durch solche Gedanken zur Transzendenzerfahrung geführt, die ihrem Charakter, ihrer Erziehung und ihrem geistigen Hintergrund entsprechen. Viele Wege führen zur Ganzheit. Der Weg selbst ist nicht wichtig, solange die Richtung stimmt.

Die Liebe besitzt eine große Heilkraft. Sie in die Praxis umzusetzen, ist ein geeigneter Beginn für jeden, der nach Heilung sucht. Er könnte damit anfangen, jemanden ehrlich zu loben. Ein Mann erzählte mir, wie er seine periodisch wiederkehrende Gürtelrose dadurch überwinden konnte, daß er damit begann, seiner Frau für ihre Küche, ihren guten Geschmack im Haushalt und andere Dinge, die er zuvor für selbstverständlich gehalten oder kritisiert hatte, Komplimente zu machen.

Oftmals sind wir grausam zu jenen, die uns lieben, indem wir es versäumen, die verschiedenen Aspekte ihrer Liebe zu schätzen. Rücksichtslosigkeit hat schon häufiger die Liebe eines Partners getötet als Untreue. Der Geist des Lobes und der Wertschätzung jedoch vereint die Menschen in einer tiefgehenden Zusammengehörigkeit.

Neid wirkt tödlich, denn er treibt die Absonderung voran. Die Bibel rät zur Vereinigung mit anderen, indem sie empfiehlt: »Erfreue dich an ihrer Freude, und weine mit ihnen ihr Weinen.« Der Neidische jedoch weint, wenn andere sich freuen. Dies aber ist das Gegenteil des dargelegten Prinzips.

In rechter Weise aufgefaßt, kann die Bibel eines der praktischsten Bücher der Erde sein. Sie enthält wesentliche Prinzipien der psychosomatischen Medizin, wichtige Hinweise für ein gutes und erfolgreiches Geschäftsleben, wertvolle Ratschläge für ein anhaltend glückliches Liebesleben und Gesetzmäßigkeiten, durch welche man jedes wertvolle Ziel in dieser gegenwärtigen Existenz erreichen kann. Oft neigt man zu sehr dazu, die Aussagen der Bibel nur auf ein Jenseits zu beziehen. Doch alle ihre Aussagen finden ihre Erfüllung auch im Diesseits.

Der rechte Weg zur Ganzheit

Es wurde bereits erwähnt, daß ein Lächeln die Ganzheit fördert, ein finsterer Blick dagegen zur Absonderung führt. Als Teil des Heilungsprozesses könnte man daher bewußt und absichtlich die Gewohnheit annehmen, andere mit einem herzlichen, warmen Lächeln zu grüßen.

Dies kann aus recht unterschiedlichen Haltungen heraus geschehen. Wenn jemand hier liest, man soll freundlich lächeln, dann erscheint ihm das vielleicht als eine nachahmenswerte Idee. Hält er sich aus diesem Grunde daran, so ist dies gut, aber es ist nicht der beste Weg. Noch wirkungsvoller ist das Wissen, sich mit seinem Lächeln den anderen gegenüber bewußt in eine umfassende Ganzheit zu stellen. Mit voller Absicht nimmt man dann einen bestimmten *Heil-Gedanken* auf, der den Wurzel-Gedanken der Absonderung zunichte machen soll. Wer klar weiß, warum er etwas tut, lebt nach einem *Prinzip*, wer nur nachahmt nach einer *Regel*.

Klar verstandene Prinzipien jedoch besitzen unsagbar mehr Kraft als oberflächliche akzeptierte Regeln. Solche Prinzipien dringen gründlicher auch in tiefe Schichten des Bewußtseins vor.

Ein Lächeln schließt stets auch ein Kompliment an die andere Person ein. Es ist, als würde man sagen: »Ich mag dich. Ich fühle mich dir nahe.« Wo Worte vielleicht fehl am Platze wären oder unehrlich wirken könnten, ist das Lächeln eine angebrachte Methode, dies auszudrücken. Seit unserer Kindheit bringen wir ein Lächeln mit Gemeinschaftlichkeit und einen finsteren Blick mit Absonderung in Verbindung: Wir fühlen uns heute von solchen Menschen angezogen, die uns ein Lächeln schenken.

Durch tausend kleine Freundlichkeiten kann man seinen Glauben an die Ganzheit zum Ausdruck bringen. Es spielt dabei keine Rolle, ob andere unsere Bemühungen zu schätzen wissen. Wir wollen unsere innersten Denkgewohnheiten so ändern, daß sie im Einklang mit den universellen Harmonien stehen. Wir freuen uns, wenn andere auf unseren guten Willen reagieren, doch wir sind nicht niedergeschlagen, wenn das nicht geschieht. Uns geht es hauptsächlich darum, den *Wurzel-Gedanken* der Absonderung aufzugeben. Die Methode dafür ist nicht der Kampf gegen die Idee der Absonderung. Vielmehr kommen wir zur Ganzheit, indem wir uns *zum* Positiven *hinwenden*, nicht durch das *Abwehren vom* Negativen.

An dieser Stelle sollte etwas Grundsätzliches über unsere Ansicht über die Selbsthilfe gesagt werden. Wir können unsere Bedingungen stets leichter dadurch verändern, daß wir uns einem Erwünschten *zuwenden*, als dadurch, daß wir das Unerwünschte *abwehren*. Darum ist es besser, ein Gesundheitsbewußtsein aufzubauen, als gegen Krankheiten zu kämpfen: besser, Wohlstand anzustreben, als gegen die Armut zu klagen; besser, ein Bewußtsein von Liebe und Harmonie zu entfalten, als sich über Unstimmigkeiten aufzuregen.

Jesus riet dem Menschen, auf diese Weise an Schwierigkeiten heranzugehen. Paulus schlug das gleiche Herangehen vor, als er sagte: »Schließlich, Brüder, denkt an *jene* Dinge, die wahr, aufrichtig, gerecht, rein, liebreich und von guter Quelle sind.« Stets sollten wir unser Bewußtsein mit Gedanken an das nähren, was wir erreichen wollen, und nicht mit Grübeleien über Dinge, die wir überwinden möchten.

Eines Tages fand ich ein Trinkglas, das einige Wochen im Garten lag. Es war mit einer Kruste trockener Erde verschmutzt. Auf zwei Arten hätte es nun gereinigt werden können. Der schwierigste Weg wäre ein sorgfältiges Abschaben und Abkratzen der verkrusteten Erde gewesen. Ich wählte den leichteren Weg, indem ich das Glas unter den Wasserhahn stellte und fünf Minuten warmes Wasser laufen ließ, während ich mich mit anderen Dingen beschäftigen konnte. Als ich zurückkam, war das Glas fleckenlos sauber. Beständig und mit Leichtigkeit hatte das laufende Wasser den Schmutz von diesem Glas gelöst. Ebenso klärt der ständige Einfluß des Positiven, wie er von Paulus vorgeschlagen wurde, unser Inneres und reinigt es von häßlichen und zerstörerischen Gedanken.

Die Ursache Ihrer unglücklichen Verfassung liegt in Ihnen!

Wenn Sie den Grund außerhalb finden wollen, *dann suchen Sie am falschen Ort.* Zum Beispiel: Der Wurzel-Gedanke der *Absonderung* verursacht zahlreiche Leiden des Lebens. Prüfen Sie, wie Sie Ihren dadurch bedingten Schwierigkeiten mit dem Heil-Gedanken der *Ganzheit* begegnen können.

Absonderung		**Ganzheit**
Böswilligkeit	–	*Gutwilligkeit*
Haß	–	*Liebe*
finstere Blicke	–	*Lächeln*
Nörgeln	–	*Lob*
Kummer	–	*Freude*
Verzweiflung	–	*Hoffnung*
heimlicher Neid	–	*ehrliche Glückwünsche*

4. Kapitel

Warum der Reiche reicher wird

Einst hielt ich einen Vortrag vor dem Lions Club in Sacramento (Kalifornien). Während des anschließenden Essens saß ich neben dem Direktor des Folsom-Gefängnisses. Im Verlaufe unserer Unterhaltung erzählte ich ihm, daß ich gerade eine Artikelserie über die Denkgewohnheiten bestimmter Menschengruppen vorbereitete und daß ich gerne mehr über das Denken krimineller Menschen wüßte.

Auf seine Einladung hin besuchte ich dann dieses Gefängnis, in welchem die gefährlichsten Straftäter Kaliforniens einsitzen. Wir nahmen eine von Gefangenen zubereitete und servierte Mahlzeit ein. Dabei beeindruckten mich die überaus höflichen und gepflegten Umgangsformen eines Mannes, der uns servierte. Ich konnte nicht glauben, daß er ein Gefangener sein sollte. Er schien mir ein Mann zu sein, den man überall gerne willkommen heißen würde. Doch der Direktor versicherte mir, daß dieser Mann einen besonders abscheulichen Mord verübt hatte und daß er zuvor schon Jahre in anderen Gefängnissen zugebracht hatte.

Einige Stunden durfte ich mich dann frei unter den Gefangenen bewegen. Dabei habe ich auch viel Zeit mit jenem Mann zugebracht, der meine Aufmerksamkeit erregt hatte. Seine Lebenseinstellung entsprach jener, die auch unter den anderen vorherrschte, doch wurde sie bei ihm von einer tiefen Verbitterung begleitet. Er empfand, daß ihm die Gesellschaft jede Chance verweigert und ihn nur schikaniert hätte.

Er erzählte von den Umständen seiner Geburt. Der Vater hatte seine »Alte« bereits verlassen, bevor er geboren wurde. In den Elendsvierteln einer Großstadt war er sodann aufgewachsen. Er begann, Obst in einer Gemüsehandlung zu stehlen, um dann den üblichen Weg eines jugendlichen Straftäters zu nehmen. Er schwänzte die Schule, wurde Mitläufer einer Bande und landete schließlich beim Schwerverbrechen. Neid und Haß erfüllten ihn gegen jedermann, der es zu etwas gebracht hatte. Ein besonders beißendes Schimpfen ließ er mit den Worten enden: »Der Reiche wird reicher, und der Arme wird ärmer. Welche Möglichkeit hat denn ein armes Kind? Der einzige Weg, der zu dem führt, was es sich wünscht, ist das Verbrechen.«

Das Einkommen richtet sich nach dem Bewußtsein

»Der Reiche wird reicher, während der Arme immer ärmer wird.« Ich stimmte hier mit dem Häftling überein, und ich sagte ihm, daß auch Jesus diese Auffassung vertreten hatte: »Demjenigen, der hat, wird gegeben werden, doch demjenigen, der nicht hat, wird selbst das genommen werden, was er hat.« Wie viele Aussagen Jesu scheint auch diese grausam zu sein. Doch sie spiegelt die Wahrheit wider, die er die Menschen stets lehren wollte.

Er wollte zeigen, daß das menschliche Denken eine Kraft besitzt. Dies war das Alpha und das Omega seiner Botschaft. Jene, die mehr von den Gütern dieser Welt erlangen, bezeugen dadurch ein ausgeprägtes *Bewußtsein* von Wohlstand. An dieser Stelle geht es nicht darum, ob Reichtum gut oder schlecht ist oder ob ein Mensch zu Recht oder zu Unrecht danach verlangt. Hier wird einzig das Gesetz angesprochen, durch welches ein Mensch etwas Erwünschtes in den Bereich seiner Erfahrung bringt.

Seine stete Hoffnung auf Geld hat dem Reichen sein Geld gebracht. Nun hat er es. Das gleiche Bewußtsein wird ihm nun immer mehr Geld bringen. Dieses Gesetz gilt ebenso für die Gesundheit und jede andere positive Sache, nach der ein Mensch strebt. Auf der anderen Seite beweist jener, der wenig hat, diesbezüglich ein mangelhaftes Bewußtsein. Dieses mag sich noch verstärken, wenn er sieht, daß andere immer reicher werden. Führt dies dann zu Neid, Haß und Angriffen auf den anderen, wird das Bewußtsein durch diese Gefühle immer ärmer, wodurch auch der Wohlstand sinkt. Es scheint, als würde ein böses Schicksal jenem Menschen das wenige nehmen, das er noch hat, aber es ist sein eigener Bewußtseinszustand, der ihn beraubt. In ihm wirkt der *Wurzel-Gedanke* der *Sinnlosigkeit*.

Doch es gibt auch Menschen, die den Einflüssen der Elendsviertel entronnen sind und diesen *Wurzel-Gedanken* niemals in sich Fuß fassen ließen. In ihrer spannenden Lebensgeschichte *The Stars at Noon* ließ die Autorin Jacqueline Cochran mutig alle Vorbehalte beiseite, um zu erzählen, wie sie ihre frühen Tage in der ärmlichsten Umgebung zubrachte. Halb verhungert, nur wenig gebildet und, man darf fast sagen, wenig zivilisiert lebte sie in den Sümpfen der amerikanischen Südstaaten. Doch etwas in ihr erlaubte es nicht, daß sie die hier herrschenden Gesetze annahm. Es sollte ihr gelingen, die Grenzen ihrer Lebensbedingungen zu sprengen und ihr Schicksal selbst in die Hand zu nehmen. Nachdem sie ihr anspruchsloses Heim verlassen hatte, war sie mit dreizehn Jahren eine geschickte Kosmetikerin, eine ausgebildete Krankenschwester, bevor sie zwanzig wurde, und wenige Jahre später Ehefrau eines Millionärs.

Der ehrliche Bericht spricht für ihren Mut und ihr Können. Sie ist weit vorangekommen, doch niemand hat sie angetrieben. Von ihrer Familie wurde sie ausgelacht, als sie als Kind darauf bestand, regelmäßig zu baden. Es wäre der leichteste Weg gewesen, zu bleiben, sich unterzuordnen und eine Schlampe zu werden. Doch sie ließ niemals das geringste Selbstmitleid zu. Niemals erlaubte sie Neid in ihrem Herzen. Wenn andere die schönen Dinge des Lebens haben konnten, so wußte sie, daß auch sie diese haben könnte.

Jacqueline Cochran hat bewiesen, daß es im Menschen etwas gibt, das selbst dem stärksten Druck der Umgebung widerstehen kann. In jedem von uns gibt es diese Kraft, die uns in die Höhe heben kann.

Die Segel bestimmen den Kurs, nicht der Wind!

Vergleichen Sie Jacqueline Cochran mit dem Häftling, der uns zu Beginn dieses Kapitels begegnete. Diese beiden Menschen aus gleichen Verhältnissen, die dann jedoch ganz gegensätzliche Wege nahmen, beweisen uns, daß äußere Bedingungen nicht alles entscheiden müssen, sondern unsere Reaktion auf sie alles verändern kann. Ein Mensch läßt sich von seiner Umgebung das Leben ruinieren, der andere benutzt sie, um sein Ziel zu erreichen.

Jeder von uns kennt Aspekte seiner Umgebung, durch welche Gedanken der Sinnlosigkeit aufkommen könnten. Armut ist nicht der einzige abstumpfende Faktor. Reichtum hat ebenso viele Menschen ruiniert wie Armut. Man mag sein Leben mit einem gebrechlichen Körper und einem nicht gerade genialen Geist beginnen, oder man wird eine andere Ausrede dafür finden, weshalb man nicht vorwärts kommt. Doch letztlich gilt: »Das Setzen der Segel, nicht der Wind, bestimmt den Kurs, den wir nehmen.« Entscheidender als die Stürme, die außen blasen, ist das, was in uns vorgeht. Diese Erkenntnis unterscheidet den Gewinner vom Verlierer.

Vielleicht fragt nun jemand: »Woher soll ich wissen, ob ich im Innersten von Gefühlen der Sinnlosigkeit beherrscht werde?« Hierzu sollten wir die Gründe betrachten, die wir unseren Krankheiten und unseren Fehlschlägen im Berufs- und Privatleben beilegen. Wenn jemand sagt: »Alles, was ich anfasse, geht schief, gleichgültig, worum es geht und wie sehr ich mich anstrenge«, oder: »Die Leute nützen mich aus, keiner will mit mir zusammenarbeiten«, müßte er selbst schon erkennen, woran es ihm mangelt. Eine typische Ausrede lautet auch: »Kein Arzt kann herausfinden, was mit mir los ist. Ich bin bei den besten gewesen und glaube inzwischen, sie sind alle unfähige Scharlatane.«

Etwas ist immer in Ordnung

Es ist nicht wahr, daß bei irgendeinem Menschen »immer alles schief geht«. Seine tiefen Empfindungen der Sinnlosigkeit machen denjenigen, der dies sagt, blind für die vielen Dinge seines Lebens, die in Ordnung sind. Würde jemand auf alle Ereignisse eines Tages zurückschauen, könnte er neben den unglücklichen Erfahrungen zumindest ein paar erfreuliche finden.

Ein Goldsucher findet das begehrte Edelmetall nicht in Form großer Barren. Vielmehr sammelt er sorgfältig alle Splitter und kleine Stückchen, die dann zu großen Barren geschmolzen werden können. In gleicher Weise stellt sich gewöhnlich das Positive unseres Lebens ein; selten erhalten wir große Barren, meist müssen wir uns mit kleinen Stückchen zufriedengeben. Der freundliche Gruß eines Mitmenschen, das Lächeln eines Kindes, ein Wort der Anerkennung oder Wertschätzung, eine leichte Verbesserung unseres handwerklichen Könnens, ein kleiner beruflicher Erfolg (auch wenn wir uns einen größeren erwartet hätten), ein bescheidenes Zeichen des Verständnisses, all diese Dinge können kleine Glücksmomente bedeuten.

Eine Lehrerin sagte einst: »Meine Schüler gehören zur schlimmsten Sorte. Sie sind eine wilde Bande kleiner Grobiane. Kaum nehmen sie Notiz von mir. Auf dem Schulhof kichern sie sogar geringschätzig, wenn sie mich grüßen. Ich muß ein Versager sein, denn alles, was ich tue, ist falsch. Sicherlich machen sich auch die anderen Lehrer hinter meinem Rücken über mich lustig. Jetzt habe ich Angst, daß ich zum Ende des Schuljahres entlassen werde.«

Ich riet dieser Lehrerin, jeden Tag noch einige Minuten im Klassenzimmer zu bleiben, nachdem die Kinder gegangen waren. Sorgfältig sollte sie die Arbeit des Tages nochmals überblicken, um dann all das zu notieren, was ihre zuvor geäußerte Auffassung widerlegen könnte, auch wenn das Bemerkte zunächst völlig belanglos erschien. Auch wenn es nur ein einziges erfreuliches Ereignis gäbe, sollte es niedergeschrieben werden. Daheim angekommen, riet ich ihr, sich bequem hinzulegen, um die Gedanken zwanglos durch die Ereignisse des Tages wandern zu lassen.

Auch wenn sich in der Erinnerung nur drei ermutigende Dinge finden würden, könnten diese doch zu einem winzigen Barren verschmolzen werden. Dafür sollte sie dankbar sein und versuchen, dies zu einem Grundstock des Glücks werden zu lassen, zu dem sich am kommenden Tage weiteres gesellen würde.

Unsere Wahrnehmung erfaßt sehr viel mehr von jenen Dingen, nach denen wir bewußt suchen. Zum Beispiel übersehen wir die meisten Werbeanzeigen in der Zeitung, bis unser Blick von einer solchen gefangen wird, die etwas zeigt, was wir uns kaufen möchten. Vielleicht hat man schon seit Monaten jeden Tag für den entsprechenden Artikel geworben. Doch für uns existierte die Anzeige nicht, bis ihr durch unseren Wunsch auch unsere Aufmerksamkeit zuteil wurde.

Die Suche der Lehrerin verhalf ihr zu einem kleinen Wunder. Ein Kind, das sie für recht uninteressiert gehalten hatte, kam schüchtern ins Klassenzimmer zurück, um ihr eine Frage über die amerikanischen Präsidenten zu stellen und sich danach sehr freundlich für die Antwort zu bedanken. Auf dem Heimweg traf sie dann ein weiteres Kind, dessen Betragen immer viel zu wünschen übriggelassen hatte. Es schaute über ein blühendes Blumenbeet. Als es die Lehrerin sah, blickte es auf und sagte: »Oh, Fräulein, haben Sie jemals etwas so Schönes gesehen?« Dies war der erste nähere Kontakt zwischen der Lehrerin und diesem Schüler, und sie bückten sich, um die Blumen gemeinsam zu betrachten. Später stieg die Lehrerin in einen Autobus ein. Der Fahrer, der ihre Munterkeit erkannte, sprach: »Sie scheinen einen guten Tag gehabt zu haben. Sie sehen so fröhlich aus.« Und sie antwortete: »Ich hatte einen wundervollen Tag.«

Es ist nicht notwendig, hier alle Einzelheiten zu berichten, doch sehr viel Positives kreuzte von nun an ihren Weg. Die Disziplin und der Lerneifer ihrer Schüler schienen sich zu verbessern. Der Hausmeister in ihrem Wohnhaus brachte ihr ein kleines Bild, das seine Tochter gemalt hatte, als Geschenk. Keines dieser Erlebnisse entstand aus sich selbst, vielmehr gingen sie alle auf das nun geänderte Wahrnehmungsverhalten der Lehrerin zurück.

Unser Glück beginnt in uns

In gewissem Sinne hat niemand von uns jemals eine andere Chance gehabt als jene, die er sich selbst gegeben hat. Ererbter Reichtum oder hohe Intelligenz sind völlig nutzlos, wenn man nicht die Fähigkeit erwirbt, wirksamen Gebrauch davon zu machen. Himmel und Hölle haben ihren Ursprung im menschlichen Herzen. Niemand ist verdammt durch eine Macht außerhalb seines eigenen Wesens. *Wir* verdammen uns selbst zu einem Leben voller Enttäuschungen. Und die Tragödie besteht darin, daß wir es versäumen, zu erkennen, wo der Ursprung unserer Erfahrungen liegt. Wir denken ihn außerhalb, doch er liegt in uns.

Diese falsche Ansicht vom Leben wird zwar niemanden zur Kriminalität führen, doch kann sie die Chancen für ein glückliches Dasein ruinieren. Sie kann den Menschen in der Macht des *Wurzel-Gedankens* der Sinnlosigkeit belassen, wodurch jeder Wille zum Aufsteigen fast verschwindet. Ich verwende hier das Wort *fast*, denn die Hoffnung schwindet niemals ganz, solange ein Mensch lebt. Sie kann verdeckt werden; ihr Licht flackert dann und wird trübe. Doch sobald die richtigen Umstände eintreten, kann sie wieder zu einer hellen Flamme entfacht werden.

Einst sagte ein Immobilienverkäufer: »Ich arbeite hart. Ich tue wirklich alles, was ich kann. Doch in den letzten sechs Monaten ist mir kein Abschluß gelungen.« Dabei arbeitete er in einem guten Bezirk, in dem andere Verkäufer seines Büros sehr erfolgreich waren. Äußerlich betrachtet war er keineswegs faul. Doch irgendwie, in einem stillen Winkel seines tiefsten Bewußtseins, *wollte* er keine Abschlüsse tätigen.

Zuerst reagierte er verletzt und verärgert, als ich ihn darauf hinwies, doch schließlich kam er dahin, zuzugeben, daß es möglich sein könnte. Im weiteren Gespräch kam dann heraus, wie seine geschiedene Frau höhere finanzielle Forderungen an ihn herangetragen hatte. Dies wollte er jedoch nicht gewähren. Um zu beweisen, daß er unmöglich mehr Geld aufbringen könnte, hatte er sechs Monate zuvor auf einige günstige Abschlüsse absichtlich verzichtet. Auf diese Weise wollte er seine bescheidenen Verhältnisse beweisen, um nicht auf die Geldforderungen eingehen zu müssen.

Doch die tieferen Schichten unseres Bewußtseins verwandeln in eigentümlicher Weise Handlungen in Gewohnheiten, wenn die entsprechenden Handlungen von starken Gefühlen begleitet sind. In diesem Falle hatte der Mann seine ehemalige Frau gehaßt und seinen Freunden erzählt, er würde lieber verhungern, bevor sie mehr Geld von ihm bekäme. Immer wenn er daran dachte, wie er ihr schaden könnte, war dies von starken Empfindungen begleitet.

Nun ist es aber unmöglich, häßliche Gedanken auf einen bestimmten Bereich zu konzentrieren. Vielmehr färben diese auf den gesamten Denkprozeß ab. Dieser Mann hatte die Pflicht, für seine ehemalige Frau aufzukommen, die sich in einer elenden Gegend vom Notwendigsten erhalten mußte. Indem er beschloß, ihr das ihr Zustehende vorzuenthalten, gab er unwissentlich dem Glauben nach, daß man jemandem das ihm Zustehende ohne dessen Einverständnis vorenthalten könnte. Doch das, was man über andere denkt, glaubt man unbewußt auch von sich selbst. So wirkte sich dieses Denken auf alle Bereiche seines Geistes aus und ließ auch seine Verkaufsabschlüsse sinken.

Mit uns wird vorrangig das geschehen, woran wir glauben. Darum darf als goldene Regel für unseren praktischen Umgang mit anderen gelten: Wenn wir in die Freiheit und das Recht eines anderen eingreifen, öffnen wir dadurch das Tor für den Eingriff anderer in unsere Belange.

Auch wenn andere Menschen nicht wissen, daß wir im Innersten nicht im Einklang mit dem Gesetz des Geistes stehen, wirkt dieses Gesetz dennoch in unserem Umgang mit ihnen und erfüllt sich automatisch. Die Interessenten, die den Immobilienverkäufer aufsuchten, wußten nichts von seinen häuslichen Angelegenheiten. Doch die Gesetzmäßigkeiten wirkten in ihm, und so blieben die Menschen von seinen Verkaufsargumenten unbeeindruckt. Sein eigener Glaube hatte sich an ihm erfüllt.

Ein Mensch ist eine Ganzheit, zu der auch die tiefsten und verborgensten Tendenzen seines Wesens gehören. Er mag innere Dinge absichtlich verdrängen, um seine Freunde durch äußeren Schein zu beeindrucken. Doch das Gesetz seines eigenen Geistes kennt solche Unterscheidungen nicht. Es verwandelt stets die Gesamtheit seiner Gedanken in lebendige Erfahrung.

Dieser Mann war verstört und durcheinander. Er hatte das Gefühl, etwas wäre nicht gerecht. Hätte er das Gesetz seines gedanklichen Lebens gekannt und verstanden, wäre ein leichtes und schnelles Erkennen seiner eigentlichen Schwierigkeiten möglich gewesen. Nichts verhinderte seinen Erfolg und Wohlstand, außer sein eigenes Denken. Er meinte, er hätte seine Schlagkraft verloren, und er wußte nun nicht, wo er nach ihr suchen sollte. Doch seine Schlagkraft hat eigentlich niemals ihm selbst gehört. Es war vielmehr das Wirken des schöpferischen Prozesses gewesen, der im Bewußtsein dieses Mannes auf einen Punkt gerichtet war: das Verkaufen von Immobilien. Doch nun war er ein zwiespältiger Mensch geworden, unschlüssig in all seinem Tun, und negative Ansichten über das Leben hatten die Überhand gewonnen.

Ich versuchte, ihm begreiflich zu machen, daß der Haß stets die Beziehung zur allumfassenden Liebe unterbricht und kein hassender Mensch jemals wirklich glücklich sein kann. Ich ließ das Thema des Geldes für seine ehemalige Frau im Hintergrund und konzentrierte mich im Gespräch mit ihm auf die Möglichkeit seiner Ausrichtung auf jene göttlichen Eigenschaften, die er erfassen konnte. Besonders erwähnte ich dabei die Liebe.

Selten habe ich beobachtet, daß ein Mensch sich derart grundlegend änderte wie er. Man kann wirklich sagen, daß er neu geboren wurde. Er wurde einer der gütigsten Menschen, und seine Güte war vollkommen ehrlich.

Natürlich verbesserte sich seine berufliche Situation. Als er wieder besser verkaufte, erhöhte er die Zahlungen an seine geschiedene Frau.

Dieser Fall nahm einen interessanten Verlauf: Etwa um jene Zeit, als er die Feindschaft gegenüber seiner ehemaligen Frau überwunden hatte, lernte diese einen anderen Mann kennen, der um sie warb. Drei Monate später waren die beiden verheiratet. Ihr zweiter Ehemann war ein erfolgreicher Geschäftsmann, der dem Immobilienverkäufer versicherte, er könnte voll für seine neue Frau aufkommen. So lösten sich für jenen Mann zwei Schwierigkeiten gleichzeitig.

Wem gehört der »Schwarze Peter«?

»Der Reiche wird reicher, und der Arme wird ärmer.« Ganze politische Systeme wurden auf falschen Erklärungen dieser Tatsache aufgebaut. Viele menschliche Existenzen wurden im Schatten von Gefühlen tiefer Sinnlosigkeit gelebt. Die Säure der Enttäuschung und des Neides hat das Glück ungezählter Menschen zerfressen, die glaubten, daß der Reiche glücklich und der Arme chancenlos wäre. Politiker haben sich mit diesem Argument den Weg zur Macht gebahnt, die sie dann oftmals egoistisch ausnutzten, wobei sie nach außen Mitgefühl mit ihren verblendeten Wählern heuchelten. Indem man diese dann dazu ermunterte, an der Brust der Regierung zu saugen, hielt man sie in politischer und spiritueller Unmündigkeit.

Doch die Zeit ist nun reif, den »Schwarzen Peter« dorthin zu spielen, wo er hingehört, nämlich zur einzelnen Persönlichkeit. Jeder Mensch sollte lernen, welche wichtige Schlüsselfunktion sein Denken hat und daß seine Erlebnisse und Erfahrungen seinem Glauben entsprechen. Wenn er weiterhin an eine Lüge glaubt, wird er jenes falsche und unbefriedigende Leben führen, das aus einer Lüge entspringt.

Kein Herrscher und kein Politiker kann einem Menschen mehr geben, als sein individuelles Bewußtsein aufnehmen und fassen kann. Alles, was der Politiker geben kann, ist ein politisches System. Und innerhalb eines jeden Systems können wir stets nur das erlangen, was in der Möglichkeit unseres Bewußtseins liegt. Wer sein Bewußtsein nicht entwickelt, wird auch unter dem freiheitlichsten System ein Sklave bleiben. Doch jene, die das erkennen, werden auf jeden Fall zum Gipfel gelangen. Dies ist kein von Menschen gemachtes Gesetz. Es ist eine universelle Tatsache, die sich auch im menschlichen Denken auswirkt.

»Der Reiche wird reicher; der Arme wird ärmer.« Ein wahreres

Wort wurde selten gesprochen. Dies ist eine geistige Gesetzmäßigkeit und kein göttliches Gebot. Die Reichen, das sind die im Bewußtsein Reichen.

Auch Sie können ausreichenden materiellen Wohlstand erlangen!

Wenn Geldmangel die Ursache Ihrer Probleme ist, liegt der Grund dafür in Ihnen, denn Sie lassen sich unbewußt vom Wurzel-Gedanken der

Sinnlosigkeit

beherrschen.

Ihr Glück beginnt in Ihnen. *Glauben* Sie daran, daß Sie mit Geldangelegenheiten umgehen können! *Glauben* Sie daran, daß Sie haben werden, was Sie brauchen.
Sie sind SELBSTSICHER!
Sie sind ERFINDERISCH!
Nehmen Sie diese Heil-Gedanken in Ihr Bewußtsein auf, und Ihre finanziellen Angelegenheiten werden sich klären. Das Gesetz der Schöpferkraft arbeitet AB JETZT für Sie!

5. Kapitel

Warum die Angst wählen?

Einst saß in Indien ein weiser alter Mann unter einem Baum. Da kam der Seuchengott des Weges. Der Weise fragte: »Wohin gehst du?« Und der Seuchengott antwortete: »Ich gehe nach Benares, wo ich hundert Menschen töten werde.« Drei Monate später kam der Dämon auf seiner Rückreise wieder bei dem alten Weisen vorbei. Der Weise sprach: »Du sagtest mir, du wolltest in Benares hundert Menschen töten, doch Reisende haben mir berichtet, es wären zehntausend geworden.« Der Seuchengott aber sagte: »Ich tötete nur hundert. Die anderen hat die Angst umgebracht.«

Wenn man lernt, seine Gedanken zu beherrschen, und allmählich spirituelle Erfahrungen macht, vermindern sich alle Ängste und damit auch die Wirkungen der Angst. Ich nehme an, jeder Mensch spürt zuweilen ein beklemmendes Stechen in der Herzgegend oder ein gleichsam beunruhigendes Gefühl an anderen Körperstellen. Ein kluger Mensch wird in einem solchen Fall nicht gleich in blinde Panik geraten und sich vielleicht sogar vor dem Arztbesuch fürchten, weil er Angst hat, dort die schlimmsten Neuigkeiten zu erfahren. Vielmehr wird er die Welle der Panik unter Kontrolle bringen, indem er sich ganz ruhig sagt, daß durch ihn die Gesetze der universellen Harmonie wirken können, mit denen er durch rechtes Handeln in Einklang kommen möchte. Er wird seinen Geist auf die unendliche Vollkommenheit in ihm und um ihn richten. Und er wird sich des Gesetzes der Schöpferkraft erinnern, dessen wunderbare Eigenschaften er an seiner Seele, seinem Geist und seinem Körper dankbar erfährt. Vielleicht wird er sich dann nach einigen Tagen daran erinnern, daß da vorübergehend ein beunruhigendes Gefühl war.

Ein ängstlicher Geist fordert das Schicksal heraus

Lebhaft kann ich mich noch an eine Frau erinnern. Sie war einer der furchtgeplagtesten Menschen, die mir jemals begegnet sind. Obwohl sie in ihrem Innersten eine herzensgute Persönlichkeit zu sein schien, wirkte sie vollkommen egozentrisch und neurotisch. Sie kaufte sich jedes nur denkbare Mittel für gute Gesundheit, von dem sie in der Werbung in Rundfunk, Fernsehen und Zeitung erfuhr. Sie hatte es dabei mit Gymnastikgeräten, allerlei Pillen und Spezialbetten versucht. Dann hatte sie die Geduld zahlreicher Ärzte strapaziert, hatte sich schließlich zum Naturheilverfahren bekehrt, doch glaubte sie nun, daß »Geistheilung«, wie sie es nannte, die einzige Rettung für sie wäre.

Ihre ersten Worte waren: »Dr. Bailes, ich bin eine sehr kranke Frau. Aber die Ärzte sind nur Hochstapler. Alles, was sie wollen, ist mein Geld. Doch wirklich tun können sie nichts. Sie sind meine letzte Hoffnung. Wenn Sie mich nicht heilen können, dann bin ich wirklich am Ende.«

Meine Antwort lautete: »Dann sind Sie tatsächlich in einer schlimmen Lage. Denn ich habe nicht die Macht, andere Menschen zu heilen.«

»Sie sind nur bescheiden! Ich weiß, daß Sie ein Geistheiler sind, denn Sie haben meinen Schwager von der Zuckerkrankheit geheilt.«

»In zwei Punkten möchte ich Sie gerne berichtigen. Ein Geistheiler ist jemand, der behauptet, heilende Kräfte zu besitzen. Manche Leute glauben an seine besondere Gabe. Der Gewinn, den sie dabei haben, entstammt ihrem Glauben an den Heiler, ohne daß sie verstandesmäßig begreifen, was dabei vorgeht. Ich besitze nicht die Gabe des Heilens. Ich kann niemand heilen. Und der zweite Punkt: Wenn Ihr Schwager geheilt wurde, dann nicht durch mich. Vielmehr geschah dies, weil er selbst seine Lebenshaltung änderte. Auch Sie können geheilt werden, doch der gesamte Vorgang muß sich dabei in Ihrem Bewußtsein abspielen.

Spirituelle Heilung ist etwas völlig anderes als die sogenannte Geistheilung. Sie hängt von Gesetzmäßigkeiten und nicht von einzelnen Menschen ab. Doch diese Gesetzmäßigkeiten können nicht für Sie wirken, solange Sie Ihre ganze Zeit damit verbringen, Ihren Puls zu fühlen und auf Krankheitssymptome zu lauern. Sie haben einen Begleiter, der Ihr Auto fährt, denn Sie sagen, Sie hätten Angst vor einer Ohnmacht oder einem Herzanfall im Straßenverkehr. Sind Sie denn jemals ohnmächtig geworden?«

»Nein. Aber ich habe Angst, daß es eines Tages passieren kann. Einer meiner Ärzte sagte...«

»Frau Tremble, können Sie sich vorstellen, daß Sie zu sagen lernen ›Was soll's!‹ Können Sie an jenen Punkt gelangen, an dem es Ihnen keinen Gedanken wert ist, ob Sie ohnmächtig werden oder sogar am Lenkrad Ihres Wagens sterben? Können Sie dahin gelangen, alle Beklemmungen und alles Herzklopfen, jede Kurzatmigkeit und all die anderen Gefühle körperlicher Unannehmlichkeit mit folgenden Worten zu begrüßen: ›Du bist ein Schein, ein Nichts, das versucht, etwas zu sein. Du bist wie der nichtexistierende Einbrecher, der sich unter dem Bett versteckt, ein Kind meiner Einbildung. Versuch nur dein Schlechtestes zu tun, ich werde dir ins Gesicht lachen.‹ Könnten Sie diesen Standpunkt einnehmen?«

»Aber Dr. Bailes! Sie wollen das Schicksal herausfordern! Ich habe *wirklich* ein schwaches Herz!«

»Sie fordern das Schicksal selbst heraus, indem Sie ständig über Ihren Gesundheitszustand grübeln. Ich möchte eigentlich nicht über Ihre Krankheitssymptome reden. Sie sagen mir, Sie würden es seit dreizehn Jahren mit den unterschiedlichsten Therapien versuchen, doch es wäre immer nur schlimmer geworden. Nun, dann könnte es auch nicht viel schlimmer kommen, wenn Sie sich von nun ab sagen: ›Was soll's! Wenn ich sterbe, dann sterbe ich, und ich muß nicht mehr täglich unter meinen Todesahnungen leiden.‹ Sie sollten wissen, daß Todesangst der schnellste Weg zum Tod ist.«

Die heilende Kraft des »Was soll's!«

Wir unterhielten uns länger als eine Stunde. Schließlich sagte sie: »Wissen Sie was? Mir gefällt der Gedanke, auch im Angesicht des Todes gelassen zu bleiben. Dreizehn Jahre lang hat mich nun diese Furcht verfolgt. Sie haben recht, ich sollte mich einfach anders dazu stellen.«

Gewöhnlich akzeptieren derart gequälte Menschen diese neue Idee nicht so rasch. Doch diese Frau besaß positive Anlagen. Alles, was sie brauchte, war jemand, der ihrem Leben eine neue Richtung aufzeigte.

Sie ging zu ihrem Auto und fuhr selbst heim. Dort suchte sie ihre verschiedenen Heilmittelchen zusammen, um diese in den Mülleimer zu werfen. Auf diese Weise erklärte sie ihre Unabhängigkeit. In jenem Herbst begann sie einen neunmonatigen Kursus, den ich zum vertieften Studium dieser Prinzipien abhielt. Sie gehörte zu jenen Teilnehmern, welche die heilenden Gesetze am klarsten umsetzten. Sie überwand ihre Fettleibigkeit, indem sie während des Kurses vierzig Pfund abnahm, und dies ohne jedes Wundermittelchen. *Angst ist erworben, nicht angeboren.*

Wie uns die Psychologen lehren, sind Ängste und Befürchtungen nicht erblich. Ein Säugling kommt nur mit zwei Ängsten auf die Welt, die jedoch beide in seinem weiteren Leben keine Schwierigkeiten mehr verursachen. Sie fürchten sich vor lauten Geräuschen und vor dem Fallen. Doch jede andere Angst, die uns quält, haben wir uns im weiteren Leben aufgebaut. Wir erschaffen uns Frankenstein-Monster, die uns dann unser Dasein zur Hölle machen. Doch sobald wir begreifen, daß Angst nichts weiter als eine schlechte Denkgewohnheit ist und wir sehr gut neue Gewohnheiten des Mutes und der Tapferkeit entwickeln können, sind wir schon auf dem Weg zur Befreiung.

Das Überwinden der Angst ist zugleich ein Überwinden zahlreicher Krankheitsursachen, denn viele körperliche Leiden entspringen der Angst. Zerstört man die Ursache, bleiben die Wirkungen automatisch aus. Dieser Weg ist so einfach, daß manche Leute ihn schon deswegen nicht akzeptieren können. Stur suchen sie nach komplizierten Theorien, doch die Wahrheit ist meist sehr klar und einfach.

Wie ein Bild zur Wirklichkeit wird

In meinem Gespräch mit Frau Tremble gebrauchte ich ein Gleichnis: Unser Bewußtsein entspricht einer Bildergalerie. Ständig werden alte Bilder abgehängt und neue angebracht. Niemals bleibt ein Bild dauerhaft im Bewußtsein. Manche bleiben zwar länger als andere, einige scheinen vielleicht während des ganzen Lebens nicht zu verschwinden, doch in Wirklichkeit findet in jedem Augenblick ein Wechseln der Bilder statt.

Der Körper ist eine momentane Spiegelung der Bilder an den Wänden des Bewußtseins. Das Gesetz der Schöpferkraft löst in jedem Augenblick alte Formen auf, um neue zu schaffen. Die Erscheinungen sind nur flüchtig wie die wechselnden Bilder, und man braucht daher einer augenblicklichen Form nicht die Bedeutung des Dauerhaften zu verleihen. Wer diese Gesetzmäßigkeit des Daseins nicht kennt, kann durch eine augenblickliche Situation leicht in Panik geraten, während sie den Wissenden in keiner Weise beunruhigt. Ihm ist klar, daß jede zerstörerische Form sofort wieder verschwinden wird, sobald die grundlegende Harmonie erneut hergestellt ist. Er hat keine Angst vor dem Negativen, denn er weiß, daß es vor dem unendlichen Schöpfertum nicht bestehen kann.

Sobald jemand einer beängstigenden Situation ins Auge sehen kann, ohne diese durch innere Panik zu unterstützen, hat er einen Fortschritt gemacht. Wenn er darüber hinaus voller Vertrauen annimmt, daß er die Kraft hat, diese Situation zu ändern, ist er noch weiter gekommen. Doch sobald er es vermag, durch sein eigenes Wort jene Kraft zum Wirken zu bringen, ist er an jenem Punkt angelangt, von dem Jesus sprach: »Ihr sollt die Wahrheit *kennen*, und die Wahrheit wird Euch frei machen.«

Doch wie lange wird es dauern, diesen Zustand zu erreichen? Es ist dies keine Frage der Zeit, sondern des Bewußtseins. Ich habe Briefe erhalten, in denen mir Leser berichteten, daß sie noch vor Beendigung eines meiner Bücher vollkommene und dauerhafte Heilung erfahren haben. Andere Menschen dagegen hängen noch mehr an ihren Vorurteilen. Doch jedermann kann, nachdem er dieses Buch gelesen hat, das

Grundprinzip der Methode verstehen und mit der Anwendung beginnen.

Es gibt zahlreiche erregende Beispiele von Menschen, die innerhalb kürzester Zeit ihr Leben änderten. Alkoholiker und hoffnungslos scheinende Kriminelle verwandelten sich mitunter durch bestimmte Erlebnisse in kürzester Zeit zu ehrenwerten Mitgliedern der menschlichen Gesellschaft. Schon eine entscheidende Stunde kann einen Menschen vollkommen verwandeln. Es kommt nur darauf an, wie schnell man seine Lebensanschauung ändern kann. Es dauert nicht Monate und Jahre, eine neue Idee zu begreifen, wenn ein Mensch sich ernsthaft ein besseres Leben wünscht. Sobald sich eine Persönlichkeit des Wirkens über das Gesetz der Schöpferkraft mit dessen unendlichen Möglichkeiten bewußt wird, kann sich das, was andere in Jahren erkämpfen, in einer Stunde vollziehen.

Hängen Sie jetzt die richtigen Bilder auf!

An dieser Stelle möchte ich dem Leser vorschlagen, an einen Menschen zu denken, der Hilfe braucht. Vielleicht ist er es selbst. Nehmen wir an, dieser Mensch beginnt langsam einzusehen, daß seine Krankheit oder sein Mißerfolg nichts anderes als die Gestaltung verzerrten Denkens ist. Es ist vom Beginn bis zum Ende eine Angelegenheit des Denkens. Die wesentlichen Ursachen dafür liegen im falschen Glauben dieser Persönlichkeit selbst. Nun reicht es ihr, sie hat genug davon und möchte dem ein Ende bereiten. Nehmen wir an, dieser Mensch nimmt in freier Willensentscheidung das Bild der Krankheit oder der Niederlage von der Wand seines Bewußtseins ab, um es durch ein Bild völliger Gesundheit und Vollkommenheit zu ersetzen.

In diesem Augenblick bedient er sich einer größeren Kraft als seiner eigenen: Er stellt sich vor, wie er das häßliche, alte Bild dem Wirken des Gesetzes der Schöpferkraft übergibt, damit es aufgelöst wird. Gleichzeitig hängt er das neue Bild der Gesundheit auf, wobei er sich wünscht, dieses möge in tatsächliche Erfahrung und Gestalt umgesetzt werden. Dann sollte er nicht weiter über diese Angelegenheit nachdenken. Er hat sie nun völlig dem Wirken des Gesetzes überlassen, und er kann sich mit Gefühlen der Dankbarkeit für das Wirken des Gesetzes nun anderem zuwenden. Er sollte nicht auf der Lauer liegen, ob das Gesetz nun wirkt oder nicht. Das wäre so, als würde man eine Pflanze ausreißen, um zu prüfen, ob sie wächst. Der Mensch sollte lediglich sagen: »Es ist vollbracht. In dieser Angelegenheit wirkt nun das einzige Gesetz, das Gedanken in Wirklichkeiten verwandeln kann.«

Dies ist der einzige Weg, auf dem sich das heilende Gesetz für uns nutzbar anwenden läßt. Es verlangt Entschlossenheit und Mut, doch es arbeitet einfach und wirksam.

Das neue Bild an der Wand des Bewußtseins wird dort so lange bleiben, bis es durch ein anderes ersetzt wird. Rasch könnte ein negatives Bild an seine Stelle gesetzt werden mit der Aussage: »Ich frage mich, ob das Gesetz wirkt«, oder: »Es ist unwahrscheinlich, daß ein Gebet so einfach zur Heilung führt.« Immer dann, wenn ein solches Bild des Zweifels sich Platz verschaffen möchte, kann es durch folgenden bewußten Gedanken wieder abgenommen werden: »Selbstverständlich wirkt das Gesetz einfach schon deswegen, weil es ein Gesetz ist. Es wirkt unanhängig davon, ob ich es empfinde.«

Wenn ein falsches Bild auftaucht, hänge man es nicht auf!

Wir können nicht immer verhindern, daß negative Gedanken in unser Bewußtsein eindringen. Doch wir *können* verhindern, daß sie an den Wänden des Bewußtseins aufgehängt werden. Dies geschieht, indem wir das exakte Gegenteil der negativen Gedanken in Worte fassen.

An anderer Stelle werde ich noch auf die ungeahnten Kräfte des gesprochenen Wortes eingehen. Es bildet eine bestimmte und klare Form, durch welche die universellen Wirklichkeiten fließen können. Zwar können wir unsere Gedanken nicht immer vollständig vor negativen Eindringlingen bewahren, doch unsere Worte können wir stets kontrollieren.

Sprechen Sie niemals einen negativen Gedanken aus! Überall umgeben uns negative Ideen, und zäh versuchen sie, als Bild an die Wand unseres Bewußtseins zu gelangen. Nicht immer kann man verhindern, daß in einem selbst ein negativer Gedanke erscheint. Doch wir können sicher und müssen auch davon Abstand nehmen, diesen in Worte zu fassen. Die beste Behandlung eines negativen Gedankens ist das möglichst klare und vertrauensvolle Aussprechen seines Gegenteiles. Auf diese Weise gebrauchen wir unsere Kraft zu *freier Wahl* und *Initiative*, was der Schlüssel zur Gestaltung neuer und schöpferischer Bewußtseinshaltungen ist.

Die Wahl unserer Freunde hängt eng mit unserem Erfolg auf diesem Gebiet zusammen. Halten Sie sich von solchen Menschen fern, die immer nur stöhnen und klagen oder sich über Schwächen und Fehler ihrer Mitmenschen freuen. Vermeiden Sie die Gesellschaft jener, die stolz auf ihre Krankheiten sind oder nur über die negativen Aspekte ihres Lebens sprechen. Suchen Sie die Gemeinschaft glücklicher Menschen, die gut über andere denken und über Selbstmitleid erhaben sind, was das Gespräch mit ihnen äußerst angenehm macht. Wir neigen dazu, die geistige Atmosphäre jener aufzunehmen, mit denen wir Umgang pflegen.

Ein grundlegendes Gebet zur Erwartung des Positiven

Nachfolgend finden Sie eine grundlegende Gebetsbetrachtung, die zur Erwartung des Positiven hinführen soll. Man kann sie an jedem Morgen vornehmen, bevor man sich den Pflichten des Tages widmet. Wenn die Zeit drängt, kann man auch einen oder mehrere Abschnitte auswählen.

»*Heute gehe ich in eine strahlende neue Welt hinaus, die eine Spiegelung meiner innersten Gedanken und Vorstellungen ist. Das Bewußtsein ist die einzige Wirklichkeit. Meine Erfahrungen sind die Schatten dieser Wirklichkeit, die in meine Wahrnehmung fallen.*

Heute richte ich mich frei und bewußt auf das Höchste Bewußtsein aus. Dieses vollbringt ausschließlich vollkommene Handlungen.

Darum werden auch meine heutigen Taten gut sein, denn sie stehen in Einklang mit dem Bewußtsein der universellen Ganzheit. Ich bin von einem wunderbaren Schutzkreis umgeben und weiß in meinem tiefsten Inneren, wie ich mich in jeder Situation zu entscheiden habe. Die universellen Gesetze werden mich heute zu jenen Menschen, Orten und Dingen führen, die mir vollkommen angemessen sind und mir helfen. Darum möchte auch ich jedem Menschen, der mir heute begegnet, eine Hilfe sein. Ich glaube nicht mehr an mein falsches Tun und fürchte mich nicht vor einem solchen.

Mein Körper ist ein Tempel der universellen Ganzheit. In dieser Ganzheit gibt es letztlich nur harmonisches Tun und Handeln. Ich öffne mein Wesen weit für diese Handlungen der Harmonie und begrüße sie in mir. Nichts Zerstörerisches kann heute in meinen Körper eintreten, um mir zu schaden, denn ich habe mich nun frei für das schöpferische Denken entschieden.

Niemandem wünsche ich heute Kummer und Sorgen. Mögen auch alle Menschen mir das Gute wünschen. Meine Tätigkeiten werden von rechtem Handeln begleitet sein. Aus meinem innersten Wesen entspringen frisch und lebendig gute Ideen. Ich treffe nette Leute und erlebe positive Kontakte. Mein berufliches Tun wird zufriedenstellend sein.

Mein Geist ist heute munter, denn ich bin erfüllt vom frohen Bewußtsein des Lebens, eines Lebens, das mehr als nur materiell ist. Ich bin allen glücklichen, gesunden und erfolgreichen Menschen verbunden. Ihre Gedanken und meine positiven Gedanken bilden eine große Kraft, die uns allen Stärke verleiht. Das Denken jener, die voller Selbstmitleid in grundlosem Kummer befangen bleiben, möchte ich nicht in mich aufnehmen. Dem Wahren, dem Guten und dem Schönen wende ich mich zu.

Nichts Negatives kann an diesem Tag in mir Fuß fassen. Kein Zweifel und keine Furcht werden sich meiner bemächtigen. Unfälle und Fehler brauchen nicht zu geschehen, denn ich gehe den Weg des rechten Handelns, gleichgültig, ob mir dies in einem bestimmten Moment bewußt ist oder nicht. Mich selbst und alle meine Angele-

genheiten übergebe ich dem Wirken des Gesetzes der Schöpferkraft, das meine derzeitigen Gedanken in Erlebnisse verwandeln wird.

Die Worte, die ich gerade spreche, kommen nicht nur aus mir selbst. Es ist die große universelle Ganzheit, die sich in mir und durch mich Ausdruck verleiht. Darum besitzen diese Worte die Kraft, in meinem Leben und in allen Angelegenheiten dieses Tages Wirklichkeit zu werden. Es sind mächtige Worte, gesprochen im Einklang mit den Harmonien dieses Universums. Ich übergebe diese Worte nun dem schöpferischen Gesetz des Bewußtseins und bin dabei voller Vertrauen, daß sie Erfüllung finden.«

Sie werden bemerkt haben, daß es in diesem Gebet kein einziges Wort des Bittens oder Flehens gibt. Es handelt sich hier einfach um den Ausdruck eines Glaubens. Es ist eine Erklärung oder Ankündigung, daß bestimmte Dinge an diesem Tag für uns zur Wahrheit werden. Viele Gebete sind lediglich ein Ausdruck der Panik des Betenden. Dieses Gebet jedoch ist ein Ausdruck des Glaubens. Hier geht es nicht um die abergläubische Idee der Beeinflussung eines göttlichen Willens, sondern vielmehr um die Tatsache, daß uns entsprechend unseres Glaubens gegeben wird.

Die tägliche Wiederholung dieses Gebetes wird es uns vertraut machen. Nach sieben Tagen werden diese Feststellungen nicht mehr zu weit hergeholt oder vielleicht anmaßend erscheinen. Vielmehr wird sich das Niveau unseres Bewußtseins zu jenem Punkt erhoben haben, an dem uns diese Worte völlig normal erscheinen. Doch das ist erst der Beginn. Unser Bewußtsein wird sich dahingehend erweitern, daß auch seine tieferen Schichten an diese positiven Inhalte gewöhnt werden. Unser ganzes Sein nimmt dann eine entsprechende Färbung an, und die im Gebet angesprochenen Ziele erscheinen uns immer leichter erreichbar. Das Gesetz der Schöpferkraft, das in den tiefsten Schichten unseres Wesens wirkt, mit völlig neuen Gedankenmustern, die uns nun ebenso sicher positive Erfahrungen zuführen, wie uns zuvor negative Eindrücke zuteil wurden. Mit der Zeit wird unsere gesamte Lebenseinstellung positiv werden, automatisch reagieren wir dann auf alle Dinge in einer entsprechenden Weise, und dieses Positive erscheint uns ebenso selbstverständlich wie unsere früheren negativen Haltungen. Wir haben uns dann wirklich gewandelt, und unser Leben wird nicht mehr das gleiche sein wie zuvor. Von nun ab wirkt in uns ein dauerhaftes Streben zum Besseren.

Die Heilung beginnt sofort

An dieser Stelle möchte ich erwähnen, daß die Heilung tatsächlich im selben Augenblick einsetzt, in dem wir eine neue und bessere Haltung in uns aufnehmen. Sobald wir dem Wirken des schöpferischen Gesetzes eine neue Richtung vorgeben, wird es in entsprechender Weise arbeiten, gleichgültig, ob wir dies bemerken oder nicht. Eine Krankheit, die im November zum Ausbruch kommt, kann schon unbemerkt seit Juni an einem Menschen gezehrt haben. Von Juni bis November war derjenige dann krank, obwohl er sich irrtümlich ganz gesund fühlte. In der gleichen Weise kann eine Heilung, die sich erst in den nächsten Wochen oder Monaten zeigt, ihren Beginn schon sehr viel früher nehmen, obgleich sich der entsprechende Mensch dann fälschlich noch für ganz krank hält.

Dies ist ein wichtiger Punkt im Heilungsprozeß. Wer sich der zuverlässigen Wirkung des Gesetzes der Schöpferkraft nicht bewußt ist, könnte die Heilung unterbrechen, indem er denkt: »Nun, ich habe meinen Teil erledigt, aber ich sehe keine Veränderung.« Die gegenteilige Haltung hat Hiob bezeugt, der sein Vertrauen behielt, obwohl er den schwersten Leiden ausgesetzt war. Ein derartiges Vertrauen sollten auch wir entwickeln. Von jenem Augenblick an, in dem wir dem Gesetz der Schöpferkraft unser Anliegen übergeben haben, sollten wir uns voller Zutrauen fühlen, daß nun unter der sichtbaren Oberfläche alles zu unserem Vorteil arbeitet, um eines Tages als unverrückbare Tatsache ans Licht zu treten. Die Heilung, die unter der Oberfläche bereits begonnen hat, wird sich sicherlich dann vollständig zeigen, wenn wir in unserem Glauben daran nicht zu stark wanken. Denn gerade unser Glaube vermag die unwahrscheinlichsten Wirkungen zu vollbringen.

Dr. Alexis Carrel berichtete über seine Beobachtungen am berühmten Pilgerort Lourdes: Selbst Krebserkrankungen fanden hier durch den Glauben plötzliche Heilung. Auch aus meiner Erfahrung kenne ich unmittelbare Heilungen, die sich zuweilen vollziehen. Dem stehen zahlreiche allmähliche Heilungen gegenüber. Die Geschwindigkeit des Heilprozesses scheint eine Angelegenheit des individuellen Bewußtseins zu sein.

Man sollte sich eine vertrauensvolle Haltung bewahren, gleichgültig wie die äußere Lage auszusehen scheint. Es kann keinen Zweifel geben, daß eine Kraft tatsächlich von jenem Augenblick an in uns wirkt, da wir uns ihr anvertrauen. Die Kraft des Gesetzes der Schöpferkraft ist unermeßlich, keine materielle Macht kann ihr widerstehen. Sie wird eine vollkommene Arbeit leisten. Die einzige Macht, die sie behindern kann, ist unser Glaube. Doch sobald unser Glaube auf der Seite des Unermeßlichen ist, kann nichts mehr das vollkommene Werk dieser Kraft aufhalten.

Handeln Sie mutig, und Sie werden sich mutig fühlen!

Einer der heute erfolgreichsten Geschäftsmänner auf seinem Gebiet war vor einiger Zeit sehr trübsinnig und niedergeschlagen. Er sagte: »Ich fühle mich nicht so, als wäre ich jemals ein Geschäftsmann gewesen. Ich fürchte mich vor meinen Kunden, fühle mich unbehaglich im Gespräch mit ihnen, und wenn ich einmal meinen ganzen Mut zusammennehme, um einen Interessenten anzurufen, fühle ich mich fast befreit, wenn dieser mir einen ablehnenden Bescheid gibt. Dann habe ich meine Ruhe.«

Er sprach weiter: »Am Morgen sollte ich im Büro zunächst meine Anrufe erledigen. Doch ich suche mir sogleich Entschuldigungen. Wenn es neun Uhr ist, denke ich mir, dieser Geschäftsfreund wird noch mit seiner Post beschäftigt sein und möchte nicht gestört werden. Jener andere ist vielleicht noch nicht in seinem Büro. Also blättere ich zunächst in meinen Unterlagen. Dann kaufe ich mir eine Zeitschrift und lese etwas. Dann sage ich mir, daß es für die Telefonate schon zu spät ist, weil die Geschäftsfreunde nun schon zum Mittagessen gehen.

Ich weiß dabei ganz genau, daß dies alles nur Ausreden sind. Ich mache mir deswegen Vorwürfe und versuche, innerlich Mut aufzubauen, doch es geht nicht.«

Ich antwortete: »Gefühle folgen in der Regel auf Handlungen. Nur selten ist es umgekehrt. Wenn Sie warten wollten, bis Sie sich einmal mutig ›fühlen‹, bevor Sie handeln, dann wird es wohl niemals dazu kommen. Ich schlage vor, Sie stellen sich für morgen eine lange Liste von Telefonaten zusammen, die Sie erledigen müssen. Dann *entschließen* Sie sich, genau um neun Uhr mit dem ersten Anruf zu beginnen, ungeachtet, wie Sie sich fühlen.«

»Aber ich werde wahrscheinlich so nervös sein, daß es sicher zu keinem erfolgreichen Geschäftgespräch kommt. Ich werde mich wohl nur zum Narren machen.«

»Sie machen sich schon dadurch zum Narren, daß Sie in Ihrem Büro sitzen, ohne etwas zu leisten. Ich möchte Ihnen fast garantieren, daß Sie sich nach dem dritten Telefongespräch schon auf das vierte freuen werden. Die ganze Angelegenheit hängt sehr stark von der Stimmung ab, doch man kann seine Stimmungen durch entsprechende Handlungen beeinflussen. Selbst wenn sich Ihre Zunge beim ersten Telefongespräch wie gelähmt anfühlt, werden Sie trotzdem telefonierend eine bessere Figur abgeben, als wenn Sie angsterfüllt gar nichts tun. *Entschließen* Sie sich einfach dazu, ein Gespräch nach dem anderen zu führen, und achten Sie dabei nicht auf Ihre Befürchtungen! Nehmen Sie lieber einen Fehler in Kauf, als passiv der Angst zu erliegen. Wenn Sie sich dazu *entschließen*, so zu handeln, wie es Ihrem *besten Wissen* entspricht, werden Sie sich bald so fühlen, wie Sie sich gerne fühlen möchten.«

An jenem Tag erwirtschaftete der Mann mehr Umsatz als in den vorhergehenden Monaten zusammengenommen. Doch was noch besser ist, er hat ein wesentliches Prinzip des Lebens begriffen. Er hat erkannt, daß ein erfolgreicher Mensch nicht seinen Angstgefühlen nachgibt, sondern dem folgt, wofür er sich in freier Wahl *entscheidet*. Dieser Mann freute sich ab jenem Vorkommnis nicht nur auf jede geschäftliche Aktivität, er wurde auch im gesellschaftlichen Umgang erheblich sicherer.

Er faßte das so zusammen: »Früher war ich voller Selbstmitleid und hatte Angst vor dem Versagen. Dabei kam heraus, daß ich mich ständig wie ein Versager fühlte. Wenn ich heute meine Arbeit für den nächsten Tag vorbereite, bin ich erfüllt von Zuversicht, denn ich weiß, daß ich gegenüber meinen Geschäftspartnern über genug Durchsetzungskraft verfüge. Zuvor bin ich ihnen mit dem gleichen Gefühl engegengetreten, als müßte ich gegen einen Profi-Boxer kämpfen. Heute weiß ich, daß ich mich nicht zu fürchten brauche, wenn ich meine Sache kann.«

Die große Kraft des freien Entschlusses

Der Mensch schafft sich seine eigenen Fesseln. Er selbst schmiedet die Ketten, die ihn im Gefängnis seiner falschen Ansichten festhalten. Und nur er selbst kann auch den befreienden Schlüssel finden. Dieser Schlüssel ist die Kraft des *freien Entschlusses*. Auch wenn Worte und Empfindungen einander widersprechen, bleibt dem Menschen die große Freiheit der *Wahl*, die auch von der Bibel hervorgehoben wird.

Die große Bedeutung der menschlichen Fähigkeit zu *freier Entscheidung* kann überhaupt nicht genug hervorgehoben werden. Gewöhnlich folgt ein Mensch einfach seinen Gefühlen und ist sich der großen Gabe seiner Fähigkeit zur *freien Entscheidung* gar nicht bewußt. Doch man kann sich auch gegen die eigenen Gefühle und beherrschende Empfindungen *entscheiden*, und solche Entschlüsse werden dann zum Ausgangspunkt neuer innerer Denkgewohnheiten.

Manchmal *entschließt* sich jemand zur Annahme, daß seine Krankheiten im Grunde unwirklich sind, doch der Schmerz und die Verzweiflung, die damit verbunden waren, sind zäher als der innere Entschluß. Dann denkt er vielleicht: »Weshalb soll ich mich selbst täuschen? Mein Schmerz kann nicht einfach verneint werden. Meine Verzweiflung ist da, gleichgültig, was ich darüber sage oder denke.« Und schon gibt er seinen Gefühlen nach, die jedoch möglicherweise weniger der Wahrheit entsprechen als die Stimme seiner Vernunft.

Unsere Gefühle sind zum größten Teil eine Sache der Gewohnheit.

Nichts konnte bislang die Entdeckung von William James widerlegen, daß Gefühle eher auf Handlungen folgen als diesen vorangehen.

Das Oberflächenbewußtsein des Menschen hat die Funktionen des *Prüfens* und *Auswählens*. Die tieferen, unbewußten Schichten sind der Sitz von Gefühlen und Empfindungen. Was uns nun als Empfindung tatsächlich ins Bewußtsein tritt, ist letztlich das Ergebnis unserer eigenen *Wahl*. Dabei fühlen wir uns stets in einer unseren Handlungen entsprechenden Weise. *Wir müssen unserem Glauben entsprechend handeln, oder wir werden schließlich das glauben, was unseren Handlungen entspricht.*

Viele Menschen glauben, sie wären Opfer des Schicksals, ihre Leiden wären ein unabwendbares Los, während es anderen durch das gleiche unbestimmbare Schicksal besser ginge; man selbst gehöre zu den Unglücklichen des Lebens, andere dagegen besäßen alle Fähigkeiten, das vom Leben zu erhalten, was sie sich wünschen. Solche Gedanken, über Jahre gepflegt, bilden den Humus, auf dem sich unser *Lebensgefühl* entwickelt. Auch wenn dieses Lebensgefühl nicht der Wahrheit entspricht, stimmt es doch, daß eine geglaubte Lüge Auswirkungen hat, als wäre sie eine Wahrheit. Wenn wir uns nun bewußt *entschließen*, unserem Lebensgefühl andere Gedanken als Humus zugrunde zu legen, werden unsere Gefühle zunächst in Aufruhr geraten und widersprechen. Schließlich haben sie sich daran gewöhnt, unsere falschen Annahmen als Wahrheit zu akzeptieren. Wenn wir nun wieder schwach werden und diesen Gefühlen nachgeben, nehmen sie uns erneut gefangen.

Sie können sich für Vertrauen und Sicherheit entscheiden

Für manchen mag es zu schön klingen, um wahr zu sein: Doch wir können frei werden! Zwar haben wir stets Krankheiten, Niederlagen und Einsamkeit erfahren und denken nun vielleicht: »Wer bin ich schon, daß ich mich vor den Unsicherheiten des Lebens retten könnte?« Doch solange wir derartige Gedanken in uns bewegen, denken wir noch nicht weit genug. Denn es ist letztlich unser Glaube, der uns zu dem macht, was wir sind. Wenn wir unsere Anschauung über uns selbst ändern, um uns frei für die heilsame Hilfe des unermeßlichen Gesetzes der Schöpferkraft zu entscheiden, können wir mit Sicherheit den Fängen unserer augenblicklichen Leiden entkommen. Wir sind durchaus fähig, aus dem Einfluß negativer Gewohnheiten zu treten, damit sich unser inneres Leben dem Guten, dem Schönen und dem Wahren zuwendet und öffnet.

Wenn wir erst die wahre Natur unserer Gefühle begriffen haben, dann können wir uns aus *freier Entscheidung* ein neues Gefühlsleben aufbauen. Dazu sollten wir uns zunächst ganz klar darüber werden, daß Gefühle auf entsprechende Handlungen folgen. Dann müssen wir uns vergegenwärtigen, wie wir von Natur aus dazu bestimmt sind, gesund, glücklich und in vollkommener Harmonie zu leben. Einem gegenteiligen Gedanken dürfen wir in keinem Falle mehr Ausdruck verleihen. Unsere menschlichen Schwächen werden uns wohl manchmal oder sogar noch oft ausrutschen lassen. Doch es ist die Hauptsache, daß wir uns grundsätzlich zu einem Glauben an positive Arbeitshypothesen *entschlossen* haben. Dann werden sich unsere Gedanken und sprachlichen Äußerungen allmählich von selbst mehr und mehr in Richtung unserer heilsamen Grunderwartungen lenken, wodurch auch unser Gefühlsleben sich im Sinne unseres neuen Glaubens verändert.

Fünfzig Jahre negativen Denkens brauchen dabei keine fünfzig weiteren Jahre zu ihrer Auflösung. Es kann sehr viel schneller gehen. *Wenn Sie sieben Tage lang bewußt die neue innere Haltung einnehmen, bringen Sie den heilsamen Prozeß in Gang!* Sie werden dann selbst bemerken, wie Ihre Begeisterung für die neuen heilsamen Gewohnheiten wächst. Es wird so sein, als würden Sie eine vollkommen neue Welt erleben, was auch tatsächlich zutrifft, denn Sie betreten nun die Welt des Spirituellen. Wichtig dazu ist jedoch stets, daß Sie auf Ihre Handlungen achten. Handeln Sie stets bereits so, als wären Sie die Persönlichkeit, die Sie zu sein wünschen. Bedauern Sie sich nicht selbst! Sprechen Sie nicht immer über Ihre Leiden! Lassen Sie künftig auf positive Gedanken positive Worte und Handlungen folgen!

Sie können sich für die spirituelle Erfahrung entscheiden

Das bisher Gesagte bewegt sich auf einer hauptsächlich psychologischen Ebene, die von jedermann zu großem Nutzen nachvollzogen werden kann. Wenn man möchte, kann man es dabei bewenden lassen. Doch man sollte einen Schritt weitergehen, denn dieser zusätzliche Schritt könnte zum Grundstein eines ganz neuen und wunderbaren Lebensgebäudes werden.

Dieser zusätzliche Schritt besteht darin, das bisher Dargelegte zu einer wahrhaft spirituellen Erfahrung werden zu lassen. Dabei geht es darum, daß wir uns selbst in einem göttlichen Lichte sehen lernen.

Wenn unsere Leiden nur die Ergebnisse eines unwirklichen Alptraumes sind, dann muß es in uns die Möglichkeit zur Vollkommenheit geben, denn sonst hätten wir nicht die Wahl zu vollkommener Freiheit. Hier können wir auf unserem Weg zu einem spirituellen Leben einsetzen. Um uns dies bewußt zu machen, eignet sich folgende Gebetsbetrachtung:

Mein ganzes Leben lang war ich auf die Welt der äußeren Erscheinungen konzentriert, doch diese gleichen den Phantasien eines Berauschten. Von diesem Moment an möchte ich nicht mehr auf jene hören, die mir sagen, diese Erscheinungen wären die letztliche Wahrheit. Die eigentliche Wirklichkeit zeigt sich in den unendlichen Harmonien dieses Universums, die zugleich in der tiefsten Makellosigkeit meines Inneren heilend gegenwärtig sind. Dies ist die Wahrheit im eigentlichen Sinne, und ich fasse den freien Entschluß, dies zu meinem Glauben zu machen. Ab jetzt wird mein Weg in jenes unendliche Licht führen, das für alle Menschen dieser Erde leuchten könnte.«

Es ist durchaus möglich, diese kurze Gebetsbetrachtung auch für andere Menschen zu sprechen, die Hilfe benötigen und derer wir in diesem Sinne gedenken wollen. Tausende Teilnehmer meiner Kurse haben diese kurze Formel bereits mit großem Gewinn angewendet.

Glauben ist Tat, nicht bloßes Gefühl

Einst äußerte ein Mann mir gegenüber Zweifel, ob man denn tatsächlich durch das Aussprechen einer solchen Gebetsformel für einen anderen etwas bewirken könne, wenn man selbst doch noch nicht genügend »Glauben« hätte. Ich erzählte ihm folgende Geschichte, um sein Verständnis des Begriffes »Glauben« zu klären.

Die meiste Zeit meines Lebens bin ich ein Stadtbewohner gewesen. In jener Zeit konnte ich natürlich keine Erfahrungen mit Gärten sammeln. Inzwischen liegt unser Haus in freier Bergnatur, doch in unmittelbarer Umgebung gab es ursprünglich keine blühenden Pflanzen. So kaufte ich einige Päckchen Samen, den ich an einen Platz säte, den wir von unserem Frühstückstisch aus sehen können. Einige Tage später sagte ich zu meiner Frau: »Weißt du, ich habe niemals zuvor etwas gepflanzt. Ich glaube nicht so recht, daß die Samen aufgehen werden.«

Ihre Antwort war geradezu klassisch. Sie sprach: »Dein Glaube hat eigentlich nichts mit deinem Gefühl für diese Samen zu tun. Dein Glaube hat sich dadurch erwiesen, daß du Löcher in die Erde gemacht, die Samen hineingegeben und dann zugedeckt hast. Nun brauchst du nur zu warten und zu sehen, wie die Natur den Rest erledigt.« Und so war es auch. Einige Zeit später durften wir die herrlichste Blütenpracht um unser Haus erleben.

Glaube ist nicht etwas, das wir wie ein inneres Gefühl in uns anheizen können. Der heilige Jakobus sprach: »Du zeigst mir deinen Glauben ohne Werke, doch ich will dir meinen Glauben durch Werke erweisen.« Ich hatte den sicheren Glauben, daß der Boden, das Wasser und die Sonne die Samen gemäß der Naturgesetze zum Keimen bringen würden, und dies ungeachtet meiner eigenen Gefühle darüber. Wenn wir beten, ruht unser Glaube im Boden des allumfassenden Urgrundes. Wir beweisen unseren Glauben, indem wir unsere Gedanken in diesen entlassen.

Wenn jemand betet, mag er kein besonderes angenehmes Gefühl haben, das ihm etwas von der Wirkung des Gebetes mitteilt. Er soll dann seinen Glauben nicht auf die Basis des Gefühles stellen, wenn er ein entsprechend sicheres Gefühl nicht hervorbringen kann. Vielmehr soll er es auf jener Ebene betrachten, auf der ich mich befand, als ich davon ausging, daß der Boden meine Samen aufkeimen lassen würde. Er mag glauben, daß das Gesetz seines eigenen Geistes seine Gedanken beantwortet. Wenn auch dazu noch die Gefühle ihren Zweifel anmelden, soll er folgende Worte sprechen: »Ich möchte, daß meine Gefühle mich in meinen Absichten unterstützen, denn ich bin sicher, daß mein Gebet seine Wirkungen haben wird. Ich spreche mit meinem Beten die Wahrheit aus. Und die Wahrheit wirkt stets als Wahrheit, *gleichgültig, ob ich es fühle oder nicht.*«

Jeden Fortschritt, den der Mensch auf dem langen Weg durch seine Kultur und Zivilisation vollzogen hat, mußte er stets in *bewußter Entscheidung* gegen die Einwände seiner Gefühle erringen. Der frühe Mensch zitterte in der Kälte des Winters, bis sich ein Mann entgegen seiner Angst dazu *entschied*, das Feuer eines Blitzschlages mit in seine Höhle zu nehmen. Die Menschen mußten schwere Lasten selbst tragen, bis sich jemand dazu *entschied*, Tiere als Lastträger zu zähmen. Der Mensch fuhr mit dem Pferdewagen, bis sich jemand dazu *entschloß*, mit Dampf zu experimentieren.

Die Trägheit des Gefühls hat die große Masse immer dazu angeleitet, mit dem, was da ist, zufrieden zu sein. Doch diejenigen, die der Menschheit Verbesserungen und Fortschritt brachten, waren stets wenige Menschen, die sich zum Glauben *entschlossen*, daß es bessere Möglichkeiten geben könnte. Die Geschichte der großen Erfindungen verkündet den Triumph der *freien Entscheidung* über ängstliche Gefühle. Edison mit seinem Licht oder Ford mit seinem Auto hätten ungezählte Male Gefühlen der Entmutigung nachgeben können. Doch sie *entschlossen* sich zum Weitermachen, weil sie glaubten, daß es Antworten auf scheinbar unlösbare Probleme geben müßte. Die *freie Entscheidung* ist unsere Tat. Das unendliche Gesetz der Schöpferkraft gehorcht unserer Entscheidung und führt diese zur Verwirklichung.

Man ist ein großes Stück vorangekommen, wenn man sagen kann: »Ich glaube und weiß, obwohl meine Gefühle zaghaft sind. Auch wenn meine Gefühle mir sagen, daß ein Versuch zwecklos ist, mache ich von meiner Kraft der *freien Entscheidung* Gebrauch. Damit beweise ich meinen Glauben an das Gesetz der Schöpferkraft, dessen Wirkung meinen negativen Gefühlen überlegen ist.«

Denn es wurde uns verheißen: »Ihr sollt die Wahrheit kennen, und *die Wahrheit* (nicht die Gefühle!) wird Euch frei machen.«

**Folgende Geschichte vermittelt
bei jedem Leser
eine neue Botschaft:**

Einst näherte sich in Indien der Seuchengott einem alten Mann, der unter einem Baum saß.
Alter Mann: Wohin gehst du?
Seuchengott: Nach Benares, um hundert Menschen zu töten.

Später hörte der alte Mann, in Benares wären *zehntausend* Menschen gestorben. Der Seuchengott kam auf seiner Rückreise erneut bei ihm vorbei.

Alter Mann: Du hast gelogen. Du sagtest mir, du wolltest nur hundert Menschen töten.
Seuchengott: Ich tötete nur hundert. Die ANGST hat die anderen umgebracht.

6. Kapitel

Die Welt soll auf *Ihrer* Seite stehen

Fräulein Flint arbeitete als Einkäuferin eines Großmarktes. In jeder Hinsicht wirkte sie modern. Sie war direkt im Umgang und ansprechend gekleidet. Man glaubte in ihr die lebendige Verkörperung der Tüchtigkeit vor sich zu haben. Doch es gab ein paar tiefe Falten um ihre Augen und in der Mundgegend. Man hatte den Eindruck, daß sie stets wachsam war und sehr wohl fähig, sich im Wettbewerb mit der Konkurrenz zu behaupten.

Eines Tages begann sich bei ihr ein Dickdarmkatarrh bemerkbar zu machen. Doch trat bald eine Besserung ein, und sie fühlte sich schon geheilt, als der Rückschlag kam. Trotz der besten Bemühungen ihrer Ärzte war keine Heilung abzusehen, und sie fühlte sich allmählich völlig entmutigt.

Doch soll das Ende schon vorweggenommen werden: Ich sah sie vor nun sechs Jahren zum ersten Mal. Heute wirkt sie fünf Jahre jünger als damals, und auch ihre Darmbeschwerden sind seither völlig ausgeblieben.

Bei ihrem ersten Besuch sagte sie zu mir: »Ich kann das nicht begreifen. Meine Freunde sind beim gleichen Arzt gewesen, und er hat bei ihnen wahre Wunder gewirkt. Warum nur geht es bei mir nicht?«

»Möglicherweise gibt es tief in Ihnen ein Gefühl der Feindseligkeit, das Ihre Freunde in diesem Ausmaß nicht kannten. Dadurch werden die Bemühungen der fähigsten Ärzte zunichte gemacht.«

Der Wurzel-Gedanke der Feindseligkeit

Ich legte ihr nun dar, wie die Geschichte der Menschheit von der Erfahrung zahlloser Feindseligkeiten geprägt wurde. Immer hat es Streitigkeiten, Kriege und harten Wettbewerb um die Güter des Lebens gegeben. Aus verschiedenen Gründen hat diese tief verwurzelte Tendenz bei einigen Menschen besonders starke Ausprägung erfahren. Sie wirkt dann unter der Oberfläche des Bewußtseins und bringt entsprechende Resultate hervor.

Fräulein Flint stammte aus einer Arbeiterfamilie. Mit sechzehn Jahren wurde sie Verkäuferin in einem Warenhaus. Doch sie nahm sich fest vor, beruflich aufzusteigen. Einkäuferin, das war ihr großes Ziel. So konzentrierte sie sich ausschließlich auf ihre Arbeit und wurde so eine der besten Verkäuferinnen. Sie las Bücher über das Geschäftsleben. Dann beobachtete sie, welche Artikel sich bei den Kunden am besten verkaufen ließen, und sie sprach darüber mit den Einkäufern der verschiedenen Abteilungen. Schließlich machte sie einer von ihnen tatsächlich zu seiner Assistentin. Doch sie brauchte insgesamt vierzehn harte Jahre, um ganz zur Spitze aufzusteigen. Nun hatte sie ihre leitende Stellung schon einige Jahre inne, und es gab keinerlei Zweifel an ihrer Fähigkeit. Doch sie hatte einen harten Preis für ihren Erfolg bezahlt. Sie hatte nur wenig Freunde. Jeder, von dem sie annahm, er könnte ihr ihre Position streitig machen, wurde von ihr auf die Seite geschoben. Niemals vertraute sie einem Kollegen irgendwelche geschäftlichen Hinweise an, die ihm hätten helfen können. Insgeheim hatte sie beschlossen, die Einkäufer der anderen Abteilungen zu überflügeln. Sie wollte zur absoluten Spitze gehören. Sie machte andere nicht einmal darauf aufmerksam, wenn sie voraussah, daß jene einen Fehler begehen würden. Heimlich freute sie sich über die Fehlgriffe ihrer Kollegen, denn das bewies nur ihre eigene alle überragende Fähigkeit. Stets spürte sie eine leichte Wut, wenn ein anderer Einkäufer einen bemerkenswerten Erfolg verbuchen konnte.

Als ich meinte, daß derartige Haltungen sie zu einem wenig liebenswürdigen Charakter machten, antwortete sie mir gleichgültig: »So ist es im Geschäftsleben.«

»Was die Gesundheit ruiniert, kann nicht ein wirklich gutes Geschäft sein. Ihr tief sitzender Glaube an die Macht der Feindseligkeit ist sicher die eigentliche Ursache Ihrer körperlichen Beschwerden. Diese werden Sie darum auch nur durch das Aufgeben der Feindseligkeit besiegen können.«

Bakterien bevorzugen ein bestimmtes Klima

»Bakterien dringen nicht mit zerstörerischen Absichten in unseren Körper ein, obwohl uns ihre Auswirkungen sogar töten können. Sie kommen zu uns aus dem gleichen Grunde, aus dem wir bestimmte Orte aufsuchen: Sie mögen das Klima. Solche Bakterien, die ein anderes Klima bevorzugen, suchen sich Hunde oder Fische aus. Dabei kennen die Bakterien keinerlei Feindseligkeiten gegen ihre Träger. Sie wollen lediglich die natürlichen Funktionen des Lebens vornehmen: Stoffwechsel, Ausscheidung und Fortpflanzung. Mit anderen Worten, sie wollen ihre eigenen Angelegenheiten erledigen.

Vielleicht fördert das Empfinden der Feindseligkeit und der Glaube des Menschen an deren Wirkung das Entstehen vieler Krankheiten, die bakteriellen Ursprungs sind. Ich stimme ganz mit dem Standpunkt der Ärzte überein, daß die Bakterien in solchen Fällen als Verursacher der Krankheiten zu sehen sind, doch habe ich festgestellt, daß wir durch das Ablegen des *Wurzel-Gedankens* der Feindseligkeit schneller die Wirkungen bakterieller Erkrankungen besiegen können.«

Die Unendlichkeit kennt keine Feindseligkeiten

»Wenn man das Leben klar betrachtet, muß man erkennen, daß es eigentlich keine Konkurrenz gibt. Dies mag besonders für Geschäftsleute verrückt klingen. Doch es stimmt dennoch. Wenn wir unser eigenes Denken mit den universellen Harmonien des Universums in Einklang bringen wollen, dürfen wir eine Tatsache mit Sicherheit annehmen: Die Unendlichkeit kennt keine feindseligen und entgegengesetzten Mächte. Sie liegt niemals im Konkurrenzkampf mit einer Person oder einer Sache. Dies sollten wir als eine Arbeitshypothese annehmen.

Wenn wir unser Bewußtsein auf diese Ebene erheben können, dann werden wir unseren fälschlichen Glauben an Feindseligkeiten besiegen und damit auch das Gefühl, in einem unfairen Wettbewerb zu stehen.

Versuchen Sie, folgende Vorstellung aufzubauen: Die ungezählten Wesen dieser Welt besitzen alle eine Verbindung zu einem verborgenen Reservoir, das alles Gute und Heilsame in unendlichen Möglichkeiten enthält. Tatsächlich verfügt jeder Mensch über eine derartige Verbindung, die ihm niemand streitig machen kann. Wirklich niemand könnte sie stören oder unterbrechen. Bildlich gesprochen handelt es sich hierbei um unseren Kanal zum Unermeßlichen.

Wenn Sie ein bildhaft begabter Mensch sind, dann können Sie sich diese Verbindung in der Tat als einen Kanal vorstellen, der aus der Unendlichkeit des Universums bis zum höchsten Punkt Ihres Kopfes führt. Es spielt dabei keine Rolle, ob dieses Bild jene Verbindung korrekt bezeichnet oder nicht. Sie versuchen damit lediglich einen bestimmten Glauben aufzubauen, wobei das Ergebnis wichtiger ist als das verwendete Symbol.«

Doch Fräulein Flint hatte einen Zweifel: »Aber wenn ein anderer genau das möchte, was *ich* habe!«

»Viele Menschen denken, sie würden sich das wünschen, was andere haben. Sie planen und arbeiten dann verbissen, um andere zur Seite zu schieben, damit sie deren Besitz und Stellung übernehmen können. Doch in Wahrheit ist ihre Stellung niemals durch jemand anderen zu besetzen, denn ein Mensch kann stets nur das erhalten, woran er glaubt.

Nur Sie alleine können Ihre Verbindung mit der Unendlichkeit lockern oder vergessen durch Ihren Mangel an heilsamem Glauben und die Tendenz zu unfairer Konkurrenz. Nur das, was in Ihrem Bewußtsein ist, kann für Sie auch zur erlebten Wirklichkeit werden.«

Das Recht des Bewußtseins

»Wenn ein neidischer Mensch die Wahrheit klar erkennen könnte, würde er sehen, daß ich meinen Besitz durch das gewonnen habe, was Emerson *das Recht des Bewußtseins* nennt. Niemand möchte eigentlich wirklich genau das, was ich habe; er möchte lediglich eine *entsprechende* Erfahrung. Und diese könnte er ohne Umstände erlangen, wenn er dazu in der rechten Weise vorgeht. Wenn er ein Bewußtsein entwickelt, das meinem ähnlich ist, dann wird er auch ähnliche Erfahrungen sammeln, wie ich sie gesammelt habe.

Wer dies klar durchdenkt und versteht, wird Neid und Eifersucht ganz von selbst aufgeben. Man wird dann keine Wut mehr gegen einen Konkurrenten unterdrücken müssen, der einen Erfolg erlangt hat. Wenn er uns übertrumpft hat, werden wir die Ursache für unser Versagen in uns selbst suchen. Und wir werden uns mit anderen über deren Siege zu freuen lernen. Ihre Siege werden uns zu eigenem Erfolg anregen, denn wir wissen, daß wir genau das erhalten, woran wir glauben.«

Mein Gespräch mit Fräulein Flint dauerte noch lange. Zunächst versuchte sie, viele Dinge zu rechtfertigen, doch sie wollte letztlich nicht kneifen. Das Leben hatte sie gelehrt, daß man den unangenehmen Dingen tapfer ins Auge sehen muß. Das tat sie dann auch. Konsequent wie zuvor im Geschäftsleben ging sie daran, ihre Denkgewohnheiten zu ändern. Allmählich verschwanden ihre körperlichen Beschwerden. Während der ersten Monate hatte sie zwar zuweilen noch leichtere Schwierigkeiten, doch nach einem halben Jahr waren diese für immer überstanden, denn sie hatte dann den Wandel ihres innersten Denkens vollkommen herbeigeführt.

Vielleicht könnte man viele Krankheiten bakteriellen Ursprungs auf diese Weise besiegen. Ich selbst habe zahlreiche derartige Fälle erlebt. Auch die Geschichte berichtet uns von zahlreichen opferbereiten Persönlichkeiten, die erfüllt von liebender Hingabe Menschen mit äußerst ansteckenden Krankheiten pflegten, ohne dabei selbst infiziert zu werden. Wer mag bestreiten, daß hier das Fehlen jeder Feindseligkeit die beste Vorbeugung gewesen ist?

In einem vorhergehenden Kapitel haben wir uns mit dem *Wurzel-Gedanken* der Reizbarkeit beschäftigt und Herrn Bludgins Magengeschwür als dessen Resultat besprochen. In gewisser Weise können wir sagen, daß auch in Fräulein Flint der *Wurzel-Gedanke* der *Reizbarkeit* neben jenem der Feindseligkeit wirkte.

Es ist nämlich so, daß meist mehrere *Wurzel-Gedanken* eine Verbindung miteinander eingehen, um dann gemeinsam in einem Menschen zu wirken. Diese Verbindung ist oftmals sehr stark, und es fällt uns schwer, die einzelnen Elemente auseinanderzuhalten. Doch es ist sicher, daß derjenige, der vom *Wurzel-Gedanken* der Feindseligkeit beherrscht wird, durch den Erfolg eines anderen oder dessen Bemühungen, ihn zu übertreffen, *gereizt wird*. Der Mensch ist ein kompliziertes Wesen. Unser Bewußtsein hat ungeahnte Tiefen, in denen völlig unvermutete Verbindungen existieren.

Ein befreundeter Arzt fragte mich einst: »Wie paßt es in dein System, daß Menschen schon unter bakteriellen Krankheiten litten, bevor man etwas über Bakterien wußte?« Die offensichtliche Antwort war, daß ein Mensch nicht an eine *Bedingung* für eine Krankheit denken muß, um diese zu bekommen. Er braucht auch nichts über die Prozesse zu wissen, die zum Ablauf seiner Krankheit beitragen.

Der *Wurzel-Gedanke*, an den man glaubt, wird zu seiner Zeit ein entsprechendes Gewächs hervorbringen. Die Tatsache, daß in uns ein bestimmtes Gefühl besteht, ist ein deutlicher Beweis für das Vorhandensein eines diesem zugrundeliegenden Glaubens. Das Gefühlsleben der Tiere besteht meist aus Aggressivität und Furcht. Ihre Krankheiten sind meist von entsprechender Natur. Krankheit ist keine göttliche Strafe für Sünden. Sie ist eine unausweichliche Konsequenz negativer Gedanken.

Lange bevor der Mensch auf der Erde erschien, gab es bei den prähistorischen Tieren Knochentumore und andere Krankheiten, wie aus Versteinerungen ersichtlich wird. Krankheiten entspringen stets einem gestörten Gefühlsleben. Sie sind niemals Strafe, sondern stets automatisches Resultat. Glücklicherweise ist das menschliche Bewußtsein in der Lage, diese Tatsache zu entdecken und sein Gefühlsleben entsprechend zu wandeln.

Viele Frauen haben schon ihre Ehemänner an Rivalinnen verloren. Manche Braut ist schon am Altar verlassen worden. Geschäftsmänner verloren ihren Erfolg und Angestellte ihren Arbeitsplatz. Oft gibt man in einer solchen Situation seinen Widersachern die Schuld. Doch stets war es das automatische Wirken des eigenen *Wurzel-Gedankens der Feindschaft und Konkurrenzsucht.*

Was mir zusteht, wird mir zuteil werden

Vielleicht wird jetzt jemand fragen: »Aber ist das denn keine echte Konkurrenz, wenn zwei Frauen den gleichen Mann lieben, zwei Männer dieselbe Stellung wollen oder zwei Menschen das gleiche Haus kaufen möchten?«

Doch selbst hier handelt es sich nicht notwendigerweise um Konkurrenz. Der Mensch verliebt sich meist mehr in einen gewissen Typ als in eine bestimmte Persönlichkeit. Ebenso verhält es sich mit dem menschlichen Verhältnis zu Orten und Dingen. Selbst derjenige, der eine ausgesprochen glückliche Ehe führt, kann nicht ausschließen, daß er das auch auf einem anderen Erdteil mit einem anderen Partner könnte, wenn er dem gegenwärtigen Geliebten niemals begegnet wäre.

Man würde dann von seinem gegenwärtigen Partner gar nichts wissen. Doch selbst in diesem Land könnte man mit ungezählten anderen sicherlich ebenso glücklich sein. Auch diese anderen Menschen verfügen über die gleichen Eigenschaften, die in der Lage sind, Liebe zu wecken. Wer kann sagen, wo überall sonst noch jene geheimnisvollen Bande zu finden wären, die zwei Menschen in Liebe miteinander vereinen können, die einem entsprechenden Typ angehören?

Eben aus diesem Grunde braucht man niemals in Hoffnungslosigkeit zu versinken, wenn man seine Liebe verliert. Man spricht unbewußt ganz sicher die Unwahrheit, wenn man sagt: »Sie ist der einzige Mensch, den ich jemals geliebt habe. Ich werde niemals wieder lieben können.« Viele verwitwete, geschiedene oder verlassene Menschen haben mit einem neuen Partner das große Glück gefunden.

Wenn wir uns einmal die Idee angeeignet haben, daß alles, was wir vom Leben wollen, bestimmten Typen entspricht, werden wir leicht unseren Irrglauben an unfairen Wettbewerb und Feindseligkeit überwinden können. Man kann immer auch einen ganz anderen Menschen bewundern, begehren und lieben. Wenn man sich nun in einen bestimmten Menschen verliebt hat, jedoch nicht der einzige ist, der ihn als Partner begehrt, kann man im Gedanken an das unermeßliche Bewußtsein die folgende Gebetsbetrachtung vornehmen:

»Dies ist genau jener Typ eines Menschen, mit dem ich höchst glücklich werden könnte. Was es auch an ihm sein mag, das in mir diese Gefühle weckt, es ist etwas, das unseren Menschentypen eigentümlich ist.

Es gibt andere, die von diesem Menschentyp gar nicht angesprochen werden, doch ich werde es. Aus diesem Grunde sind mein Bewußtsein und das Bewußtsein dieses Menschen an einem bestimmten Punkt miteinander verknüpft. Ich brauche mich im Grunde nicht anzustrengen, daß er auf meine Persönlichkeit aufmerksam wird und sie begehrt. Entweder es geht dem anderen mit mir ebenso, wie es mir mit ihm ergeht, oder nicht. Falls nicht, muß ich erkennen, daß ich kein Recht auf ein Glück habe, das dem anderen nicht gleiches Glück bringen würde. Doch ich weiß in der Tiefe meines Wesens, daß ein Mensch dieses Typs für mich bestimmt ist. Was mir zusteht, wird mir zuteil werden. Ich brauche nicht gegen andere zu kämpfen, die auch diesen Menschen begehren. Ich brauche jenen keine Hindernisse in den Weg zu werfen oder schlecht über sie zu reden. Meine eigenen Gefühle für diesen Menschen werden mich entweder zu ihm oder einem anderen seiner Art führen.«

Manchmal fragen mich Menschen, die mit diesem Gedankengut in Berührung kommen: »Ich habe mich in einen bestimmten Menschen verliebt. Wie kann ich diese Prinzipien dazu verwenden, damit er sich auch in mich verliebt?« Ein solcher Gebrauch des Gesetzes wäre von der gleichen Art wie Hypnose oder »Schwarze Magie«, nämlich ein unerlaubter Eingriff in die Persönlichkeit eines anderen. Wir haben kein Recht dazu, andere gegen ihren Willen zu irgend etwas zu bewegen. Nur uns selbst vermögen wir durch das Gesetz in heilsamer Weise zu ändern.

Das oben ausgeführte Prinzip, daß uns das zuteil wird, was uns zusteht, gilt auch für alle anderen Lebensbereiche. Bei der Arbeitssuche, dem Erwerb eines Hauses oder einem bestimmten geschäftlichen Unternehmen brauchen wir keinen Gedanken an unfairen Wettbewerb oder eventuelle Feindseligkeiten zu verschwenden. Das ist völlig unnötig. Wenn wir das grundsätzliche Wirken des Gesetzes der Schöpferkraft begriffen haben, werden sich uns zahlreiche Türen des heilsamen Handelns wie von selbst öffnen. Unsere größte Schwierigkeit besteht darin, daß wir ungeduldig sind und alles immer sofort haben wollen. Doch oft müssen wir feststellen, wie wir ein rasch gewonnenes Gut gar nicht wirklich wünschen und benötigen.

Vor dem »Haben« steht das »Sein«

Ungläubige Menschen machen sich zuweilen lustig darüber, daß zwei gegeneinander kriegführende Länder denselben Gott um Sieg bitten oder zwei Boxer sich vor dem eigentlichen Kampf zunächst ein »Gebetsgefecht« liefern. Wer das Gesetz der Schöpferkraft verstanden hat, wird diese Frage unter dem nachfolgend beschriebenen Blickpunkt betrachten.

Vor einiger Zeit nahm unser Kirchenmusiker an einem großen Musikerwettbewerb teil, zu dem sich eintausendfünfhundert Teilnehmer angemeldet hatten. Um diesem jungen talentierten Musiker zu helfen und gleichzeitig unserer Gemeinde zu zeigen, wie man sich in einem solchen Falle verhalten kann, regte ich an, in der folgenden Weise für ihn zu beten: »Es wäre vermessen, wenn man verlangen wollte, unser Musiker müsse unbedingt siegen. Doch wir wollen in uns den Wunsch erwecken, daß sein Vortrag gut sein möge. Möge er jeden Ton klar und rein treffen. Möge seine Aufführungstechnik angemessen sein. Möge seine Aussprache im Vortrag fremdsprachiger Lieder korrekt sein. Und möge er schließlich so selbstsicher sein, daß er die beste ihm mögliche Aufführung darbieten kann!«

Wir wünschten ihm dies alles, ebenso wie wir uns selbst wünschen, unter Aufregungen ruhig oder friedfertig zu bleiben trotz starker Belastungen, die in unser Leben treten. Auf diese Weise mußte sich nicht unsere eigene innere Denk-Atmosphäre gegen das sträuben, was wir dem jungen Musiker wünschten. Wichtig ist jedoch, daß wir ihm mehr wünschten, er möge etwas *sein*, als er möge etwas *bekommen*.

Die Vorentscheidungen des Wettbewerbes zogen sich über Monate hin. Schließlich blieben zwölf Sänger in der engeren Auswahl. Sechs von ihnen qualifizierten sich für die Endausscheidung in Los Angeles, die auch im Rundfunk übertragen werden sollte. Unser Mann war unter jenen sechs Musikern. Still saßen wir an jenem Abend am Rundfunkgerät. Ich bin sicher, unser Musiker wird nicht beleidigt sein, wenn ich hier schreibe, daß mindestens zwei der fünf anderen Sänger etwas bessere Stimmen hatten als er. Doch als der Augenblick des Wettbewerbs gekommen war, war doch er, Albert Wilcox, der Sieger des »Atwater-Kent-Sängerwettstreits«. Er erhielt die Goldmedaille und einen stattlichen Geldpreis. Dadurch ist ihm inzwischen eine auch finanziell sehr erfolgreiche Musikerkarriere eröffnet worden.

Es ist nicht immer der Begabte, der die Preise des Lebens gewinnt. Ein angemessener Bewußtseinszustand muß zu den natürlichen Gaben kommen. Es ist die Persönlichkeit in ihrer Ganzheit, die gewinnt oder verliert. Was uns zusteht, werden wir erhalten *durch das Recht des Bewußtseins*.

Man mag nun einwenden, daß wir uns durch all dies in einer Art von Selbsthypnose einreden, etwas zu sein, was wir doch nicht sind. Doch das Gegenteil trifft zu! Der Mensch hat sich so lange eingeredet, er sei ein armer Wurm, in Sünde geboren und durch einen wütenden Gott zu Armut und Leid verdammt, daß er ganz aus dem Blick verloren hat, wie er doch ein Wesen voller Hoffnungen und Möglichkeiten ist, ein individueller Ausdruck der universellen Ganzheit, begabt mit einem freien Willen.

Doch weil viele Menschen beständig versagt haben und scheinbar nur wenige zum großen Erfolg ausersehen sind, ist man gern geneigt zu glauben, daß Leben gleichbedeutend mit Leiden wäre. Wer Fehlschläge und Unglück aus eigener Erfahrung gut kennt, wird hier leicht zustimmen.

Doch wir wollen derartigem Denken leidenschaftlich widersprechen! Eine Idee, die beharrlich im Bewußtsein gehalten wird, muß sich irgendwann in tatsächliche Erfahrung verwandeln. Man denke an ein Kind, das ständig von seinen Eltern hören muß, wie hart das Leben doch sei. Die Tischgespräche drehen sich nur um Tante Emmas Krankheit, den tragischen Tod von Herrn Johann oder die Gefängnisstrafe des Nachbarsjungen für einen Autodiebstahl. Auch die Meldungen in Zeitungen, Rundfunk und Fernsehen berichten hauptsächlich von Tragik und Tod und preisen allerlei Mittelchen an, um das menschliche Leid zu mindern. Durch all dies wird dem Kind die Grundidee eingegeben, daß es froh sein darf, trotz der schlimmen Gefahren überhaupt zu leben. Doch ein solches Bild engt die Möglichkeiten seines Bewußtseins ein.

Ist es ein Wunder, wenn die meisten Zwanzigjährigen heute Tragödien und Niederlagen als Selbstverständlichkeiten hinnehmen? Nur wenige erheben sich über diese negativen Bilder und gestalten das Leben nach ihren tiefsten Wünschen. Das sind die wirklich erfolgreichen Menschen.

Die negativen Geschichten mögen wirklich nur Tatsachen berichten. Alles, was sie schildern, mag wahr sein. Doch wir müssen weiter denken. *Warum* sind derartige Dinge wahr? Selten weist man auf die andere Seite der Medaille hin: Krankheit, Armut, Kriege, Siege der Starken über die Schwachen sind nur Begleitumstände. Es sind Wirkungen. Sie entspringen der tieferen Ursache, daß der Mensch sich für einen Sklaven seines Daseins hält. Doch er sollte endlich erkennen, wie er zum Meister seines Lebens berufen ist.

Jeder Mensch ist ein geborener Sieger

Schon die erste Aufforderung der Bibel an den Menschen lautete, er solle »über die Erde herrschen.« Doch der Mensch hat diesen Auftrag gründlich mißverstanden, indem er ihn nicht dahingehend deutete, daß er seine irdischen, weltlichen Tendenzen wie Habgier und Feindseligkeit besiegen soll. Statt dessen hat er ganz im Gegenteil diesen Tendenzen die Herrschaft über sein Wesen abgetreten. Doch hat der Mensch in sich alle Fähigkeiten und Anlagen, dies zu ändern, um wahrhaft zum Sieger zu werden.

Es kann nicht oft genug betont werden, daß Jesus mit seinem Aufruf zur Umkehr nicht meinte, der Mensch solle vor einem Gott im Staube kriechen. Es ging ihm vielmehr darum, der Mensch möge seine Lebenshaltung vollkommen ändern. Er soll durch diese Änderung nicht länger von seinen weltlichen Tendenzen beherrscht werden, sondern sich als Herrscher über diese erkennen. Im einzigen Gebet, das er gelehrt hat, findet sich das Wort »Schuld« nur ein einziges Mal: »Vergib uns unsere Schuld, wie auch wir vergeben unseren Schuldigern.« Dies, was hier als Bitte formuliert ist, können wir auch anders formulieren, indem wir es zu einer Tatsachenfeststellung werden lassen: »Unsere Schuld wird im gleichen Ausmaß getilgt werden, in welchem wir selbst zum Vergeben bereit sind.« Im Grunde handelt es sich hier um einen Aufruf zum Aufgeben des falschen Glaubens an die Feindseligkeit.

Worte ohne Bewußtsein haben keine Wirkung

Wenn der Mensch seinem innersten Glauben durch Worte Ausdruck verleiht, führt dies zum Wirken ungeahnter Kräfte. Kann er die entsprechenden Worte ohne innere Vorbehalte sprechen, wird seine Gebetsbetrachtung sogar äußerst wirkungsvoll sein. Doch ist an dieser Stelle auch ein Wort der Warnung angebracht.

Ein wahres Gebet ist der Ausdruck eines bestimmten Glaubens, der stets auf eine echte Wahrheit gerichtet ist. Oft haben spirituell verwirklichte Menschen der Vergangenheit solche Gebete niedergeschrieben. Diese werden dann heute häufig nachgesprochen, und man erhofft sich von ihnen irgendwelche Wirkungen. Doch solange derjenige, der das Gebet nachspricht, nicht in einem ähnlichen Bewußtsein wie der Schreiber den Inhalt nachvollziehen kann, plappert er nur leere Formeln nach. Und dies ist reiner Aberglaube.

Das Ausdrücken einer spirituellen Wahrheit ist nur dann sinnvoll und wirksam, wenn eine Harmonie zwischen äußerem Wort und innerstem Bewußtsein besteht. Doch wenn ein Mensch diesen Einklang von innerstem Erleben und äußerer Handlung tatsächlich verwirklichen kann, setzt er eine große Kraft frei, und sein individuelles Bewußtsein kommt in Kontakt mit den wunderbaren Möglichkeiten der universellen Ganzheit.

Diese Kontaktaufnahme des begrenzten Menschen mit dem unbegrenzten Universellen ist das eigentliche Geheimnis der Lebensmeisterung und Heilung. Wer diesen Kontakt vollziehen kann, macht sein individuelles Leben wahrhaft zum Ausdruck der universellen Harmonien. Sobald ein Mensch dies zum ersten Male erlebt, begreift er, was Umkehr wirklich bedeutet und was es heißt, »über die Erde zu herrschen«.

Es ist traurig, wenn man Menschen die herrlichsten und tiefgründigsten Formeln herunterleiern hört, ohne daß sie auch nur die leiseste Ahnung von deren Sinn und Bedeutung haben. Es scheint, als würden diese Leute annehmen, in den Worten selbst liege eine gewisse Magie verborgen. Es ist eine große Tragik, wie bei der heutigen Religionsausübung tiefe spirituelle Wahrheiten geistlos und in voller Unkenntnis der dahinterstehenden Bedeutung ausgesprochen werden. König David war sich der damit verbundenen Gefahren bewußt, als er wünschte, daß seine Worte *und* die Gesinnung seines Herzens wohlgefällig sein mögen.

Das Problem des schüchternen Menschen

Der *Wurzel-Gedanke* der Feindseligkeit zeigt sich nicht immer so deutlich wie bei Fräulein Flint. Oftmals tarnt sich die Feindseligkeit. Scheue und schüchterne Menschen, die vor einem Kontakt mit anderen zurückschrecken, hegen möglicherweise im tiefsten Inneren diesen *Wurzel-Gedanken* der Feindseligkeit. Häufig ist er eine Ursache für sogenannte Minderwertigkeitskomplexe. Ein völlig falsches Bild von sich und anderen bringt den schüchternen Menschen dazu, sich von anderen fernzuhalten, wenn nicht äußerlich dann zumindest innerlich. Doch dies ist ein Zeichen unbewußter Feindseligkeit. Der schüchterne Mensch ist deshalb scheu, weil er unbewußt empfindet, daß andere gegen ihn wären. In Gesellschaft schweigt er, denn er fürchtet, er hätte nicht die Gabe zur Unterhaltung. Er denkt, andere würden sich hinter seinem Rücken über seine Beiträge zum Gespräch lustig machen.

Ich fragte einst einen Verkäufer, der nichts absetzte, weil er sich vor dem Gespräch mit seinen Kunden fürchtete: »*Was* ist es genau, wovor Sie sich bei Ihren Kunden fürchten?«

»Ich weiß es nicht. Ich habe einfach Angst, das ist alles.«

»Aber Angst hat immer einen ganz bestimmten Grund. Es ist unmöglich, daß man einfach nur Angst hat, ohne Ursache. Haben Sie Angst davor, daß der Kunde die Polizei ruft und Sie verhaftet werden? Oder haben Sie Angst, daß er Sie verprügeln wird? Oder mit einem Golfschläger nach Ihnen haut?«

Er lachte: »Natürlich nicht. Solche Dinge sind lächerlich.«

Ich versuchte ihm zu zeigen, daß er eine unbewußte Feindseligkeit gegenüber seinen Kunden aufgebaut hatte, weil er glaubte, diese würden der Art und Weise, wie er sein Produkt verkauft, negativ gegenüberstehen. Doch er verkaufte großartige Ware von einem bekannten Hersteller.

So erkannte er, daß zwar nicht jeder sein Produkt kaufen würde, doch sehr viele Menschen es benötigen und als wertvoll empfinden. Er versuchte sich nun in die Lage seiner Kunden zu versetzen. Würden sie ihn aufsuchen und um Auskünfte über das Produkt bitten, wenn sie dafür kein Interesse hätten? Viele brauchten es, und er mußte sich deshalb nicht als Störenfried fühlen, der andere gegen deren Willen von etwas zu überzeugen hat. Er erkannte, daß die Kunden aus echtem Interesse zu ihm kamen und er ihnen mit seinen Auskünften einen positiven Dienst erwies. Doch warum sollten die Kunden jemandem, der ihnen diesen Dienst erwies, feindselig gegenüberstehen?

Endlich sah er, daß er seinen Kunden nicht lästig war. Er betrachtete sich nun eher in der Rolle eines Wohltäters. Doch niemand würde seinem Wohltäter feindselige Gefühle entgegenbringen. Ebenso sind einem Wohltäter derartige Empfindungen fremd. Er sah das Verkaufsgespräch nun als das Treffen zweier Freunde.

Dem *Wurzel-Gedanken* der Feindseligkeit wirkte er mit folgender Betrachtung entgegen: »Dieser Mensch ist mein Freund, und ich bin sein Freund. Er mag mich, und ich mag ihn. Wenn er unser Produkt kauft, wird er sich positiv an mich erinnern, weil ich es ihm erklärt habe. Wenn er es braucht, wird er es wollen und kaufen.«

In einem früheren Kapitel wurde bereits darauf hingewiesen, wie Feindseligkeit oder Böswilligkeit zur Absonderung führt, während die Liebe den Weg zur Ganzheit weist. Jene *positive Haltung* oder *Gutwilligkeit*, die jener Verkäufer nun seinen Kunden entgegenbrachte, war bereits ein erster Schritt zur Verwirklichung der *Liebe*.

Als Ergebnis der nun veränderten inneren Haltung des Verkäufers wandelte sich auch die Einstellung seiner Umwelt ihm gegenüber. Wo man ihm früher kurz angebunden nach dem Motto »Was ist los? Ich hab's eilig« begegnete, trat man ihm jetzt mit der freundlichen Frage »Was kann ich für Sie tun?« entgegen.

Auch im Berufsleben war bald aller Druck von ihm genommen. Er konnte sein Produkt in kürzerer Zeit auf sehr viel bessere Weise darstellen, und es braucht nicht gesagt zu werden, daß auch sein Umsatz erheblich anstieg.

Der Verkäufer erschrak, als ich ihm eines Tages sagte, sein Denken würde nun eine göttliche Natur annehmen. Doch dies entspricht der Wahrheit. In der Unendlichkeit dieses Universums, wo alles und jeder Teil einer unermeßlichen Ganzheit sind, gibt es letztlich keine Feindseligkeit. Wer seine Gedanken daher von jeder Feindseligkeit befreit, verwirklicht somit jene letztliche Wahrheit. Mit anderen Worten, er nimmt eine göttliche Natur an, wozu es keiner großen religiösen Gedanken bedarf.

Das Zentrum der Zuneigung muß außerhalb des eigenen Wesens liegen

Eine der größten und wirkungsvollsten Hilfen beim Überwinden eines Minderwertigkeitskomplexes besteht im Entfalten echten Mitgefühls und wahrer Gutwilligkeit. Die Liebe steht im Mittelpunkt jeder höheren Verwirklichung. Doch wer von Minderwertigkeitsgefühlen erfüllt ist, hat sich selbst ins Zentrum seiner Zuneigung gerückt. Alle Gedanken eines solchen Menschen kreisen ausschließlich um ihn selbst. Er fragt sich, welchen Eindruck er auf andere macht, was sie über ihn denken, ob sie ihn kritisieren oder beleidigen werden. Liebe dagegen heißt, einen anderen in dieses Zentrum der Zuneigung zu stellen.

Die Liebe läßt keine negativen Gedanken zu, und sie vertreibt jede Form der Furcht. Dies sind nicht nur religiöse Wahrheiten, es sind zugleich psychologische Grundgegebenheiten. Wenn jemand sich selbst aus dem Zentrum seiner Betrachtungen nimmt, um sich wirklich für andere Menschen zu interessieren, befreit er sich damit auch von der Schüchternheit. Wenn er anderen mit warmen Gefühlen begegnet und ihnen gegenüber tatsächlich Gutwilligkeit und positive Wünsche entwickelt, befreit er sich damit aus seinem selbstgeschaffenen Gefängnis. Und wenn man erst nichts mehr dagegen hat, daß andere über einen lachen, wenn sie dies wollen, dann ist man ein großes Stück vorangekommen. Ein wegweisendes Dichterwort lautet: »Dich selbst vergessend diene dem Nächsten.«

Wettbewerb

*wird
eine Möglichkeit zur*

Erfüllung

*wenn Sie
den Wurzel-Gedanken der*

Feindseligkeit

überwinden und die Erde als

freundlichen Ort

betrachten, an dem es genug für alle gibt.

7. Kapitel

Finden Sie Ihren Weg

Als Fräulein Sadd vor mir saß, weinte sie. Doch selbst mit Tränen wirkte sie anmutig. Sie erzählte mir ihre Geschichte, eine Begebenheit, die sich häufig in Hollywood zugetragen hatte. Nachdem sie in ihrer Heimatstadt einen Schönheitswettbewerb gewonnen hatte, wollte sie nun auch Hollywood im Sturm erobern. Doch trotz ihrer offensichtlichen Attraktivität erhielt sie von sämtlichen Filmstudios nur Absagen. Um ihr Ziel doch noch zu erreichen, fühlte sie sich genötigt, sich mit einem Mann einzulassen, der das nicht wert war. Inzwischen wurde sie schwanger. Als sie den Mann fragte, ob er sie heiraten wolle, lachte er ihr ins Gesicht und sagte: »Gutaussehende Frauen wie du gibt es hier dutzendweise.« Nun nahm sie eine Stellung als Serviererin an.

Sie fragte mich, warum sie in ihrem Leben bei allen Dingen stets an einen bestimmten Punkt gelangte, dann aber nicht fähig war, die Sachen vollständig abzuschließen. Sie sagte: »Seit meiner Kindheit sind mir die Dinge niemals leichtgefallen. Alles, was ich wollte, habe ich stets nur nach langen Vorbereitungen oder harten Kämpfen bekommen. Das einzige, was mir überraschend schnell gelang, war der Sieg in diesem Schönheitswettbewerb. Doch auch da gab es vorher unschöne Auseinandersetzungen mit anderen Bewerberinnen, deren Eltern und Freunden. Unsere Stadt war anläßlich dieses Wettbewerbs richtig in feindliche Lager gespalten. Nun, aber ich habe niemals dann etwas bekommen, wenn ich es mir wirklich gewünscht habe.«

Der in diesem Falle wirkende *Wurzel-Gedanke* ist ein sehr verbreiteter. Es ist derselbe, der manchen Verkäufer in seinen Kunden bis zu einem gewissen Punkt Interesse wecken läßt, um dann doch den Handel zunichte zu machen. Es ist derselbe, der die Ehepläne manches

Menschen scheitern ließ. Und auch körperlich wirkt sich jener *Wurzel-Gedanke* aus: Er verursacht Koronar-Okklusionen, Verstopfung und manch andere Unregelmäßigkeit. Der zugrundeliegende *Wurzel-Gedanke* ist jener des *Hemmens und Zögerns*. Doch er kann, wie wir es bei anderen gesehen haben, aufgelöst werden, wenn wir dazu in der rechten Weise vorgehen.

Das Universum ist niemals gehemmt

Hemmungen oder Zögern sind für die großen harmonischen Prozesse dieses Universums etwas gänzlich Fremdes. Wie ich in einem vorhergehenden Kapitel darlegte, können wir unsere Gedanken mit den universellen Harmonien in Einklang bringen, indem wir die Beweise dafür in der uns umgebenden Natur beobachten.

Tag und Nacht wechseln sich in einem unerschütterlichen Rhythmus ab. Die Planeten ziehen ohne Hemmung und Zögern ihre Bahn. Regelmäßig folgen die Jahreszeiten aufeinander. Die Fortpflanzung bei Pflanzen und Tieren folgt genau ablaufenden Gesetzen. Auch wenn der Mensch vielleicht manchen Naturvorgang als zu langsam empfindet, entspricht dessen Tempo doch genau jenem bestimmten Prozeß und ist kein Anzeichen eines Zögerns. Doch der Mensch ist ungeduldig und möchte seine Angelegenheiten, die ihm zu langsam scheinen, mit allen Mitteln beschleunigen. Wenn ihm dies immer wieder mißlingt, hält er Hemmungen und Zögern für Selbstverständlichkeiten.

Oftmals lassen sich die Ursprünge dieser Ansichten bis in die frühsten Kindertage zurückverfolgen. Im Falle von Fräulein Sadd war diese als kleines Mädchen eines Tages mit ihrer Mutter einkaufen gewesen. Da sah sie ein wunderschönes Dreirad und bat die Mutter darum. Ihre Mutter sprach: »Ich werde es dir zu Weihnachten kaufen.« Das Kind freute sich, denn es wußte nicht, daß es noch drei lange Monate bis zum Weihnachtsfest dauern sollte. Jeden Tag fragte es nun nach dem Dreirad. »Wann wird endlich Weihnachten sein, Mutti?« Und die Mutter antwortete stets: »Jetzt dauert es nicht mehr lange.« Doch diese Antwort steigerte nicht die Vorfreude des Kindes, sondern sie enttäuschte es jedesmal aufs neue. Vielleicht hat jenes Ereignis dazu beigetragen, in Fräulein Sadd die Grundlagen für den *Wurzel-Gedanken* des Hemmens und Zögerns zu schaffen.

Ein anderes Mal hatte die Mutter begonnen, ihrer Tochter ein schönes Kleidchen zu nähen, doch die Haushaltspflichten hielten sie von einer raschen Fertigstellung ab. Schließlich mußte die Mutter zur Geburt eines zweiten Kindes ins Krankenhaus, wo sie für mindestens zwei Wochen blieb. Für das kleine Mädchen war dies eine unvorstellbar lange Zeit, und jeden Tag betrachtete es traurig das unfertige Kleidchen. Einem Erwachsenen mag dies albern erscheinen, doch wir dürfen nicht vergessen, daß wir es hier mit einem dreijährigen Mädchen zu tun haben, in dessen Erleben ein Tag viele Jahre bedeuten kann. In Wirklichkeit sind alle unsere Komplexe und Ängste albern, doch sie gehen zurück auf unsere Kinderzeit, als wir noch nicht weit genug dachten und von Gefühlen und Wünschen beherrscht wurden.

Wie Wurzel-Gedanken wachsen

Wenn ein *Wurzel-Gedanke* erst einmal aufgenommen wurde, wirkt er wie ein Magnet, der entsprechende Gedanken anzieht. Jene Gedanken führen zu ihnen gemäßen Erfahrungen, die dann ihrerseits den Glauben an diesen *Wurzel-Gedanken* festigen. Die Erinnerungen an derartige Erfahrungen sinken in die tieferen Schichten des Bewußtseins und kräftigen die negative Haltung. Auf diese Weise werden Reizbarkeit, Feindseligkeit, Zögern und all die anderen *Wurzel-Gedanken* mit entsprechender Nahrung am Leben erhalten. Im Falle des Hemmens und Zögerns führt dies zu der Einstellung, daß es keinen Zweck hat, etwas mit aller Kraft zu versuchen, weil man es ja letztlich doch nicht schaffen wird. Ein solcher *Glaube* kann auch dann tief in uns verwurzelt sein, wenn wir das selbst nicht für möglich halten.

Manchmal sagen mir Menschen: »Aber ich glaube sicher *nicht*, daß mir letztlich nichts gelingt. Ich war mir manchmal sogar sicher, ich würde es schaffen. Doch dann ging es trotzdem nicht.« Dies führt uns zurück zu jener Tatsache, daß unser menschliches Bewußtsein eine äußerst komplizierte Struktur aufweist, wobei viele Tendenzen niemals an der Oberfläche erscheinen. Oftmals bleiben die stärksten von ihnen unserer Erkenntnis verborgen.

Fräulein Sadds religiöse Erziehung hatte sich darauf beschränkt, daß sie im Religionsunterricht einige Bibelverse auswendig lernen mußte. Doch sie wußte eigentlich nichts über deren eigentlichen Sinn. Ich fragte sie, ob sie sich an einen bestimmten Vers erinnern könnte. Sie antwortete: »Ich habe das Gleichnis vom Weinstock immer gerne gehört, denn ich mochte am liebsten Trauben.«

Bei diesem Gleichnis konnte ich mit meinen Erklärungen beginnen. Ich erzählte ihr, daß ein Weinstock, wenn er sprechen könnte, wohl auch sagen würde, daß er Trauben mag, ja, sich mit aller Kraft Trauben wünscht. Dies ist sicher nicht zu weit hergeholt, denn alles in diesem Universum strebt letztlich danach, seine eigene Natur zu vollenden. Und es ist die Natur des Weinstockes, Trauben zu tragen. Nur aus diesem Grunde bildet er Knospen aus, und man darf sagen, daß er nur dem Tragen von Früchten entgegenstrebt.

Versuchen Sie, das Beste zu erwarten

Das wichtigste für Fräulein Sadd war nun, ihre Erwartungshaltung zu ändern. Sie wollte gerne heiraten. Doch nun glaubte sie, niemand würde eine Frau in ihrer Lage wollen. Indem ich sie wieder auf den Weinstock als positives Beispiel hinwies, zeigte ich auf, wie die meisten Menschen sich gerade gegenteilig verhalten. Anstatt mit aller Kraft ihrem Ziel entgegenzustreben, denken sie über alle möglichen Dinge nach, die sie an dessen Erreichen hindern könnten. Doch man sollte gleich dem Universum und der Natur all jene Gedanken in sich konzentrieren, die das Erreichen des Zieles begünstigen. Die Natur kennt weder Zögern noch Hemmungen! Fräulein Sadd meinte nun, sie hätte kein Recht, sich mit dem Weinstock zu vergleichen, denn sie habe gesündigt. Darauf antwortete ich, daß vor langer Zeit eine Frau einen ähnlichen Fehler begangen habe.

Und Jesus sprach darauf: »Ich verurteile sie nicht. Geh' und sündige nicht mehr.«

Fräulein Sadd merkte, daß es keine geheimnisvolle Sache ist, es dem Weinstock gleichzutun. Es bedeutet dies einfach, seine Gedanken den unendlichen Harmonien dieses Universums entsprechend zu gestalten. Weil ich mich hier kurz fassen muß, soll lediglich gesagt werden, daß sie hierbei rasch vorankam. Sie erkannte, wie eine Erfüllung des Lebens in kürzester Zeit, bald oder sogar sofort verwirklicht werden kann. Das Leben selbst verhält sich uns gegenüber völlig neutral. Nichts in diesem Universum wird uns ohne unser eigenes Zutun zuteil oder vorenthalten. Stets sind unsere eigenen inneren Einstellungen und Haltungen ausschlaggebend.

Drei Monate später kam ihr Kind zur Welt. Der Taxifahrer, der sie nach ihrem Krankenhausaufenthalt heimfuhr, sprach mit ihr. Er erzählte, daß er zuvor Soldat gewesen sei und sich nun um eine Stellung bei der Polizei beworben hätte. Er war sehr glücklich, das neugeborene Mädchen zu sehen, denn seine eigene Frau war zwei Jahre zuvor bei einer Geburt gestorben. Dann erzählte er, wie sein jetzt zwei Jahre alter Sohn sich immer eine Schwester wünschte. Höflich fragte er dann an, ob Fräulein Sadds Ehemann wohl etwas dagegen hätte, wenn er einmal vorbeikäme, um seinem Sohn das kleine Mädchen zu zeigen. Sie antwortete, daß sie zwar keinen Mann hätte, aber dem Jungen trotzdem gerne ihre Tochter zeigen wolle. Man braucht seine Vorstellungskraft wohl nicht allzusehr anzustrengen, um vorauszusehen, daß Fräulein Sadd innerhalb eines halben Jahres einen Polizisten zum Ehemann hatte, dessen kleiner Sohn sich über ein Schwesterchen freute.

Die Ursache für Herzleiden

Die Forschungen von Dr. Flanders Dunbar haben das Bild der Persönlichkeit gezeichnet, die besonders anfällig für Herzleiden ist. Es handelt sich dabei um hart arbeitende, gewissenhafte Männer mit einem ausgeprägten Pflichtgefühl für ihre Familie. Meist haben sie einen ausgeprägten Drang, es auf ihrem Arbeitsgebiet möglichst weit zu bringen. Selbstverständlich wird ihnen bei entsprechendem Verhalten manches Hindernis auf ihrem Wege begegnen. Jedes dieser Hindernisse bedeutet einen geheimen Ärger, und so reiben sich diese Männer allmählich auf. Von außen betrachtet, wirkt es beeindruckend, wie sie ihrem Ziel entgegenstreben. Doch jene Männer selbst, erleben ihr Dasein in einer völlig anderen Weise. Es erscheint ihnen als eine Reihe lästiger Hemmnisse, die überwunden werden müssen, als eine endlose Serie von Hindernissen. Niemals geht es ihnen schnell genug.

Herr Putsch war ein solcher Mann. Er war etwas über vierzig Jahre alt und bereits dritter Direktor eines großen Konzerns. Es schien, als wäre er ein Mensch, der all seine Ziele rasch erreicht, bis ein überraschender Herzanfall seinem Erfolg ein Ende bereitete. Nachdem er zwei Monate lang im Bett verbracht hatte, suchte er mich auf Empfehlung eines anderen Mannes auf, dem in einer ähnlichen Situation geholfen werden konnte. Obwohl man ihn beim besten Willen nicht für einen leitenden Manager gehalten hätte, war er doch ein Mann von großer innerer Kraft.

Im Gespräch gab er zu, daß ihm sein ganzes bisheriges Leben nur als ein einziges Überwinden unaufhörlicher Hindernisse erschienen war. Er sagte: »Ich würde achtundvierzig Stunden am Tag benötigen, um alle die Dinge zu erledigen, die ich für wichtig halte.«

Ich versuchte ihm aufzuzeigen, wie seine bisherige Methode, mit Hindernissen und Hemmungen umzugehen, ein Schwimmen gegen den Strom war. Er hatte sich abgemüht, gekämpft und gestrebt, doch schließlich war der Strom doch stärker gewesen und hatte ihn auf die Seite gespült.

Wichtig war es, Herrn Putsch zu zeigen, daß sein starker *Glaube* an die Hindernisse in seinem Leben diesen den Großteil ihrer Wirklichkeit verlieh. Die Hindernisse, gegen die er kämpfte, entsprangen meist seinem Glauben, der sich zu seiner Bestätigung die entsprechenden Erlebnisse schaffte. So kämpfte dieser Mann stets gegen selbstgeschaffene Hemmungen und Hindernisse.

Glaube oder Tatsache

Ich mochte die Art, in der er mir widersprach. Ganz ruhig, aber doch bestimmt sagte er: »Nun, dann hören Sie! Bei mir stehen in diesem Augenblick Arbeiter untätig herum, weil tausend Kilometer entfernt ein Zug mit wichtigen Rohmaterialien entgleist ist. Sie mögen das einen Glauben nennen, für mich ist es leider eine Tatsache!«

Wir bekommen, was wir erwarten

»Auch ich nenne das eine Tatsache! Doch die Art und Weise wie wir Tatsachen erleben, entspringt unserem Glauben. Ja, man könnte soweit gehen, die Tatsachen als Glauben zu bezeichnen, der Gestalt angenommen hat. Das ganze System Ihrer inneren Haltungen und Einstellungen sucht geradezu nach Hindernissen, bildlich gesprochen lief Ihr ganzes Leben auf eine Zugentgleisung hinaus. Ursache und Wirkung sind für uns in ihrer Abfolge nicht immer klar erkennbar, doch dürfen wir sicher sein, daß alles seine Ursache hat. Wenn ich nun behaupte, daß Ihre innere Einstellung Ihnen die Hindernisse schafft, dann meine ich nicht, ein einzelner Gedanke würde ein bestimmtes Hindernis hervorbringen. Es ist Ihre ganze Art zu denken, die Ihnen fortlaufend Hemmungen und Schwierigkeiten beschert. Ein anderer Mann hätte nicht so viele Schwierigkeiten, oder er würde sich ihnen gegenüber anders verhalten.

Sie müssen soweit kommen, daß Ihnen nicht jede Ihrer Bewegungen als das Überwinden eines Hindernisses erscheint. Stellen Sie sich künftig vor, Sie hätten einen stillen Freund bei sich, der Ihnen immer sagt, daß vor Ihnen eine freie Bahn liegt. Er sieht keine Hindernisse. Versuchen Sie, seine Haltung anzunehmen, denn Sie haben kein Recht dazu, stets Schwierigkeiten heraufzubeschwören. Lernen Sie, wie man sich auf schöne Dinge freut. Sagen Sie sich dazu jeden Morgen nach dem Erwachen: ›Ich freue mich auf alle die schönen Dinge, die mir heute widerfahren. Ich werde angenehme Begegnungen haben und in der Firma gute Arbeit leisten.‹ Immer wenn Sie merken, daß negative

Vorahnungen in Ihnen auftauchen, dann sagen Sie sich ganz bewußt, daß auch das Positive eintreten kann. Und machen Sie sich nicht vor, Sie würden sich mit solchen Gedanken bloß täuschen. Das Gegenteil wäre die Täuschung, denn es gibt in diesem Universum letztlich keine Hindernisse. Und gehen Sie nicht einfach davon aus, daß das Geschäftsleben voller Sorgen und Schwierigkeiten steckt. Selbst wenn das wahr wäre, würden Sie es nur verschlimmern, indem Sie Ihre Aufmerksamkeit darauf konzentrieren.

Wahrscheinlich haben nicht Ihre Gedanken den Zug entgleisen lassen. Doch höre ich oft von Menschen, die nach meiner Methode vorgehen, wie Ihnen durch das grundsätzliche Erwarten des Positiven ganz ungeahnte Wohltaten widerfahren sind. Derartige Berichte sprechen zuweilen auch von wunderbaren Ereignissen. Da wurde zum Beispiel ein Zug versäumt, der dann entgleiste. Oder man erreichte ein Flugzeug nicht mehr rechtzeitig, um später zu erfahren, daß es verunglückt ist. Kürzlich hörte ich einen ähnlichen Bericht: Ein Mann durfte auf dem Flughafen seine gebuchte Maschine nicht besteigen, weil man den ursprünglich für ihn reservierten Platz für einen hochrangigen Politiker brauchte. Jener Mann war gerade dabei, ein geharnischtes Beschwerdeschreiben an die Direktion der Fluggesellschaft aufzusetzen, als die Meldung kam, das entsprechende Flugzeug wäre abgestürzt.

Versuchen Sie es ab heute mit der von mir vorgeschlagenen Methode. Nach meiner Erfahrung reichen gewöhnlich sieben Tage aus, um erste Erfolge im Auflösen der negativen *Wurzel-Gedanken* zu erkennen. Da Sie derzeit noch nicht arbeiten müssen, sollten Sie diese Tage dazu verwenden, achtsam und bewußt alle Dinge in Ihrer Umgebung zu beobachten, damit Sie wirklich feststellen dürfen, wie dieses unendliche und harmonische Universum letztlich keine Hemmungen und Hindernisse kennt.«

Sehen Sie sich in universellem Lichte!

»Betrachten Sie unbefangen alles, auch wenn es noch so unbedeutend scheint, was meine Ansichten bestätigen könnte. Handeln Sie so, als wollten Sie mir *wirklich* glauben, wozu Sie keinesfalls Ihren kritischen Verstand aufgeben müssen.

Betrachten Sie das, was die Naturwissenschaftler nüchtern ›Naturgesetze‹ nennen, indem Sie *Ihre unmittelbare Verbindung* mit diesen erleben. Sehen Sie die Welt nicht wie ein Wissenschaftler an, dem sie ein Forschungsobjekt ist, sondern *erfahren Sie sich selbst als Teil dieses Universums*. Sie werden dann ganz von selbst erkennen, wie die gleichen Gesetze, die im Universum herrschen, auch durch Sie wirken. Stets sind im Kleinen die selben Gesetzmäßigkeiten bestimmend, die auch im großen Zusammenhang erkennbar sind.

Stellen Sie sich einfach vor, die universellen Harmonien würden sich von nun an durch Ihr Bewußtsein ausdrücken. Sie können dieser neuen Haltung dadurch Unterstützung bieten, indem Sie leise die folgenden Worte aussprechen: ›Durch meine Gedanken verleihen sich von nun an die unendlichen Harmonien dieses Universums Ausdruck. Ebenso, wie im Unendlichen keine Hindernisse und Enttäuschungen wirken, finden diese auch in meinem Bewußtsein keinen Platz mehr.‹ Das ist alles, was für einen Anfang nötig wäre.«

Herr Putsch sagte: »Gut, ich möchte es versuchen.« Als er zu seinem Auto zurückging, fiel ihm ein Kartonstück auf, das auf der Straße lag. Ein Auto kam vorbei, fuhr über den Karton und zerdrückte diesen. Doch es hatte sich auch ein Sonnenstrahl über die Straße gelegt. Auch in diesen fuhr das Auto hinein. Aber der Sonnenstrahl wurde nicht zerdrückt. Er legte sich zunächst über das Auto und befand sich, als dieses vorüber war, unversehrt glänzend auf der Straße.

Dies war eine ganz alltägliche Begebenheit, doch Herr Putsch wußte diese nun im Sinne unseres Gespräches zu deuten. So dachte er: »Ich möchte die gleiche Natur wie dieser Sonnenstrahl annehmen, mich über alles erheben, was mich zerdrücken könnte. Ich stehe über allem, was mich, meinen Seelenfrieden, meine Arbeit oder meine Familie ernsthaft gefährden könnte.«

Er dachte an die stille Kraft der Erdanziehung, die ohne Kampf oder Anstrengung das Auto auf der Straße hielt. In der Nacht sah er zum Mond auf, und stellte sich vor, mit welcher Regelmäßigkeit dieser seit ungezählten Jahrmillionen seine Bahn um die Erde zog, ohne jemals aus dem Rhythmus zu geraten. Er dachte in diesem Zusammenhang an den zwanglosen und doch regelmäßigen Wechsel der Gezeiten. Und nun versuchte er, auch sich selbst als einen harmonischen Bestandteil dieser universellen Naturrhythmen zu erleben.

Eines Tages saß er zur Erholung in seinem Garten. Er gab sich dort ganz der Betrachtung eines Rosenstrauches hin. Innerhalb einiger Stunden konnte er das Aufblühen einer Rosenblüte beobachten, leicht, ohne Anstrengung, ohne Hindernisse.

Herr Putsch versuchte, solche Beobachtungen konsequent auf sein eigenes Dasein zu beziehen. Er selbst hatte Anteil an diesen wunderbaren Vorgängen, und die gleichen Gesetze, die sich darin zeigten, wirkten auch in ihm. Und er entwickelte hierdurch eine völlig neue Beziehung zur Religiosität. Früher hielt er diese für eine äußerst unaktuelle Angelegenheit, über die es nicht nachzudenken lohnt oder die gar zur Furcht führt. Nun erlebte er sein Dasein und die ganze Natur plötzlich als eingebunden in einen größeren, höheren Zusammenhang, der seinem individuellen Leben auf wunderbare Weise Sinn verlieh.

Sind erst einmal falsche Ansichten bereinigt, führt dies automatisch zum Heilungsprozeß. Inzwischen sind viele Jahre vergangen. Herzbeschwerden kennt Herr Putsch nicht mehr. Nebenbei bemerkt, er ist auch ein tief religiöser Mensch geworden.

Es ist schade, daß die Funktion der Religion von den meisten Menschen nur in bezug auf jenseitige Bereiche gesehen wird, geht es doch bei ihr eigentlich um ein wunderbar befreiendes Lebensgefühl, das uns ein glückliches Dasein führen läßt.

**Erwarten Sie das Beste,
und es wird Ihnen zuteil!**

Erwarten Sie das Negative
Hemmungen
Enttäuschungen
Hindernisse
oder was immer Ihnen Schwierigkeiten bereiten mag, *und Sie werden es erfahren!*

Die *freie Entscheidung* liegt bei Ihnen! Warum wollen Sie nicht das Beste erwarten und das Gesetz der Schöpferkraft Ihre Probleme bereinigen lassen?

8. Kapitel

Wie man es schafft

Frau Weakley war nach einem Schlaganfall halbseitig gelähmt. Mit einer Krankenschwester, die ihr half, mit dem Rollstuhl umzugehen, war sie nach Long Beach in Kalifornien gekommen. Als sie hörte, daß ich zu jener Zeit in dieser Stadt Vorträge hielt, ließ sie mich fragen, ob ich sie in ihrem Hotel besuchen könne. Dort klagte sie mir ihr Leid. Schon einige Jahre hatte sie diese Lähmung. Ihr Sohn war mit ihr bei den ersten Neurologen gewesen, doch jeder von ihnen hatte gesagt, sie müßte sich darauf einstellen, nie mehr laufen zu können.

Während unseres Gespräches kam heraus, daß sie Witwe geworden war und danach einige weitere Erfahrungen ihres Lebens so niederschmetternd für sie waren, daß sie mir sagte: »Ich wußte nicht, wie ich das alles aushalten sollte.«

Zweimal besuchte ich sie, um ihr die Theorie der *Wurzel-Gedanken* zu erklären und sie mit den grundlegenden Gebetsbetrachtungen vertraut zu machen.

Bei meinem dritten Besuch begrüßte mich die Krankenschwester mit den Worten: »Frau Weakley möchte Ihnen heute etwas Besonderes zeigen.« Tatsächlich stand sie von selbst aus dem Bett auf und blieb ohne die Hilfe der Krankenschwester ein paar Minuten stehen. Sie sagte: »Vor wenigen Tagen habe ich das zum ersten Mal nach meinem Schlaganfall versucht.«

In der folgenden Woche sagte sie zu mir: »Heute kann ich Ihnen etwas Neues zeigen.« Sie wiederholte das selbständige Aufstehen. Dann hinkte sie ohne jede Hilfe um ihr Bett, an dem sie sich dabei nur manchmal zu Unterstützung anhielt. Dann versuchte sie, langsam im gesamten Hotelzimmer umherzugehen. Sie tat dies mit unbeholfenen Schritten, indem sie sich zuweilen an einem Möbelstück abstützte.

Spirituelle Heilung vermittelt spirituelle Unabhängigkeit

Ich hatte ihr nicht gesagt, daß sie gehen sollte. Ich sage niemals jemandem: »Nun sind Sie gesund: stehen Sie auf und gehen Sie.« Ich sage auch niemals einem Zuckerkranken, er solle Zucker essen, und ich empfehle keinem Menschen, der unter einem Magengeschwür leidet, er solle seine Gesundheit testen, indem er etwas zu sich nimmt, das zuvor schädlich für ihn war. Mein Rat an andere Menschen hat mit medizinischen Belangen nichts zu tun. Ich erkläre nur geistige Prinzipien und die dazu gehörigen praktischen Gebetsbetrachtungen. Damit muß dann der einzelne Mensch alleine arbeiten. Hat er diese Dinge erst einmal verstanden, dann kann er sie auch zu seinem Nutzen anwenden. Auf diese Weise wird niemand von mir abhängig gemacht. Jeder geht seinen inneren Weg, sich selbst verantwortlich. So gingen auch die Fortschritte, die Frau Weakley durch unsere Methode erlangt hatte, auf ihre eigene Initiative zurück, entsprangen vollkommen ihrem eigenen freien Willen.

Acht Wochen lang machte Frau Weakley in diesem Sinne beständig Fortschritte, und allmählich war es an der Zeit, daß sie in ihre Heimatstadt zurückkehren sollte. Ihr Zustand hatte sich bemerkenswert gebessert. Sie konnte nun mit einem leichten Hinken frei gehen. Ein paar Tage bevor sie abreisen wollte, kam ein Telegramm ihres Sohnes. Er hatte in Kalifornien zu tun und wollte einen kurzen Besuch bei der Mutter machen.

Frau Weakley erwartete ihren Sohn gemeinsam mit der Krankenschwester in einem verborgenen Winkel der Hotelhalle. Ihr Sohn kam herein, ging zur Rezeption und wollte nach seiner Mutter fragen. In diesem Moment standen die beiden Damen auf, um ihm entgegenzugehen. Der Sohn drehte sich um und sah seine Mutter ohne Rollstuhl, Krücken oder andere Hilfsmittel laufen. Seine Augen wurden weit vor

Angst, und er rief: »Paß auf Mutter!« Schnell rannte er auf sie zu, um ihr zu helfen. Doch sie hielt ihn davon ab und sagte: »Laß uns nach oben gehen. Ich werde dir alles erklären.«

Der Sohn sprach: »Aber Mutter, ich kann meinen Augen nicht glauben! Welche Behandlung hat das vermocht?«

Sie antwortete: »Ich fürchte, du wirst auch meinen Worten nicht glauben. Ich habe das durch Gebetsbetrachtungen geschafft.«

Er sagte: »Es würde mir auch nichts ausmachen, wenn dir der Teufel persönlich geholfen hätte, solange du nur wieder gehen kannst!«

Der Wurzel-Gedanke der Überlastung

Die Heilung von Frau Weakley kam dadurch zustande, daß sie sich vom *Wurzel-Gedanken* der *Überlastung* befreite. Denken Sie daran, wie sie zuvor bekannt hatte: »Ich wußte nicht, wie ich das alles aushalten sollte.« Sie hielt sich selbst den Erfahrungen dieses Lebens und deren Anforderungen für nicht gewachsen.

Ein solches Gefühl der Überlastung ist nicht selten anzutreffen. Viele Menschen kennen diesen vereinsamten und verzweifelten Bewußtseinszustand. Man fühlt sich dann ganz alleine in diesem weiten Universum als ein Stiefkind des Schicksals. Häufig hört man von solchen Menschen Aussagen wie: »Das kann ich nicht aushalten«, oder: »Das ist zu viel für mich.«

William Henley muß diesen Bewußtseinszustand gekannt haben, als er sich nach der Amputation seines ersten Fußes mit dem Verlust des zweiten abzufinden hatte. Doch in Reaktion darauf schrieb er schließlich: »Zwar hat die Keule des Schicksals meinen Kopf blutig geschlagen, doch ist er ungebeugt.« Sein Gedicht »Invictus« ist zur Inspiration für viele Menschen geworden, die unter dem *Wurzel-Gedanken* der Überlastung leiden.

Die erste Tatsache, die Frau Weakley erkennen mußte, war folgende: Stets wird der gesamte menschliche Körper von einem Gedankenstrom durchzogen, der im Gehirn seinen Ausgang nimmt. Durch diesen Prozeß wandelt sich *Hirn-Bewußtsein* in *Zellen-Bewußtsein*. Auf diese Weise können die Körperzellen nur ausführen, was im Gehirn seinen Ursprung nimmt. Dies bedeutet in der Konsequenz, daß Krankheiten ihren Ausgang im Denken und nicht in den jeweils befallenen Körperzellen nimmt.

Diese Tatsache ist äußerst bedeutsam für jeden, der Heilung finden möchte. Man darf sich nicht allein auf das Behandeln der körperlichen Auswirkungen beschränken, vielmehr muß auch das Denken selbst geändert werden, welches vom Gehirn seinen Ausgang nimmt und sich im Körper umsetzt. Man hat dafür zu erkennen, daß unser Bewußtsein nicht im Körper eingefangen ist, sondern daß der Körper ein williger Diener des Bewußtseins werden kann. Unser Bewußtsein kann durch das Mittel des Denkens den Körper neu gestalten, indem es aus dem Gehirn nur noch Gedanken der Vollkommenheit in die Zellen des Leibes entläßt.

Im Krankheitsfall wird unserem Körper durch das Denken eine Krankheit aufgedrängt, die dieser keinesfalls aus sich selbst hervorgebracht hätte. Wie bei allem Leben in diesem Universum ist Gesundheit der normale und natürliche Zustand, während Krankheiten im Grunde etwas Unnatürliches sind. Könnte eine Zelle sprechen, würde sie vermutlich sagen: »Du, da oben, bitte schicke uns andere Meldungen, denn wir fühlen uns mit deinen derzeitigen Gedanken nicht wohl. Wir Zellen würden gerne unseren Teil zu deiner Gesundheit beitragen, doch du läßt uns nicht!«

Niemals versagt der Körper aus Gründen, die ausschließlich in ihm selbst liegen. Muskeln oder Nerven kommen nicht auf den Gedanken, uns ihren Dienst zu verweigern. Sie werden dazu von unserem Denken *genötigt*, das sich nicht bewußt ist, daß es dem Körper unnatürliche Schranken auferlegt.

Das Universum kennt keine Überlastung

Jede kleine oder größere Einheit dieses Universums vermag naturgesetzlich die ihr zukommende Last zu tragen. Der menschliche Körper bildet davon keine Ausnahme.

Ein Wissenschaftler der amerikanischen Forschungsgesellschaft für Herzkrankheiten (»American Heart Association«) erklärte kürzlich, daß die Todesangst der Patienten oftmals erheblich gefährlicher ist als das vorliegende Herzleiden. Das menschliche Herz verfügt über außergewöhnliche Kraftreserven. Auch wenn krankhafte Störungen vorliegen, versieht es kontinuierlich seinen Dienst, wie ein zäher Arbeiter, der trotz schlechter Behandlung seinen Posten nicht verläßt.

Der Körper könnte noch erheblich größere Belastungen ertragen, als wir ihm gewöhnlich auferlegen. In Wahrheit besitzt er ungeheure Spannkräfte und ein wunderbares Regenerationsvermögen. Dazu kommt, daß Organe wie Nieren oder Lungenflügel im Falle eines Versagens des jeweils anderen dessen Funktion mit übernehmen können.

Wie uns die Wissenschaftler lehren, würde ein Viertel der normalen menschlichen Leber genügen, um deren Funktionen wahrzunehmen. Andere Organe besitzen sogar die zehn- oder fünfzehnfache Kapazität des Notwendigen. Aber viele Menschen sorgen sich trotz dieser Tatsachen übermäßig um eventuelle Krankheiten. Würde der Körper unabhängig denken können, wäre er sicherlich höchst verwundert über dieses unvernünftige Bewußtsein, das mit ihm verbunden ist.

Auch bei Frau Weakley verfügten Nerven und Muskeln über ungeahnte Regenerationsmöglichkeiten. Doch sie ließ deren Aktivierung nicht zu, indem sie jeden Mut und alle Hoffnung aufgegeben hatte. Doch nicht nur ein unvoreingenommenes Studium der Naturgesetze, auch die religiösen Wahrheiten bezeugen immer wieder, daß der Mensch sehr wohl fähig ist, weitaus mehr zu ertragen, als er gemeinhin annimmt. Das tägliche Leben mit seinen als aufreibend empfundenen Kleinigkeiten läßt den Menschen seine großen Potentiale in körperlicher und geistiger Hinsicht vergessen. Leicht wird er ängstlich, und stets stehen ihm Bilder eines eingebildeten nahenden Unheils vor

Augen. Er sieht sich von den Umständen überwältigt, unterdrückt oder fühlt sich gar vernichtet. All dies konzentriert sich in der Aussage: »Das werde ich niemals schaffen.« Sie dokumentiert treffend den Bewußtseinszustand dessen, der sich überlastet fühlt.

Der menschliche Körper kann aber erheblich mehr vertragen und vollbringen, als wir gewöhnlich annehmen. Natürlich ist es wichtig, daß Sie beim Auftreten von Krankheitsanzeichen zum Arzt gehen, um sich Klarheit zu verschaffen und die eventuell notwendigen medizinischen Schritte einleiten zu lassen. Doch wenn der Arzt sagt, daß keine Krankheit vorliegt, sollten Sie das sorgenvolle Nachdenken über den Zustand Ihres Körpers durch positive Gedanken froher Erwartungen ersetzen. Doch selbst dann, wenn eine Krankheit vorliegt, nützen trübe und negative Gedanken überhaupt nichts. Auch bei schwersten Krankheiten kann es nur hilfreich sein, wenn Sie Ihren Körper durch heilvolle Bewußtseinsimpulse beständig, Tag für Tag und Monat für Monat, unterstützen. Dabei sollte der Gedanke, daß Sie von ihren Schwierigkeiten und Leiden zu stark belastet sind, aufgegeben werden.

Wenn man diesen negativen Gedanken hegt, ist es völlig selbstverständlich, daß der Körper auf die Dauer diesem Druck nachgibt und sich tatsächlich überlastet fühlt. Er kann dann plötzlich seine natürlichen Abwehrmechanismen nicht mehr aufrechterhalten. Langsam – manchmal auch recht rasch – versagen diese dann. Der negative Denker wundert sich dann, weshalb ausgerechnet er zum Leiden verdammt ist, weil er nicht erkennen möchte, wie er dies selbst unwillentlich herbeigeführt hat.

Das Leben überlastet uns nicht

Die Vorstellung von der Überlastung ist eine höchst unnatürliche. Die harmonischen Prozesse dieses Universums kennen keine Überlastung oder Furcht vor dieser. Ein Mensch, der Angst davor hat, daß ihn dieses Leben überwältigt oder überfordert, der Krankheit und Leid als göttliche Strafe selbstverständlich hinnimmt, verhält sich in Wahrheit unnatürlich.

Man braucht nur eine logische Schlußfolgerung anzuwenden: Wenn die Natur in sich harmonisch ist, der Mensch aber ein untrennbares Glied dieser harmonischen Natur darstellt, so muß auch er in seinen geistigen und körperlichen Prozessen im Grunde ein harmonisches Wesen sein. Hat er diese Harmonie durch den freien Willen seiner eigenen Bewußtseinstätigkeit verloren, vermag er sie nach entsprechender Erkenntnis durch dieselben Funktionen wiederherzustellen. Immer wird dabei das Betrachten der Mannigfaltigkeit der Natur eine große Hilfe sein.

Johannes Kepler faßte dies einst nach seinem Studium der Planetenbahnen in die Worte, daß er als Mensch göttliche Gedanken nach dem göttlichen Vorbilde der Bewegung der Himmelskörper denken sollte.

In diesem Sinne ist es stets ein wesentliches Prinzip der Heilwerdung, daß der Mensch sich in Beziehung zu etwas Höherem setzt, das ihn selbst übersteigt. Zahlreiche Menschen, die sich vom Leid befreien konnten, haben dafür den Beweis erbracht. Es geht dabei nicht darum, einen bestimmten Gott zu predigen oder dem Menschen zur Annahme einer bestimmten Religion zu raten, denn alle großen Religionen der Menschheit haben auf ihre Weise den Zugang zum Höheren entdeckt. Es ist nur wichtig, daß der einzelne Mensch nun auch jenen Zugang zum Höheren sucht, der seiner persönlichen Situation angemessen ist, und den entsprechenden Weg beschreitet.

Wenn man erst in sich ein Ziel hat, das größer ist als alles, was einem begegnen kann, wird man nie mehr das Gefühl haben, vom Leben überlastet zu werden. Man kann dann alles ertragen, den schlimmsten Anfeindungen ins Auge sehen, und am Ende wird man alles erfolgreich überstanden haben. Ich selbst habe dies vor vierzig Jahren erfahren. Diese Erfahrung schenkte mir nicht nur Heilung von meiner Krankheit, in mir ist seither ein heller Bewußtseinszustand, der mich auch in schwierigen Zeiten untrüglich durchs Leben leitet.

Die Idee der Überlastung ist im Grunde eine Lüge. Doch sobald man dieser Lüge glaubt, wird sie alles tun, um sich zu beweisen. Sie wird im Berufsleben negative Erfahrungen hervorrufen und sich zerstörerisch auf den Körper auswirken. Die letztlichen Äußerungen dieses *Wurzel-Gedankens* bilden eine weite Palette vom Nervenzusammenbruch bis zum Konkurs.

Auf der anderen Seite leuchtet das Prinzip: »Die Wahrheit wird euch frei machen.« Und die Wahrheit ist in diesem Falle, daß nichts den Menschen wirklich hindern kann, in einer natürlichen Vollkommenheit zu existieren. Tief im Menschen liegen die Samen seiner Vollkommenheit. Seine Aufgabe ist es nun, diese zum Keimen und Reifen zu bringen, damit sie ihre wunderbaren Früchte tragen können.

In der Bibel drückt Jesus diesen Gedanken mit den Worten aus: »Darum sollt ihr vollkommen werden, wie euer himmlischer Vater vollkommen ist.« Viele Menschen haben diese Aufforderung als eine Unmöglichkeit empfunden, die hier von ihnen verlangt wird. Doch muß man diese Worte Jesu zunächst auf die Welt unserer Gedanken beziehen. Wir müssen zuerst vollkommene Gedanken denken, um schließlich die höchste Vollkommenheit zu erlangen.

Natürlich wird niemand unter uns hier und jetzt eine derartige Vollkommenheit blitzartig erlangen. Doch indem wir unseren Blick auf ein höchstes Ziel richten, das unsere Begrenztheit ins Unendliche übersteigt, wird es uns gelingen, allmählich und unaufhörlich zu reifen. Automatisch befreien wir uns dadurch schon bald von den negativen Auswirkungen des Glaubens an eine Überlastung.

Durch uns wirkt die universelle Ganzheit

Nachfolgend finden Sie eine Gebetsbetrachtung, die in diesem Zusammenhang schon vielen geholfen hat:

Ich weiß, daß mein Körper in sich eine wunderbare Ganzheit darstellt, die der harmonischen Ganzheit der Natur vollkommen entspricht. Jeder Nerv und jeder Muskel meines Körpers wird sich dessen bewußt. Jedes Organ meines Körpers weiß, wie es leicht und ohne Schwierigkeiten seine naturgegebenen Funktionen ausführen kann.

Es gibt nichts, das sich der natürlichen Entfaltung dieses Universums entgegenstellen könnte. Jeder Planet zieht unschwer und ohne

Anstrengung auf seiner Bahn durch das All. Ich selbst bin mit meinem Körper Teil dieses Universums. Darum drückt sich dieselbe Kraft, die sich in jenen großen Bewegungen mächtiger Körper zeigt, auch in den Bewegungen und Funktionen meines eigenen Körpers aus.

Meine Bewußtheit ist ein Teil des universellen Bewußtseins. Seine Eigenschaften sind auch meine Eigenschaften. Seine Freiheit von Anstrengungen und Hemmungen entspricht auch mir. Ich selbst bin ein Ausdruck der universellen Bewußtheit. Aus diesem Wissen erwächst mir Stärke. Nichts kann mich überlasten oder niederdrücken, denn es ist unmöglich, das Universelle zu hemmen, das durch mich wirkt.

Nun kann ich den dunkelsten Situationen des Lebens mit Mut ins Auge sehen. Ich habe keine Tendenzen mehr, vor irgendwelchen Lasten, die ich zu tragen habe, wegzulaufen. Das schlimmste Schicksal kann mich nicht auf Dauer niederschmettern, denn durch mich wirkt das Universelle.

Tief in mir ist die wunderbare Stille der Unendlichkeit. Sie ist der wahrhaft ruhige Ort meines Daseins, großartiger als jede Erscheinung der äußeren Welt. Von diesem ruhigen Ort wird mir unendlicher Friede zuteil. Jede Zelle meines Körpers wird von dieser friedlichen spirituellen Energie durchflutet, deren Ursprung die universelle Unendlichkeit ist.

Während ich mit dem Schreiben der vorangegangenen Seiten beschäftigt war, erreicht mich der glückliche Telefonanruf eines Mannes, dessen gestörte Dickdarmtätigkeit sich normalisiert hatte. Zudem litt er lange Jahre unter Hämorrhoiden, von denen er nun gleichfalls befreit war. Härmorrhoiden und Dickdarmstörungen erweisen sich oftmals als körperlicher Ausdruck des *Wurzel-Gedankens* der Überlastung. Jener Mann berichtete, wie er durch das Empfinden, ein Teil der universellen Harmonien zu sein, seinen Glauben an Überlastung aufgab, worauf sich in kurzer Zeit schon die Heilung einstellte.

Das Problem des Alkoholismus

Herr und Frau Alkow suchten mich eines Tages in San Francisco auf, als ich in dieser Stadt Vorträge hielt. Beide waren sie Alkoholiker. Das empfindsame und kluge Ehepaar schämte sich dieser Tatsache. Ihm hatte man nach mehreren Schwierigkeiten mit der Polizei den Führerschein entzogen. Sie litt mittlerweile unter einem ernsten Leberschaden.

Um den Alkoholismus zu überwinden, hatten sie bereits die verschiedensten Dinge versucht. Überall in ihrer Wohnung hingen Tafeln, die sie vor der gefährlichen Gewohnheit warnen sollten. Sie hatten an hervorragenden Sitzungen der Anonymen Alkoholiker teilgenommen, hatten einen Priester aufgesucht und an psychologischen Gruppentherapien teilgenommen. Doch allen scheinbaren Erfolgen zum Trotz kehrte die alte Gewohnheit nach kurzer Zeit stets zurück.

Die Studien der Universität Yale zum Thema Alkoholismus haben ergeben, daß in diesem Fall ein direkter Angriff auf das Problem nur selten erfolgreich ist. Dies erklärte ich dem Ehepaar. Wenn man versucht, alle seine Willenskraft zusammenzunehmen, um diese gegen die Trinkgewohnheiten zu richten, ist dies fast schon eine Einladung zur Niederlage.

Dies kommt daher, daß man nicht im übermäßigen Trinken selbst das Hauptproblem sehen darf. Das Trinken ist hier nur ein Symptom. Die ihm zugrundeliegenden Ursachen sind gefühlsmäßige und spirituelle. Erst wenn diese beseitigt sind, werden auch die Impulse und die Gier nach übermäßigem Trinken endgültig verschwinden. In den meisten Fällen braucht es dazu keine direkten Kämpfe mit dem Trinken selbst zu geben.

Die Hauptursache des Alkoholismus ist ein Gefühl der Unzulänglichkeit, Enttäuschung, Niederlage und des Ungenügens, gegen das man sich irgendwie auflehnen möchte. Dieses tief verwurzelte Lebensgefühl bleibt jedoch in der Regel dem Menschen verborgen. Und so sucht jeder Alkoholiker nach seiner eigenen Erklärung für seine Lage. Doch diese Selbstdiagnose trifft zumeist nicht den Kern des Problems. Darum bleiben dann auch die ergriffenen Maßnahmen meist erfolglos.

Wir alle wollen gewinnen

Die Psychologen sprechen davon, daß es in jedem Menschen einen *unbewußten* Lebenstrieb und einen ebensolchen Todestrieb gibt. Dies bedeutet auch: Es existiert ein Antrieb zum Gewinnen und ein Antrieb zum Verlieren. Diese unbewußten Triebe bestimmen unsere Lebenshaltungen.

Im Grunde dominiert im Menschen der Wille zu leben und gewinnen. Anpassen, verändern und gewinnen, lautet ein Gesetz des Daseins.

Ein Lebensmittelgeschäft, das sich nicht neuen Situationen anpaßt und sich nicht entsprechend verändert, kann sicher keine Gewinne machen.

Wir Menschen entstammen einer biologischen Entwicklung des Gewinnens. Wir sind die derzeit vollkommenste Entwicklungsstufe einer hochbegabten Ahnenreihe. Im Laufe der Entwicklung des Lebens konnten nur jene überstehen, die sich anpaßten und veränderten. Jene, die aus mangelnder Begabung oder Schwäche dies nicht vermochten, kamen in der Regel nicht zur Fortpflanzung.

Aus diesem Grunde hatten nur die wahrhaft Erfolgreichen auch Nachkommenschaft. Aus diesem Grunde sind die Menschen dieser Erde heute die Resultate eines auf natürliche Weise ausgewählten Entwicklungsstromes von Gewinnern. Wir haben sozusagen den konzentrierten Willen zum Sieg Tausender Generationen von Vorfahren in uns. Aus diesem Grunde streben wir zum Gewinn, nicht zur Niederlage. Wir sind zum Gewinnen bestimmt.

Dies ist auch die Ursache dafür, daß wir jedes Gefühl der Niederlage zutiefst hassen. Wir ziehen Wohlstand der Kargheit, Gesundheit der Krankheit und Anerkennung der Verachtung vor. Wenn wir im Beisein anderer beschimpft oder beleidigt werden, kränkt uns dies zutiefst, denn wir fühlen uns dann leicht den anderen unterlegen. Der Strom des Lebens möchte uns nur zu Siegen tragen, und jede Art der

Niederlage zeigt uns an, daß wir uns vielleicht nicht mehr im Strom befinden, sondern an den Rand gespült wurden.

Manch ein unsicherer Mensch versucht seine eigene Schwäche dadurch zu überspielen, daß er die Nähe und Freundschaft erfolgreicher und geachteter Leute sucht. Indem er sich in deren Licht sonnt, fühlt er sich selbst wie ein Gewinner und täuscht sich über eigene Empfindungen der Unzulänglichkeit leichter hinweg. Es handelt sich dabei um einen unbewußten Impuls, in dem sich ein von unseren Vorfahren ererbter Trieb umsetzt.

Aus diesem Grunde sind solche Menschen nicht zu verurteilen, denn sie streben wie jedermann unbewußt danach, sich selbst auf der Seite der Gewinner zu sehen.

Viele Menschen fürchten sich davor am natürlichen Wettbewerb teilzunehmen, denn sie haben Angst vor dem Verlieren. Sie nehmen nicht an sportlichen Wettbewerben teil oder scheuen sich vor dem beruflichen Aufstieg. Sie bleiben lieber in einer sicheren, aber untergeordneten Position, als eine wichtigere Stellung einzunehmen, denn sie haben Angst, dabei könnten eventuelle Unzulänglichkeiten ans Licht kommen. Im schüchternen Menschen überwiegt auf diese Weise die Furcht vor einer Niederlage gegenüber dem Trieb nach Siegen, Wohlstand und Anerkennung. Stets steht ihnen der Gedanke an eine Niederlage vor Augen. Aus diesem Grund beginnen sie niemals wirklich. Diese Angst vor der Niederlage erweist sich so als die Kehrseite des Triebes nach Gewinn.

Die eingebildeten Siege des Alkoholikers

Die Wurzel des Alkoholismus ist im Trieb nach Gewinnen zu suchen, der mit dem Todestrieb verbunden ist. Tief im Bewußtsein des Alkoholikers steht die Angst vor dem Versagen. Der Alkohol hat auf das Gehirn zwei Auswirkungen. Zuerst regt er es an, dann schläfert er es ein. In der angeregten Phase nimmt der Alkoholiker den scheinbaren Bewußtseinszustand eines Gewinners ein. Er prahlt oft, fühlt sich stark und gibt sich mit Leichtigkeit gesellig, während er zuvor vielleicht noch scheu gewirkt hat. Er traut sich nun Dinge zu, vor denen er sonst ängstlich zurückschreckt, und ist voller Selbstvertrauen.

Er kommt sich plötzlich sehr klug vor, und jedes seiner Worte erscheint ihm höchst gewichtig zu sein. Vielleicht fühlt er sich plötzlich wohlhabend und läßt ein hohes Trinkgeld für den Kellner zurück. Er fühlt sich mindestens so großartig wie jeder andere, wenn nicht viel besser. Dabei kann er sogar streitsüchtig werden und dem Polizisten sagen, er soll abhauen. Vor sich selbst erscheint er dabei in einem Licht der Größe. Er bildet sich ein, nun auch ein echter Gewinner zu sein.

Bei manchen Trinkern beziehungsweise in bestimmten Stadien bei allen Trinkern zieht sich der entsprechende Mensch in sich selbst zurück. Er ist dann nicht mehr ansprechbar, sinkt vielleicht sogar in sich zusammen. Für die Welt ist er dann »gestorben«. Alle seine Schwierigkeiten scheinen ihm vorüber. Seine Gefühle der Unzulänglichkeit quälen ihn nun nicht mehr. Während des angeregten Stadiums hat er seinen Trieb zum Gewinnen befriedigt, ohne dabei wirklich zu sterben. Er zieht sich in einen nebelhaften Zustand der Bewußtseinsumschleierung zurück.

Der gesamte Vorgang ist vom Beginn bis zum Ende ein gefühlsmäßiger. Die psychosomatische Medizin ist im Recht, wenn sie behauptet, der Alkoholismus sei mehr ein psychisches als ein körperliches Leiden. Eigentlich können wir bei diesem gesamten Prozeß nicht von einem körperlichen Verlangen nach Alkohol sprechen. Im Grunde haben wir es mit dem irregeleiteten Verlangen nach dem Gefühl des Gewinnens zu tun. Daher vermag das direkte Bekämpfen des Griffs nach der Flasche alleine nur wenig. Der ihm zugrundeliegende *Wurzel-Gedanke* der Unzulänglichkeit wird damit nicht aufgehoben. Die Willenskraft muß versagen, weil sie gegen das falsche Ziel gerichtet wird.

Wie die Illusion des Abseitsstehens beginnt

Dies war eine wichtige Botschaft für Herrn und Frau Alkow, die schließlich zu ihrer völligen Heilung führen sollte. Wir führten einige Gespräche miteinander, bei denen wir versuchten, ihre Gefühle der Unzulänglichkeit bis zur Wurzel zu verfolgen. Die Frau hatte die Ursache ihrer Probleme rasch gefunden. In ihrer Kindheit und Jugend fühlte sie sich stets minderwertig gegenüber der zwei Jahre älteren Schwester. Jene war ein hübsches Mädchen, während sie selbst etwas dicklich war, wodurch sie sich häßlich fühlte. Als ihre Schwester schon lange verlobt war, wurde sie noch von keinem Mann beachtet. Schließlich heiratete sie den einzigen Mann, der sich jemals für sie interessiert hatte. Stets lebte sie seither in Angst, er könnte beginnen, sie so zu sehen, wie sie selbst sich sieht, um sie sodann zu verlassen. Um ihn bei sich zu halten, zwang sie sich, mit ihm zu trinken.

Auch seine Befragung führte zu interessanten Ergebnissen. Er erinnerte sich an einen Tag, als seine Eltern Gäste hatten. Damals war er fünf Jahre alt. Als er mit den Gästen alleine im Wohnzimmer war, begann er herumzuhüpfen. Als er bemerkte, wie die Gäste darüber lachen mußten, sprang er immer wilder umher, weil es ihm gefiel, daß man sich über ihn amüsierte. Plötzlich trat unbemerkt sein Vater ein. Er gab seinem Sohn einen harten Schlag auf den Mund und schrie ihn an: »Du kleiner mieser Schauspieler. Du glaubst vielleicht, das soll lustig sein. Aber du bist so dumm wie ein Hornochse. Hau ab und wasch dein schmutziges Gesicht!«

Der unerwartete Schlag und die harten Worte in diesem Augenblick hatten sich für immer in sein Gedächtnis eingegraben. Noch Jahre später träumte er in der Nacht von diesen Worten des Vaters. Stets hatte er sich gewundert, weshalb er vor sportlichen Wettbewerben zurückschreckte. Wenn er gereizt wurde, konnte er es auch mit älteren und stärkeren Jungs aufnehmen. Doch als ihn einst der Trainer der Boxmannschaft seiner Schule raufen sah und ihn bat, er möge doch für die Ehre der Schule bei einem Wettbewerb boxen, den er sicher gewinnen könnte, machte ihm diese Idee angst.

Er wurde Vertreter in Chicago und hatte sehr gute berufliche

Erfolge. Aus diesem Grunde wurde ihm nach drei Jahren eine Stellung als Generalvertreter angeboten, die ihm höheres Einkommen und größere Anerkennung gebracht hätten. Doch er hatte Angst vor der Verantwortung. Er lehnte ab, war dann aber höchst erstaunt, als er merkte, wie er den Mann haßte, der an seiner Stelle nun die Position einnahm. Etwa um diese Zeit kamen seine Trinkgewohnheiten an einen problematischen Punkt. Tatsächlich war er betrunken gewesen, als er seiner späteren Frau den Heiratsantrag machte. Weil er sie nicht durch eine spätere Zurückweisung verletzen wollte, verschwieg er ihr, was geschehen war. Schließlich hatte sie durch ihre inneren Qualitäten im Laufe der Jahre doch seine Liebe gewonnen. Beide scheinen sehr gut zueinander zu passen.

Der beschränkte Rahmen dieses Buches erlaubt es nicht, den Abweg dieses Ehepaares ausführlich zu beschreiben. Er verlor seine gute Stellung, und sie waren gezwungen, sich unter kärglichsten Bedingungen durchs Leben zu schlagen.

Was der Alkohol vermag, geht durch rechtes Denken besser!

Während unserer Gespräche, machte ich ihn auf die Tatsache aufmerksam, daß er unter Alkoholeinfluß zuweilen glaubte, er könne es mit der ganzen Welt aufnehmen. Ich erklärte ihm, dies wäre der Beweis dafür, daß sein Bewußtsein tatsächlich einen derartigen Zustand erreichen könnte. Doch er müßte dies zum Vermeiden der negativen Nebenwirkungen ohne Alkohol vollbringen. Der nächste Schritt bestand nun in der Suche nach bestimmten Gedanken, die sein Bewußtsein rasch erheben konnten, damit er ein Lebensgefühl entwickelte, das nicht auf notwendige Niederlagen gerichtet ist.

Er war ein kluger Mann, der voller Eifer an seiner Heilung arbeiten wollte. Zunächst sollte er sich rein körperlich mit anderen Männern vergleichen. Er war hochgewachsen, sah gut aus und lag in jeder Hinsicht sicher über den Männern, mit denen er gewöhnlich zu tun hatte.

Er wußte, daß er gut reden konnte. Er war ein guter Vertreter gewesen, der im Anbieten seiner Produkte stets ehrlich gewirkt hatte. Er fühlte sich in diesen Dingen den meisten Vertretern überlegen.

Er sollte sich nun seine früheren Erfolge ins Gedächtnis zurückrufen. Noch vor kurzem wäre er dadurch verbittert geworden. Er hätte gedacht, daß er jetzt nie mehr so wie früher sein könnte. Doch jetzt begann er bei der Erinnerung ein glückliches Gefühl zu entwickeln. Er machte sich mit der Idee vertraut, er könnte wieder an die einstigen Erfolge anknüpfen. Um seinen Haß zu überwinden, dachte er über jenen Kollegen nach, der damals an seiner Stelle den Posten des Generalvertreters übernommen hatte. Er sagte sich bewußt, daß dieser eigentlich ein guter Kamerad gewesen ist, und er bemühte sich, ihm noch größeren Erfolg zu wünschen.

Er vergab schließlich auch seinem Vater, aus freiem Willen und ohne jeden Vorbehalt. Zwar war der Vater bereits gestorben, doch er wollte von nun an sein Andenken ehren und an die vielen glücklichen Erfahrungen mit ihm denken. Das gleiche Empfinden versuchte er für alle Menschen zu entwickeln, gegen die er im Laufe der Jahre Haß und Ärger entwickelt hatte. All dies war eine echte geistige Wiedergeburt: Herr Alkow wurde ein neuer Mensch.

Der Schutz des Unendlichen

Herr und Frau Alkow unternahmen nun jede Anstrengung, das Positive in sich zu entwickeln. Hierdurch konnten sie allen Versuchungen des Alkohols tatsächlich widerstehen, denn es gab keinen Kampf. Sie waren im Inneren andere Menschen geworden.

Sie fanden wieder Freude am Leben. So ärmlich es auch im Augenblick noch war, schien ihnen Glück die natürliche Bestimmung ihres Daseins. In den vergangenen Jahren hatten sie nicht viel gelacht. Doch nun lernten sie es, auch die komische Seite solcher Dinge zu sehen, die sie früher als Tragödien betrachtet hätten. Auch ihr Umgang mit den Mitmenschen wurde hierdurch gelöst und freundlicher.

Vielleicht erscheint mein Ratschlag, man möge den Haß und Ärger gegenüber jenen, die uns schadeten, aufgeben, manchem inkonsequent. Vielleicht denkt mancher auch, es wäre unerheblich, ob man Freude an den kleinen Dingen des Lebens entwickeln kann. Doch unser umfassendes Bewußtsein entsteht durch viele kleine Ereignisse, und man bedenke: »Steter Tropfen höhlt den Stein.« Viele Menschen versuchen selbstgefällig von großen Fehlern abzustehen, reihen aber in ihrem Leben einen kleinen Fehler an den anderen. Dies ist die eigentliche Inkonsequenz.

Das *Motiv*, aus dem Herr und Frau Alkow meinen Ratschlägen folgten, war dabei erheblich wichtiger als das, was sie bei deren Umsetzung taten. Sie haben es dabei nach menschlicher Möglichkeit erreicht, die Energien und Eigenschaften des Unendlichen, die zu unserer Harmonisierung durch uns fließen können, nicht mehr zu behindern. Sie erkannten, daß man um Harmonie nicht kämpfen kann. Es genügt, sich durch kleine Dinge dem Unendlichen zu öffnen, um dies im eigenen Leben als wunderbaren Schutz zu erfahren. Die unendlichen Harmonien dieses Universums konnten sich nun auch in ihnen ausdrücken.

Herr und Frau Alkow sind religiöse Menschen geworden, die ihre Religiosität jedoch nicht gegenüber anderen zur Schau stellen. Ihre Nachbarn mögen sie als ausgeglichenes Ehepaar. Er ist wieder ein erfolgreicher Vertreter geworden. Seit der großen Änderung ihres Lebens sind nun elf Jahre vergangen.

Haben Sie jemals gesagt:

»Das schaffe ich nicht!«

HABEN SIE JEMALS GESAGT:
»Das kann ich nicht aushalten!«

Diese Aussprüche erweisen, daß in Ihnen der *Wurzel-Gedanke* der *Überlastung* wirkt.

Denken Sie:

Ich bin allem gewachsen, was auf mich zukommen mag.
Nichts ist zuviel für mich, denn ich bin ein Teil dieses wunderbaren Universums, dessen Energien und Harmonien auch mein Bewußtsein bestimmen.

9. Kapitel

Nichts ist für immer verloren

Fräulein Perdido war ungefähr fünfzig Jahre alt. Sie hatte ein jugendliches Gesicht, schöne graue Haare und verfügte über äußerst gepflegte Umgangsformen.

Ihr Gespräch mit mir begann mit den folgenden Worten: »Ich habe gehört, Sie würden behaupten, niemand könne uns etwas ohne unser Einverständnis nehmen. Nun, ich habe eben erfahren, daß man mir mein Land wegnimmt.

Mein Vater hat meinen beiden Schwestern und mir wiederholt gesagt, daß er mir sein Land hinterlassen wollte. Er zeigte uns sein Testament, in dem er jeweils zehn Prozent meinen Schwestern vermacht hatte, die restlichen achtzig Prozent jedoch mir. Diese Verfügung hatte unser Vater getroffen, weil meine beiden Schwestern reiche Männer geheiratet haben. Mein Anteil sollte mir den Lebensunterhalt sichern. Da es kein großes Landstück ist, wäre ich wohl gerade damit ausgekommen, um in angemessenen Verhältnissen meinen Lebensabend zu verbringen.

Doch Vaters Testament ist auf geheimnisvolle Weise verschwunden. Nun hat das Gericht entschieden, das Land solle gedrittelt werden. Doch ein Drittel wird mir nicht genügen, um meinen Lebensunterhalt zu sichern. Ich werde nun Lehrerin in einer Privatschule werden müssen. Das ist alles, was ich kann. Ich werde nur wenig verdienen, aber mich beschäftigt nicht so sehr das Geld. Es ist der Egoismus meiner Schwestern, der mir sehr zu schaffen macht. Ich habe sie gebeten, die Wünsche unseres Vaters zu respektieren, denn beide sind wirklich reich genug, um das Stückchen Land nicht zu brauchen. Doch sie lehnten ab.«

Ich erzählte ihr, daß ich nach wie vor davon ausgehe, daß niemand uns etwas ohne unser Einverständnis nehmen kann, das uns zusteht. Sie mußte dieses Einverständnis durch ihre Grundhaltungen unbewußt erteilt haben. Das Mißgeschick wäre ihr nicht geschehen, würde nicht in ihr der grundsätzliche Glaube an den *Verlust* gehegt.

Der Wurzel-Gedanke, der Verluste herbeiführt

Der *Wurzel-Gedanke* des *Verlustes* ist weit verbreitet, doch so verborgen, daß nur wenige Menschen erkennen, daß er in ihnen wohnt. Er bedingt all jene unangenehmen Erfahrungen, durch welche Menschen ihren Besitz, Freunde, Arbeitsplatz und Liebe verlieren. Er zeigt sich auch in zahlreichen körperlichen Leiden.

Während unseres Gesprächs dämmerte es Fräulein Perdido allmählich, daß sie seit ihrer frühen Kindheit den Glauben an den Verlust aufgebaut hatte. Wahrscheinlich wäre der lange Einsatz eines guten Psychoanalytikers notwendig gewesen, um alle Ursachen für diesen Glauben in ihr offenzulegen. Das folgende Ereignis war sicher nicht alleine ausschlaggebend, doch es ist typisch und hat zweifellos zur Entwicklung des *Wurzel-Gedanken* beigetragen.

Sie erinnerte sich daran, wie ihre Eltern ihr von einer Geschäftsreise nach Spanien eine wundervolle Puppe mitgebracht hatten. Damals war sie sieben Jahre alt gewesen. Es war eine teure Puppe mit lebensnahen Gesichtszügen und einem herrlichen Kleid.

Weil die Schwestern älter waren und sie keine anderen Spielkameraden hatte, schenkte sie fortan dieser Puppe alle ihre Liebe. Sie machte Ausflüge mit ihr in den Garten, sang ihr vor, unterhielt sich mit ihr und erzählte ihr Geschichten. Sie konnte ohne die Puppe nicht einschlafen.

Eines Sonntags fuhr die Familie mit dem Pferdewagen von der Kirche heim. Plötzlich scheuten die Pferde, der Wagen kippte um, und alle Familienmitglieder trugen leichtere Verletzungen davon. In der allgemeinen Aufregung kümmerte sich niemand um die Puppe. Am nächsten Tag konnte sie dann trotz sorgfältiger Suche nicht mehr gefunden werden. Sicher hatte sie inzwischen jemand mitgenommen.

Man konnte das kleine Mädchen nicht trösten. Die Puppe war so sehr ein Teil seines Lebens geworden, daß ihm deren Verlust unerträglich erschien. Da das Kind gefühlsmäßig etwas labil war, grub sich diese Erfahrung tief ins Bewußtsein ein und hinterließ dort eine deutliche Spur. Der *Wurzel-Gedanke* des *Verlustes* bahnte sich seinen Weg.

Fräulein Perdido erinnerte sich daran, wie sie ihr ganzes Leben lang stets Dinge verloren hatte. Als ihre Abschlußarbeit für die Universität beendet war, ließ sie diese auf dem Tisch in einem Restaurant liegen. Zwei Stunden später kam sie auf ihrer Suche zurück. Doch niemand wußte, wo die Abschlußarbeit geblieben war. Sie hatte keine Durchschrift angefertigt und mußte nun die ganze Arbeit nochmals machen, um ihr Abschlußzeugnis zu erhalten. Ihr Verlobter mußte während des Krieges nach Europa. Er blieb dort und heiratete ein französisches Mädchen. Verlust folgte auf Verlust, bis sie nun schließlich auch das väterliche Grundstück verloren hatte.

Was Gedanken verursachen, können Gedanken auch heilen

Sie fragte mich nun: »Soll das immer so weitergehen. Bin ich dazu verdammt, alles zu verlieren, woran mein Herz sich hängt?«

»Keinesfalls! Was unsere Gedanken verursacht haben, können sie auch wieder auflösen. Ein falscher Glaube vermag stets durch einen wahren ersetzt werden, wenn wir erst wissen, welche Art des Denkens wir entwickeln wollen.

In Wahrheit kennt dieses Universum keinen Verlust. Wir nennen ein Ding dann ›verloren‹, wenn es ohne bewußten Wunsch dazu aus unserem Besitz gerät. Doch jenes Ding oder seine Bestandteile haben sich dadurch nicht vollkommen aufgelöst. Irgendwo existiert es weiterhin. Nehmen wir an, ich hätte meinen Schreibstift verloren. Das bedeutet, daß ich ihn nicht mehr in die Hand nehmen kann. Doch er liegt nun irgendwo auf dem Boden, unter einigen Papieren oder vielleicht schon auf dem Schreibtisch eines anderen.

Wenn es uns gelingt, die Dinge einmal in ihrem universellen

Zusammenhang zu betrachten, dann sehen wir, daß dieser Schreibstift nicht aus der Existenz verschwunden ist. Nichts verschwindet jemals aus der universellen Ganzheit, von der auch wir ein Teil sind. Im allumfassenden Bewußtsein dieser Ganzheit sind alle Dinge vorhanden, und es existiert kein wirklicher Verlust.

Wir haben schon festgestellt, daß man genau das erfahren wird, woran man glaubt. Wenn man nun den tiefen Glauben an den Verlust heilen kann, wird auch das Verlieren verschwinden. Es gibt viele Menschen, die noch niemals etwas verloren haben. Sie glauben einfach nicht daran, daß ein Verlust Teil ihrer Erfahrungen werden könnte.

Wenn wir uns vor Verlusten fürchten, dann fürchten wir dadurch auch, daß wir nicht fähig sind, in unserem individuellen Leben das Wirklichkeit werden zu lassen, was ein Grundgesetz des Universums ist. Damit bestreiten wir aber unsere innerste Natur, denn so unvollkommen wir auch sein mögen, wir sind im kleinen eine Erscheinungsform des harmonischen Universums, ein ›Ebenbild Gottes‹, wie die Bibel es symbolisch ausdrückt. Vielleicht wird keiner von uns es jemals schaffen, gänzlich vollkommen zu werden. Doch dies ist keine Entschuldigung dafür, daß man es nicht versucht. Selbst wenn wir uns innerlich nur ganz wenig entwickeln, wird dies doch in unserem täglichen Leben zu erstaunlichen Resultaten führen.«

Stimmen Sie dem Verlust nicht zu!

»Nun schlage ich Ihnen vor, folgendermaßen zu verfahren: Sie wünschen sich die Sicherheit, die dieses Stück Land für Sie bedeutet hätte. Das ist sehr gut. Davon ausgehend sollten Sie zu dem Glauben finden, daß niemand Ihnen etwas ohne Ihre Zustimmung entziehen kann, wenn es Ihnen wirklich zusteht. In der Vergangenheit haben Sie sich oft mit Ihren Verlusten abgefunden. Beginnen Sie nun damit, daß Sie in der Zukunft keinem Verlust mehr zustimmen, indem Sie sich damit abfinden.

Vielleicht werden Sie zunächst kein großes Zutrauen in diese Methode haben. Doch das Vertrauen kommt von selbst und wächst, wenn Sie sich erst einmal *entschieden* haben, in eine bestimmte Richtung zu gehen. *Jeder* Gedanke, den wir aus freiem Willen aufgreifen und in uns bewegen, wird mit Sicherheit auf die tieferen Schichten unseres Wesens wirken. Dies ist ein geistiges Gesetz, das in Zukunft ebenso für Sie arbeiten wird, wie es in der Vergangenheit gegen Sie gearbeitet hat.

Der Glaube an *Erfüllung* wird den Glauben an den Verlust automatisch auflösen. In Ihrer gegenwärtigen Lage würde Sicherheit Erfüllung bedeuten. Ich rate Ihnen nicht, Ihre finanziellen Schwierigkeiten zu vergessen. Das wäre übertrieben. Doch lassen Sie diese im Hintergrund Ihrer Überlegungen, und denken Sie, so oft es nur geht, an die Möglichkeit der *Erfüllung*.

Betrachten Sie sich selbst als ein Teil der universellen Ganzheit. Machen Sie sich klar, daß in diesem Universum alles harmonisch auf seiner Bahn zieht und nicht in entgegengesetzte Richtungen strebt. Ich empfehle Ihnen dazu die folgende Gebetsbetrachtung:

»*Möge ich mich als ein Teil dieses unendlichen und harmonischen Universums erleben. Möge ich alles unvollkommene Denken aufgeben. Ich bin Ausdruck und Abbild des unermeßlichen Seins. Ein Teilchen, in dem sich das Ganze offenbart. Der tiefe Frieden, der die Natur des Unermeßlichen ist, wohnt darum auch in meinem Herzen und ist das Wesen meines Daseins. Ich darf mit Sicherheit jene Erfüllung finden, die ich mir wünsche. Ich darf sicher sein, daß mir alles zuteil wird, was mir zusteht, solange ich die positive Erwartung nicht aufgebe.*«

Das Testament ist niemals gefunden worden. Doch zwei Wochen nach unserem Gespräch sollte Fräulein Perdido einen englischen Gastlehrer durch die Privatschule führen, in der sie inzwischen arbeitete. Vier Monate später war sie verheiratet. Jener Lehrer hatte Jahre zuvor seine erste Frau bei einem Unglücksfall verloren. Seither hatte er keine Frauen mehr wahrgenommen. Doch von Fräulein Perdido war er wie verzaubert, weil ein tiefer innerer Frieden von ihr ausstrahlte, der auch ihm nach langen Jahren seinen Seelenfrieden zurückbrachte. Ihr neuer Glaube an eine Erfüllung hatte zu einem entsprechenden Resultat geführt.

Das Leben ist niemals ungerecht. Wenn es hart erscheint, ist dies in unserem eigenen Glauben begründet. »Lerne oder leide«, so lautet die ewige Botschaft des Daseins.

Das Hinnehmen eines Verlustes führt zu weiteren

Zuweilen entwickeln sich *Wurzel-Gedanken* durch ein einziges prägendes Ereignis. Die folgende Geschichte zeigt, wie stark ein plötzlicher und unvorhergesehener Vorfall das Leben eines Menschen verändern kann.

Herr und Frau Bliss waren seit siebenundzwanzig Jahren verheiratet. Er besaß ein eigenes Geschäft. Sie waren gute Kameraden, die alles zusammen taten. Als sie das Geschäft aufbauten, hatte sie ihm bei der Arbeit zur Seite gestanden. Nun waren sie über fünfzig, doch ihre Blicke begegneten sich noch ebenso liebevoll wie in den ersten Jahren ihrer Ehe. Ihre drei Kinder, die von dieser glücklichen Atmosphäre geprägt wurden, führten inzwischen selbst harmonische Ehen.

Dann geschah es. Ein betrunkener Autolenker verletzte Herrn Bliss tödlich. Seine Frau war völlig niedergeschlagen. Wochenlang wollte sie niemanden sehen. Auch ihre Kinder konnten ihr nicht helfen. In der Regel ist dies völlig natürlich, denn ein Ehepaar wächst im wahrsten Sinne des Wortes zusammen, und nur die Zeit vermag einen verbliebenen Partner über den Schmerz der Trennung hinwegzutrösten.

Doch in diesem Falle nahm der Gram im Laufe der Zeit einen krankhaften Zustand an. Zwei oder drei Jahre lang sprach sie ausschließlich von diesem Ereignis: »Ist es nicht entsetzlich, daß mir Ed genommen wurde? Ich werde niemals darüber hinwegkommen. Andere Männer, die ihre Frauen quälen und mißbrauchen, dürfen leben. Aber mir wurde mein guter Mann genommen.« Da sie nur noch klagte, zogen sich die meisten Freunde von ihr zurück. Einige meinten, es ginge ihr nur darum, Mitleid zu erregen.

Sie verkaufte das Geschäft, um sich ein gutes Einkommen zu sichern. Doch ein unehrlicher Makler betrog sie auf schäbige Weise, und sie befand sich einige Zeit in einer äußerst gefährlichen finanziellen Situation.

Eines Tages nahm sie in einem Kaufhaus im Waschraum zwei wertvolle Diamantringe ab, um sich Gesicht und Hände zu erfrischen. Sie ließ die Ringe liegen, von denen sich keine Spur mehr fand, als sie zurückeilte. Sie kam zu mir mit der nun schon vertrauten Frage: »Warum habe ich meine Ringe verloren, wenn ich doch niemals daran dachte, daß ich sie verlieren könnte? Weshalb passiert mir ständig Derartiges?«

Ich erklärte ihr zunächst, daß man nicht an ein ganz bestimmtes Ereignis denken muß, um es auszulösen. Man entwickelt vielmehr den entsprechenden *Wurzel-Gedanken,* der dann seinerseits zu diesem Ereignis führt.

Positive Dinge zählen doppelt

Frau Bliss machte in der Folge eine wunderbare Entdeckung. Sie erkannte, daß die positiven Dinge des Lebens gegenüber dem Negativen doppelt zählen können. Ihr schwerer Verlust trat in den Hintergrund, wenn sie sich ins Bewußtsein rief, daß sie drei nette Kinder, liebe Enkelkinder, ein schönes Heim, Freunde und eine gute Gesundheit besaß. Sie lernte, das Leben und seine schönen Seiten neu zu schätzen.

Doch was noch mehr zählte, sie entwickelte einen tiefen religiösen Sinn. Später sagte sie: »Ich habe mein ganzes Leben lang gedacht, ich wäre ein religiöser Mensch. Ed und ich gehörten der Kirche an, und wir zahlten regelmäßig unseren Beitrag. Ich selbst nahm sehr gerne an den kirchlichen Aktivitäten teil. Insbesondere in der Kinder- und Jugendarbeit habe ich mich engagiert. Doch rückblickend muß ich nun erkennen, daß ich damals keinerlei spirituelle Erfahrung kannte. Zwar ging ich zum Gottesdienst, doch es war für mich alles nur Theorie, obwohl ich das damals wohl lebhaft abgestritten hätte.

Heute vermitteln mir die religiösen Wahrheiten tiefe Erfahrungen, die für mich ebenso wirklich sind, wie Ed es war, wenn ich das so ausdrücken darf. Früher wußte ich nur *über* die Religion zu *sprechen*, heute *kenne* ich die religiösen Wahrheiten aus eigener Erfahrung und innerem Erleben. Es ist mir, als denke das Unendliche seine Gedanken durch mich.«

Wenig später ergab es sich, daß die Ringe, die sie einst im Waschraum des Kaufhauses verloren hatte, unverhofft wieder in ihren Besitz gelangten. Schließlich lernte sie bei einer religiösen Veranstaltung einen freundlichen Herrn kennen, der hilfsbereit in der Lage war, sie gegenüber dem unehrlichen Makler, der sie zuvor betrogen hatte, zu vertreten. Es gelang ihm, den entstandenen Schaden wieder auszugleichen.

Ich habe festgestellt, daß verlorene Dinge oft wieder auftauchen, wenn der zugrundeliegende *Wurzel-Gedanke* aufgelöst wurde. Manchmal geschieht dies auch nicht. Doch eine Sache ist sicher: Stets kann man sein Leben um wunderbare Dinge bereichern, die einen erlittenen Verlust ausgleichen. Ich kenne zahlreiche Fälle, in welchen, nachdem ein Partner unwiederbringlich verloren war, eine wunderbare neue Liebe sich auftat, nachdem der Glaube an den Verlust erst überwunden war. War der Arbeitsplatz verloren, fand man durch Überwinden des Hinnehmens dieser Situation oftmals sogar bessere Stellungen.

Jedes Ende ist zugleich ein neuer Anfang

Es ist wichtig, daß wir in jedem Ende zugleich einen Neubeginn betrachten. Viele Menschen konzentrieren sich ganz auf das, was sie verloren haben. Dies bindet sie innerlich in sklavischer Weise an ein ständiges Wiederholen des Verlustes. Besser wäre es, man würde in sich ein freudiges Erwarten all dessen entwickeln, was an Positivem künftig ins Leben treten kann.

Ein Ende ist nur dann endgültig, wenn wir innerlich glauben, daß es so ist. Türen, die sich schließen, können für immer geschlossene Türen sein. Doch für jede Tür, die sich geschlossen hat, gibt es eine andere, die man öffnen könnte, wenn man nur daran *glauben* möchte.

Jedes Ende kann zu einem Neubeginn gestaltet werden. Wir können uns aus den Trümmern der Vergangenheit erheben, um eine schöne neue Welt zu gestalten, wenn wir nur bereit sind, zunächst eine bessere Lebenseinstellung zu entwickeln. Doch dabei stützen wir uns nicht nur auf unsere Einbildungskraft, sondern auf die mächtigsten Energien, die in unserem Universum wirken.

*Denken Sie an das, was Sie haben,
nicht an das, was Sie verloren haben,
denn*

die positiven Dinge
zählen doppelt

*und
alles Verlorene kann wiedergewonnen
oder ersetzt werden.*

10. Kapitel

Machen Sie sich liebenswert!

Für eine Frau, die sich Ehe und Familie wünscht, ist es eine große Tragödie, wenn ihr diese Erfüllung versagt wird. Ein Mann, der sich ganz seinem Berufsleben widmen kann, wird vielleicht leichter mit dem Fehlen einer Liebesbeziehung fertig, als eine Frau, die möglicherweise während ihrer gesamten Erziehung auf die Rolle als Hausfrau und Mutter vorbereitet wurde. Wenn eine Frau, die heiraten möchte, keinen Mann findet, ist dies nicht nur eine Enttäuschung ihres weiblichen Stolzes, sondern auch eine Zurückweisung ihrer natürlichsten inneren Tendenzen. In vielen Jahren habe ich mit Tausenden Menschen Gespräche geführt. Zu den tragischsten Fällen gehörte dabei jener, wenn eine attraktive, warmherzige und ehrliche Frau in ihrem Leben keine dauerhafte Liebe gefunden hatte. Alles würde eine solche Frau für eine erfüllte Partnerschaft hingeben, doch fühlt sie sich meist zu einem unbefriedigten Leben der Einsamkeit verdammt.

Fräulein Reejeck war eine Lehrerin mit hervorragendem Universitätsabschluß. Mit ihren siebenundzwanzig Jahren sah sie ungewöhnlich gut aus. Sie war aktive Sportlerin, liebte gute Musik, kochte gerne und hatte starke mütterliche Instinkte. Sie war ausgesprochen ehrlich, gütig und hatte gepflegte Umgangsformen. Wohl viele Männer würden sich glücklich schätzen, eine solche Partnerin neben sich zu haben.

Sie fragte mich: »Was ist nur los mit mir? Ich bin doch wirklich nicht häßlich. Ich tanze gut und gehe gerne unter Menschen. Doch niemals gelingt es mir, eine ernsthaftere Freundschaft zu einem Mann aufzubauen. Ich bekomme viele zweideutige Angebote, aber niemals einen eindeutigen Antrag. Ich hätte schon manches Abenteuer eingehen können, doch das alles ist nichts für mich. Meine beiden jüngeren

Schwestern, die mich ihrerseits bewundern, sind schon einige Zeit glücklich verheiratet.

Manchmal denke ich, wenn die Ehe vielleicht nichts für mich ist, sollte auch ich lockere Beziehungen wie manche meiner Freundinnen eingehen. Aber das will ich eigentlich nicht. Meine Eltern führen eine sehr glückliche Ehe. Warum soll mir ein schönes und erfülltes Familienleben vorbehalten bleiben?«

Wir lehnen uns selbst ab, doch beschuldigen andere

Fräulein Reejeck steht typisch für viele Frauen. Viele sind älter, weniger attraktiv und gebildet. Doch meist handelt es sich um Frauen mit großen inneren Werten, die manchem Mann eine Quelle der Erfüllung werden könnten.

Meist sind diese Frauen höchst erstaunt, wenn ich ihnen sage: »Die Männer gehen nicht an Ihnen vorbei. Sie selbst halten diese davon ab, es ernst mit Ihnen zu meinen. Niemand außer Ihnen selbst vermag diese Situation zu ändern, und Sie können das tatsächlich schaffen.«

Ablehnung gehört zu den am häufigsten verbreiteten *Wurzel-Gedanken*. Auf die unterschiedlichsten Weisen wirkt dieser sich im Leben des Menschen aus. Meist beginnt er durch ein entscheidendes Mißverständnis in den Kindertagen.

Verbesserungen und Tadel sind bei der Erziehung eines Kindes häufig angebracht. Ein empfindsames Kind versteht dies manchmal falsch. Ablehnende Blicke der Eltern, ihr Schimpfen oder Drohen wird dann versehentlich so aufgefaßt, als würden sie das Kind ablehnen und ihm ihre Liebe entziehen. Je empfindsamer das Kind ist, um so tiefer sind die Wunden, die dadurch in seiner Seele entstehen. Diese aber beeinflussen unbewußt das gesamte weitere Denken. Man glaubt plötzlich auch Ablehnung von seiten der Spielkameraden zu erfahren oder auch im Verhalten der Lehrer. Nachdem man dann überall Bestätigungen für seine irrtümliche Annahme zu finden scheint, steht dem Entwickeln des entsprechenden *Wurzel-Gedankens* nichts mehr im Wege.

Die Jahre vergehen, der ursprüngliche Anlaß ist längst vergessen, doch seine Wirkungen halten an. Stets tauchen aus den tiefen Schichten des Bewußtseins Empfindungen auf, daß man unerwünscht, wenig anziehend oder von aller Welt verkannt ist. Manche Menschen versuchen dagegen durch besondere Leistungen anzukämpfen. Sie werden große Gelehrte, Sportler oder Künstler. Doch die damit verbundenen äußeren Erfolge können die tief verwurzelten inneren Gefühle der Ablehnung nicht besiegen. Verständnislos steht so manche junge Frau vor ihrem Versagen, ein Empfinden der Einigkeit mit einem anderen aufzubauen.

Das eigenartige Gefühl der Wertlosigkeit

Der Glaube an die Ablehnung ist meist mit einem unerklärlichen Gefühl der eigenen Wertlosigkeit verbunden. Solange ein solches jedoch nicht überwunden ist, wird man keinen Partner finden, der einem entspricht. Findet man ihn jedoch trotzdem, so wird die Beziehung stets von der Angst überschattet sein, man könne die Liebe des anderen verlieren. Diese Angst kann zu grundloser Eifersucht führen, die dann mit ihren Auswirkungen zu ihrer nachträglichen Begründung beitragen wird. Im Geschäftsleben bringen die gleichen inneren Prozesse Mißerfolge und verlorene Stellungen mit sich.

Die Furcht vor der Ablehnung kann in der Kindheit aus geradezu lächerlichen Anlässen heraus entstehen. Fräulein Reejeck meinte, daß in ihrem Falle ein Badeanzug dazu geführt haben könnte. Als sie vier Jahre alt war, gingen die Eltern einmal mit ihr und ihrer kleinen Cousine an den Strand. Die Eltern hatten deswegen einen zusätzlichen Badeanzug mitgenommen, der jedoch schon älter und etwas verzogen war. Am Strand durfte die Cousine dann den neuen Badeanzug anziehen, während die Tochter gezwungen wurde, sich den alten zu nehmen. Fräulein Reejeck sagte, daß sie sich in jener Nacht in den Schlaf geweint hätte, denn sie dachte, die Eltern würden sie nicht mehr lieben. Als Erwachsene finden wir dies möglicherweise lächerlich. Doch es entspricht genau der Logik eines vierjährigen Mädchens.

Wir können die Ursprünge unserer falschen Anschauungen nicht immer genau aufdecken. Doch wir dürfen sicher sein, daß alle diese negativen Denkgewohnheiten irgendwann einmal angefangen haben.

Ein Psychoanalytiker würde einem Menschen raten, diese Ursprünge zu suchen, um sie mit der Reife des Erwachsenen nochmals zu durchleben und dadurch ihre negativen Wirkungen aufzulösen. Dieses Vorgehen ist häufig hilfreich. Doch ich schlage eine andere Methode vor.

Da wir wissen, daß die grundlegenden *Wurzel-Gedanken* die Ursachen aller negativen Erfahrungen sind, genügt zunächst die Erkenntnis, daß man sein bisheriges Leben unter der Herrschaft einer Lüge verbracht hat. Dies erklärte ich Fräulein Reejeck. Weder ihre Eltern noch ihre Spielkameraden, noch ihre Lehrer besaßen jemals den Wunsch, sie abzulehnen. Vielmehr hatte sie selbst deren Haltungen vollkommen falsch eingeschätzt. Ihr ganzes Leben hatte sie somit auf einer falschen Annahme aufgebaut. Diese Lebenslüge hatte sie bislang von einer wahren Erfüllung abgehalten.

Doch diese falsche Ansicht hat nur solange Bestand, wie sie selbst ihr Glauben schenkt. Leicht ist sie auflösbar, indem ein Glaube an die eigene Wertigkeit entwickelt wird.

Sie entgegnete: »Aber ich habe das alles schon versucht. Ich habe mir gesagt, daß ich doch anziehend wirken muß. Ich habe mich mit anderen Frauen verglichen. Ich versicherte mir, daß kein Grund dazu bestehen kann, mir die gleiche Liebe, die jene fanden, nicht zuteil werden zu lassen. Doch es hat zu nichts geführt.«

Ich antwortete: »Wir sollten den Schwerpunkt hier etwas verlagern. Dabei sind zwei kleine Änderungen notwendig. Zunächst sollten Sie Ihre diesbezüglichen Überlegungen auf eine andere Grundlage stellen. Dann wäre es gut, einen völlig neuen Aspekt der Kraft in dieser Angelegenheit einzuführen.«

Liebe bedeutet, zuerst an den anderen zu denken

»Die Ehe ist ein wechselseitiger Vertrag. Wir nehmen und wir geben. Vielleicht haben Sie bisher zu viel daran gedacht, was Sie durch eine Eheschließung bekommen würden. Doch damit würden Sie den gleichen Fehler begehen, dem mancher Verkäufer auch im Geschäftsleben unterliegt. Wenn er nur an seinen eigenen Umsatz, nicht aber an das Wohl seines Kunden denkt, wird er ein schlechter Verkäufer sein.

Wir können das Aufzählen Ihrer positiven Eigenschaften ruhig auf der Seite lassen, denn diese kennen Sie selbst gut genug. Sie sollten nun vielmehr darüber nachdenken, wie einer Frau Ihrer Art den Bedürfnissen eines entsprechenden Types von Mann entgegenkommen kann.

Ehe bedeutet nicht einfach nur das Zusammenkommen von Mann und Frau. Es finden sich dabei zwei Menschen auf eine so tiefe Weise, daß sie gewissermaßen eine vollkommene Einheit bilden. Was dem einen fehlt, besitzt der andere. Was dem anderen fehlt, besitzt der eine.

Stunden, Monate, Jahre wird man miteinander verbringen, in denen das geschlechtliche Element ganz in den Hintergrund treten kann. In einer vollkommenen Ehe werden zwei Persönlichkeiten durch unsichtbare seelische Bande immer vertrauter miteinander, und ein Teil des eigenen Inneren verschmilzt mit dem Partner. Doch eine solche Verschmelzung kann nicht stattfinden, solange einer der beiden Partner in sich den Glauben an die Ablehnung hegt. Ein auf diese Weise unsicherer Partner würde gerade mit den Mitteln, mit denen er seine Ehe erhalten möchte, zu ihrer Zerstörung beitragen.

Nehmen wir an, Sie hätten sich selbst einer Betrachtung unterzogen, nach der Sie sich so sehen können, wie Sie wirklich sind. Sie haben Ihre positiven Eigenschaften nicht überbewertet und Ihre Schwächen und Mängel nicht beschönigt. Sie haben Ihr wahres Wesen ehrlich erkannt, um festzustellen, daß Sie weder eine Heilige noch eine Sünderin sind. Sie sind so, wie Sie sind, eine Mischung aus Gut und Böse.

Irgendwo gibt es nun einen Mann, der sich ein Idealbild von jener Frau aufgebaut hat, die er gerne heiraten würde, ebenso wie Sie das Idealbild eines Mannes haben, den Sie sich zum Ehepartner wünschen. Dieser Mann ist vielen Frauen begegnet. Für manche hat er sich interessiert, doch keine wollte er heiraten. Sein Idealbild war noch nicht erschienen.

Sie wären jene Frau. Dabei sind Sie nicht besser oder schlechter als die anderen Frauen, denen er begegnet ist. Doch Sie entsprechen zumindest teilweise dem Bild, das er sich unbewußt gemacht hat. Vielleicht rufen Sie tief in ihm das Bild seiner Mutter wach oder jenes einer Lehrerin, die er in frühen Kindertagen bewunderte. Oftmals heiraten Männer solche Frauen, die sie unbewußt an eine in der Kindheit bewunderte Frau erinnert.

In gewissem Sinne wären Sie der einzige Mensch, der seinem Leben jemals die völlige Erfüllung schenken könnte. Wenn er ungeduldig wird, weil seine erträumte Frau nicht erscheint, mag er vielleicht eine andere heiraten. Doch wird er mit dieser wohl nicht das tiefste Glück finden. Er mag ihr fünfzig Jahre lang treu bleiben, doch wird sie während dieser Zeit niemals seine verborgensten Wünsche befriedigen können. Nur Sie könnten das tun. Nicht etwa, weil Sie begabter oder attraktiver wären, sondern weil Sie und er sich in einem unsichtbaren und unerklärlichen Aspekt seelischen Lebens zutiefst entsprechen.

Dieser Mann braucht Sie, will Sie und wünscht sich nur, Sie endlich zu finden. Sie brauchen keinerlei Tricks anzuwenden, um ihn einzufangen, Sie brauchen keine Fesseln, um ihn zu halten. Man könnte eigentlich sagen, daß Ihre Ehe auf einer höheren Ebene oder in einer höheren Sphäre bereits geschlossen wurde, auch wenn mancher vielleicht über diese Aussage höhnisch lächeln wird.

Denken Sie an den inneren Frieden, die tiefste Befriedigung und das Empfinden der Erfüllung, was Sie alleine diesem Mann ermöglichen können, wenn man dabei ganz von der körperlichen Seite der Ehe absieht. Denken Sie daran, wie Sie ihn beruflich inspirieren können, seinem Leben durch ein Heim und eine Familie neuen Sinn verleihen und dazu beitragen, sein Dasein nicht zu einem eintönigen Trott werden zu lassen. Dies alles müßten Sie geben, wenn Sie etwas von einer Ehe haben möchten.«

Wer an das Beste glaubt, wird es erhalten

Sie antwortete: »Aber bauen Sie damit nicht ein wirklichkeitsfremdes Idealbild auf? Von solchen Ehen liest man doch nur in Kitschromanen. Ich habe einen Punkt erreicht, an dem ich mich auch mit der Hälfte dieses Glücks zufriedengeben würde.«

»Sie dürfen sich nicht mit weniger als dem Besten zufriedengeben! Doch es gibt eine Bedingung, die dabei zu beachten ist: Sie müssen wirklich glauben, daß Sie das Beste *tatsächlich* erhalten können. Sie müssen den Glauben daran entwickeln, daß in diesem zweiseitigen Abkommen, das wir Ehe nennen, Sie (und nur Sie alleine!) Ihrem Mann die vollkommene Erfüllung schenken können.

Hören Sie nicht auf das Gerede anderer Frauen, wie schwer es ist, mit einem Mann auszukommen oder ihn zu behalten. Diese Aussagen mögen auf jene, die sie verlauten lassen zutreffen, denn sie scheinen daran zu glauben. Sie selbst sollten sich weigern, derartige Vorstellungen aufzugreifen. In Ihrer Liebe haben sie keinen Platz.«

Der unsichtbare Heiratsvermittler

»Nun einige Worte zu jenem völlig neuen Aspekt der Kraft, den Sie in diese Angelegenheit einführen sollten: Die Idealvorstellungen, die Sie von der Ehe besitzen, haben nicht in Ihnen selbst ihren Ursprung. Das allumfassende Bewußtsein, von dem Sie ein Teil sind, trägt in sich alle Arten von Bildern. Es hängt nun vom Grad Ihrer eigenen Empfindsamkeit ab, welche Bilder Sie aufgreifen. Dabei sind Sie bereits von groben Vorstellungen zu feineren gelangt. Dies ist der Grund, weshalb Sie davor zurückschrecken, mit der Liebe zu spielen. Ein Mann, der die gleiche Ebene der Entwicklung erreicht hat, wird gleichfalls davor zurückschrecken, sein Leben leichtfertig an eine Frau zu binden, der er nicht im Tiefsten begegnen kann.

Im allumfassenden Bewußtsein ist alles enthalten, Sie selbst und ebenso ein Mann, der zu Ihnen paßt. Hier wirken wunderbare Gesetze der Harmonie, die das zusammenfügen, was zueinander paßt, und jenes trennen, was sich nicht miteinander verträgt. Es kann in Ihnen kein Ideal geben, das in diesem allumfassenden Bewußtsein nicht zu verwirklichen wäre. Dies ist so, weil Erfüllung ein großes Gesetz dieses Universums ist.«

Gemeinsam nahmen wir Gebetsbetrachtungen vor, und ich riet ihr, auch alleine folgende Gedanken betend in sich zu bewegen:

»Ich weiß, daß ich mit der Annahme, ich würde von jedermann abgelehnt, an eine Lüge geglaubt habe. Ich weiß, daß ein Mann, der meinem Ideal entspricht, sich zutiefst nach mir sehnt. Ich weiß, daß er kein wirkliches und dauerhaftes Glück erfahren kann, solange er mich nicht gefunden hat. Er braucht mich ebenso wahrhaftig, wie ich ihn brauche. Es geht nicht darum, einseitigen Nutzen aus einem anderen zu ziehen. Ich möchte geben und nehmen.

In diesem allumfassenden Bewußtsein nehmen er und ich heute ganz bestimmte Plätze ein, indem wir unsere Züge auf dem Schachbrett des Lebens unternehmen. Ich weiß, daß wir uns dabei begegnen und erkennen werden. Dabei vertraue ich ganz auf das Gesetz dieses universellen Bewußtseins, welches das zusammenfügt, was zueinander paßt. Ich weiß, daß ich nicht mit anderen in einem Wettstreit um diesen Mann liege. Ich weiß, daß er sich nicht zwischen mir und anderen entscheiden muß.

Er braucht mich, liebt mich, will mich, und all diese Empfindungen bringe auch ich ihm entgegen. Ich übergebe diese Gedanken dem Gesetz der Schöpferkraft und danke schon jetzt für die Erfüllung dessen, was ich im Augenblick noch nicht sehen kann.«

Einige Monate zogen ins Land. Sie traf viele Männer, doch es kam nicht sofort zu der erhofften Begegnung. Es war ihr zuweilen noch zum Verzweifeln zumute, aber sie gab den nun einmal eingeschlagenen Weg nicht auf. Das Gefühl, nun ihr ganzes Problem einer höheren, überindividuellen Instanz überlassen zu haben, gab ihr ein tiefes Empfinden innerer Stille, das stärker als jeder Zweifel war.

Eines Tages war sie mit einer anderen Lehrerin nach dem Unterricht zum Mittagessen in ein Restaurant gegangen. Ein großer blonder Mann saß in der Nähe. Er fragte sie nach dem Weg zu einem bestimmten Kino, in dem er sich einen Film ansehen wollte. Da der

Weg etwas schwierig zu beschreiben war, kam es zu einer kleinen Unterhaltung. Er stellte sich nun als ein schwedischer Geschäftsmann vor, der beabsichtigte, sich in Amerika niederzulassen. Schließlich fragte er sie, ob sie sich nicht mit ihm den Film ansehen wollte. Die beiden Lehrerinnen begleiteten nun den Geschäftsmann ins Kino.

Dann nahm für Fräulein Reejeck alles eine wunderbare Wendung. Sie und der Mann aus Schweden stellten fest, daß sie viele gemeinsame Ideale haben und vieles sie verbindet. Heute führen sie eine glückliche Ehe und freuen sich über ihre fast zwei Jahre alte Tochter. Die junge Frau erzählte mir später, was er zu ihr sagte, nachdem sie sich gefunden hatten: »Wo bist du nur die ganze Zeit gewesen, die ich schon ohne dich lebe?«

Der unsichtbare Grundstücksmakler

Herr und Frau Moody mußten ein Wohnhaus verkaufen. Beide hatten hart gearbeitet, um dieses Haus mit vielen Wohnungen zu bauen, denn sie wollten sich damit für ihre alten Tage absichern. Doch nun mußten sie erleben, daß ihre Pflichten als Vermieter oft sehr unangenehm sein konnten. So boten sie das Haus zum Verkauf an. Viele sahen es sich an, doch keiner wollte es kaufen.

Sie versuchten es auch über mehrere Makler. Keiner von ihnen konnte verstehen, daß niemand das Haus kaufen wollte. Es war in gutem Zustand, und der Preis war angemessen. Zudem warf es aus den Mieteinnahmen einen erheblichen Gewinn ab. Es wäre also ein guter Kauf gewesen.

Nachdem ich mit Herrn und Frau Moody gesprochen hatte, erkannte ich, daß in beiden der tief verborgene *Wurzel-Gedanke* der Ablehnung wirkte. Als eine Möglichkeit, die Resultate dieses *Wurzel-Gedankens* abzuschwächen und aufzulösen, schlug ich ihnen dann folgende Methode vor. Sie sollten sich ruhig und entspannt hinsetzen, um sich dann das Haus vorzustellen, als würden sie es von der anderen Straßenseite sehen. Sie sollten es bewundern, seine Schönheit beachten, es schätzenlernen. Dann sollten sie sich weiter vorstellen, daß plötzlich einer der vorübergehenden Menschen stehen bleibt, das Haus betrachtet, die Straße überquert, um es genauer zu sehen, und es dann schließlich betritt, um sich zu erkundigen, ob es zu verkaufen ist.

Das Ehepaar hatte diesbezüglich zunächst einige Zweifel. Frau Moody meinte, das käme ihr wie eine magische und abergläubische Methode vor, jemanden zum Kauf ihres Hauses zu beeinflussen.

Doch ich zeigte auf, daß es dabei nur darum geht, sie selbst positiv zu beeinflussen. Es sollte ihnen helfen, die Ablehnung des Hauses zu überwinden. Um es zu verkaufen, müßten sie es zunächst selbst innerlich annehmen. Ich führte sie auch in eine Gebetsbetrachtung ein, die bei derartigen Problemen helfen kann.

Schon seit fünf Monaten hatten sie versucht, das Haus zu verkaufen. Vier oder fünf Tage nach unserem Gespräch waren sie gerade in der Eingangshalle des Hauses mit einer kleinen Arbeit beschäftigt, als ein Mann eintrat. Er sagte, daß er in dieser Gegend ein größeres Haus kaufen möchte. Gerade das Haus des Ehepaars Moody gefiel ihm besonders gut, und er fragte, ob es nicht zu verkaufen wäre.

Zwei Wochen später war ohne die Hilfe eines Maklers ein für beide Seiten sehr zufriedenstellender Kaufvertrag abgeschlossen.

Nachfolgend die von mir in diesem Zusammenhang empfohlene Gebetsbetrachtung:

»Dieses Gebäude ist ein Teil des allumfassenden Seins, und wir sind dies gleichfalls. Irgendwo gibt es einen Interessenten, der sich genau ein derartiges Haus in dieser Umgebung wünscht. Er wird das Aussehen des Hauses mögen und unseren Verkaufspreis angemessen finden. Er wird das Haus sehen, sich erkundigen und sodann den Vertrag mit uns eingehen.

Nichts in uns bezweifelt, daß diese Worte der Wahrheit entsprechen. Jedes Empfinden der Ablehnung soll nun aus unserem Inneren verschwinden, denn wir gestatten dem universellen Gesetz der Schöpferkraft, es aufzulösen. Von Tag zu Tag leben wir in einem tiefen Gefühl positiven Zutrauens. Man wird uns zustimmend begegnen, und auch unser Haus wird die Zustimmung finden, die es verdient.

Wir übergeben uns und unsere Geschäfte voller Zutrauen dem

Wirken des Gesetzes, das jene zusammenführt, die einander bedürfen. Wir geben alle inneren Spannungen auf. Wir wünschen diesem Haus und seinen Mietern nur Gutes. Wir wünschen jedem, der an ihm vorübergeht, nur Glück. Wer immer der kommende Käufer sein mag, wir wünschen ihm alles Gute!

Diese Worte sind in großem Vertrauen auf unsere neue Lebenshaltung gesprochen. Wir übergeben sie dem unermeßlichen Gesetz der Schöpferkraft, das unsere Gedanken in erlebte Wirklichkeit verwandeln kann. Wir sind dankbar für all das, was uns durch unser gläubiges Vertrauen geschenkt werden wird.«

Dies war schon alles. Veränderter Glaube und verändertes Selbstvertrauen führen so sicher zu entsprechenden Ergebnissen, wie die Pflanzen im Frühling ausschlagen. Ich könnte noch ungezählte weitere Fallbeispiele anführen, welche die immer gleiche Grundwahrheit beweisen: »Nach deinem Glauben wird dir gegeben werden.«

Ihre Weltanschauung bestimmt Ihre Lebensqualität

Einst bat ein verzweifelter Vater Jesus, er möge seinen epileptischen Sohn heilen. »Wenn Du etwas *kannst*, so erbarme Dich unser und hilf uns!« Jesus aber sprach zu ihm: »*Kannst* du etwas? Alle Dinge sind möglich dem, der *glaubt*.« (Markus 9, 22–24)

Jesus lehnte es in diesem Zusammenhang ab, die Heilung als von seinen besonderen Wunderkräften abhängig zu betrachten. Er stellte das Problem auf der Ebene der menschlichen Fähigkeit des Glaubens dar, auf der es alleine gelöst werden kann.

Dieser Grundsatz gilt nicht nur in bezug auf die Heilung. Er ist auf alle Bereiche menschlichen Daseins anwendbar, selbst auf das Geschäftsleben. Derjenige, der geschäftlich oder beruflich versagt, sollte die Ursache dafür nicht außerhalb seiner eigenen Existenz suchen. Sie liegt in ihm selbst! Der Verkauf von Gütern, zwischenmenschliche Beziehungen, beruflicher Aufstieg, alles das hängt direkt vom Bewußtsein der entsprechenden Persönlichkeit ab. Es ist dasselbe Prinzip, das bei körperlicher Heilung wirkt.

Ändern Sie Ihre Weltanschauung, und Sie ändern damit die Welt, in der Sie leben!

**Wenn Ihr Leben
ohne Liebe ist, hat dies
nur einen Grund:**

*Sie lehnen sich selbst ab.
Sie hegen in sich den Wurzel-Gedanken
der Ablehnung.*

**Doch irgendwo wartet
die Liebe auf Sie!**

*Nehmen Sie sich selbst so an, wie Sie sind.
Nehmen Sie die Welt an, wie sie wirklich
ist. Dann wird das Gesetz der Schöpferkraft auch Ihrem Leben die Liebe
schenken.*

11. Kapitel

Ihr ergebener Diener

Die größte Schwierigkeit für jemanden, der erstmals mit meinen Ideen konfrontiert ist, bedeutet vielleicht meine Aussage von der völligen Ergebenheit des Gesetzes der Schöpferkraft gegenüber dem menschlichen Willen. Man mag sich fragen, wie der schwache Mensch dazu kommt, mit den Gesetzen des Universums zu operieren. Viele Menschen haben in ihrer frühen religiösen Erziehung den Gedanken aufgenommen, daß ihr Geschick in der Hand Gottes liegt, den sie darum zu fürchten haben, an den sie nur mit Demut denken dürfen und dessen Wille unveränderbar festliegt.

Der Körper neigt von Natur aus zur Gesundheit

Es ist jedoch eine Tatsache, daß alle Gesetze dieses unendlichen Universums stets eine ausgewogene Vollkommenheit anstreben. Mit anderen Worten: Göttliches ist nur auf einer höchsten und vollkommensten Ebene denkbar. Krankheit bedeutet nun Unausgewogenheit und Unvollkommenheit. Etwas Derartiges kann grundsätzlich nicht einem göttlichen Willen entsprechen, der immer auf die Vollkommenheit gerichtet wäre. Im Menschen zeigt sich die natürliche und allumfassende Neigung zur Ganzheit und Vollkommenheit unter anderem in den körperlichen Möglichkeiten der Regeneration. Wenn wir nun davon sprechen, daß wir dem Gesetz der Schöpferkraft unsere positiven Wünsche übergeben, so verbinden wir uns lediglich bewußt mit dem, was ohnehin das Anliegen dieses Gesetzes ist, das Anstreben des jeweils vollkommenen Zustandes.

Wir selbst treiben dabei nichts und niemanden an und geben auch keine Befehle. Wir nehmen eine heile Denkgewohnheit an, um eine negative zu überwinden, die uns nur Kummer und Leid gebracht hat. Wir stemmen uns also nicht mehr selbst unserer natürlichen Bestimmung zu Glück und Freude und einem vollkommenen Leben entgegen. Wir wollen nicht unnatürlich manipulieren und dem Universum unsere eigenen negativen Wünsche aufdrängen, sondern einfach das Natürliche geschehen lassen.

Die Tendenz des Körpers, aus sich selbst heraus immer wieder nach Heilung und Gesundheit zu streben, kann jenem, der sich um eine spirituelle Heilung bemüht, ein wesentliches Zeichen der Ermutigung sein. Es ist schon oft beobachtet worden, wie der menschliche Körper scheinbar unerträgliche Belastungen aushält. Die Wirkungen falscher Ernährung, von Suchtgewohnheiten, Überanstrengung, Verkehrsunfällen und Verwundungen, die nach ärztlichem Ermessen zum Tode führen müßten, werden zuweilen von den wunderbaren selbstregenerierenden Kräften des Körpers überwunden.

Wie wir bereits erfahren haben, besitzt der Körper keine ihm eigene Intelligenz. Woher also kommt die ihm innewohnende Tendenz, mit allen nur möglichen Kräften immer wieder den gesunden und heilen Zustand anzustreben? Die unendliche Entwicklung dieses Universums, deren Resultat der Mensch ist, hat sie diesem mitgegeben. Und wir dürfen daher voller Vertrauen annehmen, daß das Gesetz der Schöpferkraft und Harmonie jeden Versuch unterstützen wird, eine gestörte Gesundheit oder Ganzheit wieder herzustellen.

Wir sind nicht verdammt

Man muß die irrtümliche Annahme aufgeben, daß der Mensch verdammt oder zu ewigem Leid verflucht wäre. Wer durch seine religiöse Erziehung glaubt, der Mensch wäre von Gott verdammt oder unterliege einer göttlichen Kontrolle, der hält sich an eine längst veraltete Form der Theologie. Es ist eine von der Wissenschaft allgemein akzeptierte Tatsache, daß der Mensch ein in Entwicklung begriffenes Wesen ist, dessen Verstand sich erst allmählich zum heutigen Stand entfaltet hat. Der Mensch ist dabei auf dem Weg nach oben, nicht nach unten. Betrachtet man die Entwicklung auf der Erde in den großen Zusammenhängen der Jahrmillionen und Jahrtausende, muß man zugeben, daß sich der Mensch in relativ kurzer Zeit sehr weit entwickelt hat. Er hat auch in ethischer Hinsicht einen sehr hohen Bewußtseinszustand erreicht. Wenn er zuweilen fällt, so ist dies kein Zeichen der »Erbsünde« oder Verdammnis.

Niemals wird der Mensch wegen seiner Fehltritte verdammt, wie er auch keiner Verdammnis anheimfällt, wenn er Vater mit F schreibt oder bei der Addition von 9 und 8 auf 14 kommt. Diese kindischen Fehler sind kein Zeichen für Schlechtigkeit oder Verruchtheit, sondern Ergebnisse unvollständigen Wissens und Könnens. Alle Menschen sind wie Kinder in der Schule des Lebens. Durch ihre Fehler lernen sie dabei allmählich, vollkommen zu handeln und der Ganzheit entgegenzustreben.

Der Mensch ist die letzte Lebensform, die auf unserem Planeten erschienen ist. Wie die Wissenschaftler uns lehren, entstand er nach geologischer Zeit gerade vor einer Sekunde. Er hatte dabei kaum Zeit, um sich zu blicken, damit er herausfindet, wer er ist und was er soll. Dies erkennt man selbst in einigen seiner lächerlich naiven religiösen Vorstellungen der vergangenen dreihundert Jahre. Da dachte man, der Mensch solle sich selbst kasteien, oder man verbrannte sonderliche alte Frauen als Hexen. Man ersann einen schrecklichen Gott, der die Menschen ins ewige Feuer schickt, wenn sie nicht das Glaubensbekenntnis einer bestimmten Kirche unterschreiben, gleichgültig wie vorbildlich sie auch lebten.

Derartige alte und falsche Glaubenssätze hemmen den Weg des Menschen zur wirklichen Freiheit. Doch viele Menschen haben Angst, die Wirklichkeit einmal aus einem neuen Blickwinkel zu betrachten. Manche Geistliche erschrecken sie mit der Drohung vor ewigen Konsequenzen, wenn sie »vom Glauben abfallen«. Auf diese Weise werden sie weiterhin der Krankheit, Armut und dem Unglücklichsein ausgeliefert bleiben. Sie gelangen nicht zu einer tatsächlichen religiösen Verwirklichung, der wunderbaren Freiheit des Menschen, die seine Bestimmung ist.

Ich habe in diesem Buch religiöse Wahrheiten oftmals mit ungewohnten Begriffen umschrieben, die mir jedoch notwendig erschienen, um zu ihrem wirklichen Verstehen beizutragen. Manchmal gebrauchte ich auch biblische Begriffe, die ich zuweilen abweichend von Gewohntem interpretierte. Dabei folge ich meiner eigenen Lebenserfahrung. So ist für mich Jesus beispielhaft für die gesamte Menschheit, indem er deren irdische und göttliche Aspekte repräsentiert.

Das Geheimnis der Lebensfülle

Wenn das Ziel unserer Erlösung das Erlangen einer vollkommenen, göttlichen Natur ist, hat Jesus dem Menschen die Möglichkeiten dazu gezeigt, indem er sichtbar machte, daß alle die Gaben des Lebens aus einer größeren Einheit erwachsen. Sein lebendiger und intensiver Glaube an diese Einheit war so gewaltig, daß er die einzigartigen Worte sprechen konnte: »Ich und der Vater sind eins.«

Manche Theologen haben das Leben Jesu seiner Bedeutung für uns beraubt, indem sie behaupteten, nur er alleine hätte die Macht spirituellen Heilens, weil er der Sohn Gottes gewesen wäre. Er war wirklich der Sohn Gottes, doch müssen wir diese symbolische Aussage richtig deuten. Schließlich erklärte er auch uns alle zu Söhnen Gottes und sprach: »Ihr sollt vollkommen werden, wie Euer himmlischer Vater vollkommen ist.«

Wenn »Rechtgläubigkeit« in der Nachfolge Christi besteht, ist heute kein Kirchenführer rechtgläubig, der sich nicht durch die gleichen Gesetze, durch welche Jesus wirkte, auch um die Heilung Kranker bemüht. Es ist falsch, wenn man bestreitet, daß Jesus auch seine Nachfolger zum Heilen berufen hat.

Solche Kirchenführer, die behaupten, die Gabe des Heilens sei eine Besonderheit des ersten Jahrhunderts gewesen, um der Kirche zum Durchbruch zu verhelfen, verkennen das zentrale Thema der Lehren Jesu. Sie deuten den ganzen Sinn des Lebens Jesu falsch, für den jener auch bereit war, in den Tod zu gehen. Damit berauben sie die Menschheit um einen Weg zur Befreiung. Bildlich gesprochen kann man sagen, sie schließen die Pforten des Himmels für jene, die ihnen nachfolgen, denn der Himmel ist kein Ort: Er ist ein göttliches Leben der Einheit, das den ganzen Menschen schon hier und heute umfassen kann.

In dieser göttlichen Einheit gibt es keine Krankheit, keinen Mangel, kein Unglück und keine Mißklänge.

Jesus selbst nahm niemals an Händeln über die »Rechtgläubigkeit« teil. Dazu waren seine Anschauungen vom Leben zu weit. Seine härteste Kritik galt jenen Schriftgelehrten, die ihre Zeit mit theologischen Haarspaltereien verbrachten, während der normale Mensch hilflos dem Elend und der Krankheit ausgesetzt war. Jesus dagegen wollte allen Menschen das Geheimnis wahrer Lebensfülle verkünden. Sein Ziel war es, dem Menschen die Wahrheit des glücklichen Lebens zu bringen.

Glauben heißt heilen, nicht nur predigen

Durch die Jahrtausende hatte es immer wieder spirituelle Heilungen gegeben. Da sie nur gelegentlich vorkamen, schrieb man sie einer geheimnisvollen Gabe zu, die nur bestimmte Menschen besitzen. Jesus versuchte zu zeigen, daß dies nicht stimmt. Er stellte mit Nachdruck fest, wie die Gabe des Heilens im Glauben jedes einzelnen liegt.

Unglücklicherweise geschah mit dem Werk Jesu das, was mit den meisten menschlichen Einrichtungen geschieht. Das ursprüngliche Feuer der Inspiration und des klaren Verstehens erlosch. Aus dem Kreise seiner Jünger entwickelte sich eine reiche und mächtige Kirche, in der äußere Formen und Zeremonien an die Stelle inneren Erlebens gesetzt wurden. Die lebendigen Wahrheiten, die das Herz der Verkündigung Jesu bildeten, wurden dabei beinahe vergessen. Aller Nachdruck lag auf dem äußerlich gesprochenen Glaubensbekenntnis. Die Inquisition ersetzte das Pfingstereignis. Theologische Theorien nahmen die Stelle lebendiger Erfahrung des Unermeßlichen ein, womit das

Absinken in finstere Zeitalter besiegelt war. Es ist traurig, daß es noch heute kirchliche Würdenträger gibt, die das spirituelle Heilen nicht nur ablehnen, sondern auch bekämpfen.

Die Kirchen werden immer Bestand haben. Sie haben sich dem Menschen als zu wertvoll erwiesen, um unterzugehen. Doch der Akzent ihrer Tätigkeiten wird sich von der Theorie wieder zur Praxis verschieben müssen. Jetzt schon kann man sehen, daß theologische Erörterungen bereits mehr als zuvor auf die tatsächlichen Probleme des Menschen eingehen. In naher Zukunft wird man sicherlich auch auf das spirituelle Heilen einen größeren Nachdruck legen. Vielfach geschieht dies heute schon.

In Denver (Colorado) gibt es einen mutigen Geistlichen, der über einen guten Sinn für das Notwendige und einen außergewöhnlichen spirituellen Weitblick verfügt. Dr. Robert A. Russell ist Vorsteher der Epiphany-Episcopal-Church. Durch seine Bibelstudien gelangte Dr. Russell zur Überzeugung, daß das Heilen den höchsten Stellenwert in der Botschaft Jesu besitzt. Daraufhin beschäftigte er sich mit verschiedenen psychologischen Methoden, die ihm zwar durchaus wertvoll erschienen, in denen jedoch der spirituelle Aspekt, um den es Jesus ging, fehlte.

Dr. Russell legte nun stärksten Nachdruck auf die praktische Seite der Lehren Jesu. Daraufhin ereigneten sich einige bemerkenswerte Heilungen. Nun entschloß sich Dr. Russell ein geeignetes Gebäude zu errichten, in welchem die alten Wahrheiten in moderner Weise dargelegt werden sollten. Mit einer kleinen Spende beginnend, errichtete er schließlich diese Stätte, die er »The Shrine of the Healing Presence« (»Schrein der heilenden Gegenwart«) nannte. Viele Hunderte Menschen haben dort seither Heilung des Körpers, der Seele und des Geistes gefunden.

Dr. Russell lehrt seine Erkenntnisse auch Gruppen von Geistlichen, die damit nicht den Lehren ihrer jeweiligen Kirche untreu werden, sondern ihrer Lehrverkündigung noch die Botschaft der Heilung hinzufügen.

Einige Sommer lang hat Dr. Russell während meiner Ferien auch in unserer Gemeinde seine Lehren verkündet. Dabei wurde die versammelte Gemeinde zuweilen derart umfangreich, daß man in ein nahes größeres Theater ausweichen mußte, denn er ist ein hervorragender Redner dieser Methoden, die er völlig klar darlegt.

Die Kirchen wären wieder gefüllt, wenn ihre Geistlichen aus der gleichen Inspiration heraus wirken könnten, die Männern wie Dr. Robert A. Russell durch ihre Erkenntnis zuteil wird. Man brauchte dann keine Filmprogramme, um die Menschen anzulocken.

Das Unendliche möchte sich durch den Menschen ausdrücken

Dieses Kapitel begann mit der Feststellung, daß das Gesetz der Schöpferkraft, das auf Heilung gerichtet ist, unserem Wort als ergebener Diener folgt. Stets werden seine ungeahnten Kräfte zum Wirken gelangen, wenn das Herz für die Heilung geöffnet ist.

Doch dabei ist es wichtig, daß man weiß, wie sich das Unendliche, das in diesem Gesetz wirkt, stets auf der höchst möglichen Ebene manifestieren möchte. Die gleiche unvorstellbare Lebenskraft, die eine Baumwurzel befähigt, auf ihrem Wege zum Wachstum einen Felsen zu spalten, wirkt auch im Menschen, um diesen zu befähigen, durch die Schranken von Krankheit, Armut und Unglück zu brechen. Es besteht keinerlei Grund gegen die Ungnade eines Gottes anzukämpfen. Das Prinzip der Heilung möchte sich durchsetzen! Alles, was dazu nötig ist, ist ein klar ausrichtendes Wort. Dann wird das Gesetz zu unseren Diensten sein.

Ein bildhaftes Gleichnis dafür ist die biblische Schöpfungsgeschichte. So wie nach dieser die Worte »Es werde...« eine Welt hervorbrachten, können heute unsere Worte »Es werde...« unsere Welt zu immer größerer Vollkommenheit wandeln. Die Menschen sprechen in diesem Sinne göttliche Worte, denn der Mensch ist auf dieser Erde das Sprachrohr des Unendlichen. Im Bewußtsein des Menschen wird sich das allumfassende Sein seiner Existenz bewußt. Daher sind es eigentlich nicht *wir* im abgegrenzten, irdischen und unvollkommenen Sinne, die das Gesetz zum Einsatz bringen. Es sind nicht *wir*, die sich die göttliche Vollkommenheit als Ziel ausdachten. Wir sind hier das

Sprachrohr des Unendlichen. Und darum besitzen wir auch als Einzelwesen die göttliche Anlage des Bewußtseins, was sich bei uns zum Beispiel in Intelligenz und Selbstbewußtheit äußert. In der symbolischen Sprache der Bibel: »Ich und der Vater sind eins«, doch »der Vater ist umfassender als ich«.

Sir James Ritchie von der Universität von Edinburgh gab vor einer britischen wissenschaftlichen Gesellschaft einst eine interessante Demonstration, die uns bezüglich einer künftigen Möglichkeit der Menschheit bei der Meisterung spiritueller Gesetze optimistisch stimmen kann.

Er stellte vor sich eine Uhr auf und zeigte gleichnishaft an, daß das Leben auf der Erde um Mitternacht begonnen hat. Jede Minute zeigte über eine und eine halbe Million Jahre an. Um 10.30 Uhr war der Fisch das höchstentwickelte Lebewesen. Um 11.30 Uhr hat das Leben die Reptilien hervorgebracht. Gegen 11.45 Uhr erschienen gerade die Säugetiere. Die Vorfahren des heutigen Menschen tauchten erstmals um 11.59 Uhr auf. Und erst seit 11.59 Uhr und 59 Sekunden gibt es den Menschen in seiner heutigen Gestalt.

Die etwa vierzigtausend Jahre, die der gegenwärtige Mensch besteht, mögen manchen als eine lange Zeit erscheinen. Vielleicht entmutigt es auch jemanden, daß er in dieser Periode nicht eine größere innere Entwicklung geleistet hat. Doch erscheint diese Zeit in Wirklichkeit sehr kurz, wenn man sie mit der langen Aufwärtsentwicklung vergleicht, die das Leben bis zum Menschen nehmen mußte.

Wir sind auf einer langen Reise der Selbsterkenntnis. Durch alle Zeitalter der Entwicklung hat sich das unendliche Sein in immer höher entwickelten Lebensformen Ausdruck verliehen. Viele Philosophen und Wissenschaftlern sehen hierin den Sinn unseres Existierens. Wir alle sind Organe, durch die sich die allumfassende Ganzheit ausdrückt und sich ihrer selbst bewußt wird. Die gesamte Entwicklung strebte dabei sinnvoll immer höher, bis sie durch organisches Wachstum schließlich beim Menschen anlangte.

Wir dürfen annehmen, daß dabei schon entsprechend einem klaren Plan am Anfang das Ende feststand. Die gesamte natürliche Entwicklung, die zum Menschen geführt hat, vollzieht der einzelne werdende

Mensch im Mutterleib nach. Er beginnt als eine Zelle, die sich schließlich teilt, um im Laufe der Monate die biologische Entfaltung der menschlichen Art zu wiederholen. Für kurze Zeit nimmt er alle die Formen an, die dem Menschen vorausgegangen waren, bis der neue Mensch schließlich nach neun Monaten geboren wird. Der tiefe Sinn dieser Entwicklung, die sich in der großen biologischen Evolution und im Werden des einzelnen Menschen zeigt, ist ein großes, dem Menschen noch nicht entschlüsseltes Mysterium.

Dieser unendliche Entwicklungsprozeß hat es dabei, wie wir gesehen haben, nicht eilig. Doch der Mensch ist ungeduldig. Er möchte die Vollkommenheit möglichst sofort. Er würde am liebsten die gesamten Sorgen der Menschheit unverzüglich abschaffen. Er möchte alle anderen Menschen sofort nett, schön und freundlich haben. Er fragt sich, warum Krieg und andere Grausamkeiten nicht durch höhere Mächte verhindert werden. Doch die höhere Macht wirkt im und durch den Menschen selbst. Sie kann nur das *für* den Menschen tun, was sie *durch* ihn tut.

Das fortschreitend göttliche Wesen der Natur

Das Unbegrenzte kann sich im Begrenzten nur innerhalb gewisser durch das Begrenzte vorgegebene Beschränkungen offenbaren. So ist auch ein Felsblock eine ganz bestimmte begrenzte Erscheinungsform des Unbegrenzten. Da der Felsblock keine Sinne hat, kann er sich auch nicht ausdrücken. Doch die Elementarteilchen, aus denen er sich zusammensetzt, bewegen sich genau wie jene, aus denen das Gehirn eines menschlichen Genies besteht, denn das Unendliche denkt in diesem Felsen seine Gedanken.

Das Pflanzenreich ist bereits weiter entwickelt. Hier kann sich das Unendliche auf einer höheren Ebene ausdrücken. Zwar kann die Tätigkeit der Pflanzen nicht dem menschlichen Denken gleichgesetzt werden, doch verfügen sie über eine besondere Intelligenz des Tastsinnes, der sich darin zeigt, wie sie durch ihre Wurzeln Mineralien, Wasser und Nahrung suchen und mit Zweigen und Blättern der Sonne entgegenstreben. Wahrscheinlich gibt es weder in einem Felsen noch in einer Pflanze eine sich selbst bewußte Intelligenz. Steine und Pflanzen haben an jenen »Gedanken« der allumfassenden Ganzheit teil, die sie auf ihrer Ebene fassen können.

Das Tierreich stellt wiederum eine höhere Ebene dar. Hier zeigen sich bereits primitive Prozesse, die auf das Vorhandensein eines Schlußfolgerns hindeuten. Das Tier kann bei Gefahr fliehen und macht sich selbständig auf die Futtersuche. Während die Pflanze bei der Fortpflanzung auf andere Kräfte angewiesen ist, etwa den Wind, der die Pollen trägt, findet das Tier seinen eigenen Weg zur Fortpflanzung. Doch das Tier weiß nicht, warum es alle diese Dinge tut. Aber es scheint jene Gedanken des Unermeßlichen aufzufassen und auszuführen, die seiner Ebene im Tierreich angemessen sind.

Der Mensch rühmt sich selbst, dem höchsten der vier Reiche anzugehören. Und dies mit Recht! Sein Gehirn ist von erstaunlicher Komplexität. Eine unermeßliche Anzahl von Zellen können miteinander wirken, unfaßbar viele Informationen aufnehmen und diese in unbegrenzter Weise kombinieren. Dadurch bringt der Mensch neue Ideen hervor, derer er sich auch bewußt ist. Dies macht ihn zu einem hervorragend geeigneten Gefäß des Unermeßlichen, das sich durch ihn ausdrückt.

Der Mensch ist das ideale Sprachrohr des Universellen

Im Menschen kann sich die Ganzheit in klarster Weise offenbaren. Aus diesem Grunde ist das menschliche Bewußtsein der beste Kanal für das Wirken des heilenden Gesetzes der Schöpferkraft.

Die Felsblöcke des Mineralreiches haben wohl kein Bewußtsein ihrer eigenen Existenz. Die Pflanze besitzt zwar Bewußtsein, doch es ist offenbar auf bestimmte Bereiche konzentriert, etwa Sonnenlicht, Humus und Wasser. Das Tier hat ein ausgeprägteres Bewußtsein, und es weiß vielleicht auch von seiner Existenz, denn es kann sich von anderen Tieren unterscheiden.

Der Mensch besitzt ein Bewußtsein seiner eigenen Existenz und ein göttliches Bewußtsein, das über diese hinausweist. »Das Göttliche schläft im Felsen, wird sich bewußt in der Pflanze, erkennt sich im Tier und reift zum Göttlichen im Menschen.« Dieser Gedanke findet sich bei den Germanen, den Griechen und den Hindus, und er drückt in klarer Weise die Verhältnisse aus.

Der Mensch bildet gegenwärtig auf dieser Erde den höchsten Entwicklungspunkt, durch welchen die universelle Ganzheit wirken könnte. So wie im Felsen, in der Pflanze und im Tier eigentlich Ideen dieses Unermeßlichen ihren Ausdruck finden, verhält es sich auch mit dem Denken des Menschen. Selbstverständlich ist auch das menschliche Gehirn erheblich daran beteiligt. Doch man könnte es fast mit einem wunderbaren Musikinstrument vergleichen, auf dem das Unendliche seine himmlischen Harmonien spielen möchte. Von der einfachsten bis zur kompliziertesten Form ist alles Leben ein derartiger Ausdruck des universellen Göttlichen.

Der Mensch jedoch hat durch seinen hohen Entwicklungsstand die Möglichkeit der Selbsterkenntnis. Er kann sich selbst und seine Fähigkeiten untersuchen und verstehen lernen. Er würde es vermögen, die Schleier der Mysterien dieses Daseins zu lüften. Er ist vollkommen dazu befähigt, alles zu wissen, was er wissen möchte, wenn dies auf seinem Weg der Selbsterkenntnis liegt.

Im Laufe der Zeitalter haben sich immer wieder Stimmen erhoben, welche die Botschaft vom universellen Wesen des Menschen verkündeten und darlegten, wie der Ursprung des Menschen über dem Bereich gewöhnlicher Erfahrung liegt. Die Entdeckung des inneren Universums des Menschen wäre ein erheblich spannenderes Forschungsfeld, als es die Untersuchung des materiellen Kosmos darstellt. Jene Stimmen, die das verkündeten, wiesen damit auf Werte hin, die größer als das kurze Glück materialistischer Erfolge sind. Doch wurden diese Botschaften von den Maschinen jener übertönt, die den Fortschritt nur im Materiellen sehen wollen. Vielfach gingen sie auch im Lärm marschierender Heere unter.

Heute haben selbst die Kriegsherren Angst oder fühlen sich zumindest unsicher. Die Situation ist zu ernst, und sie müssen sich fragen, ob es nicht einen besseren Weg als den bisherigen gibt. Die menschliche

Zivilisation steht an einem Scheideweg, der zu den größten Chancen oder aber zu den schlimmsten Bedrohungen führt. Die Welt wäre heute bereit, den größten Schritt vorwärts zu tun, nämlich jenen, der zur Erschließung ungeahnter spiritueller Quellen führt. Ich glaube daran, daß sie diesen Schritt jetzt tun wird.

Das Mysterium der spirituellen Sehnsucht

Der Instinkt für das Religiöse ist ein ebenso wirklicher Aspekt der menschlichen Natur wie sein Instinkt zur Nahrungsaufnahme oder Fortpflanzung. Instinkte brauchen nicht gelehrt zu werden; sie sind selbstverständliche Teile unseres Wesens. Die beiden letztgenannten Instinkte können auch auf einer niederen oder animalischen Ebene ausgelebt werden. Doch durch den erstgenannten Instinkt werden sie veredelt.

Der Hunger nach Nahrung ist notwendig, damit der individuelle Organismus überleben kann. Der Geschlechtstrieb ist zur Erhaltung der ganzen Art biologisch notwendig. Der religiöse Trieb ist aber ebenso notwendig, denn er zeigt dem Mensch die wahre Richtung seiner Entwicklung. Die körperlichen Triebe und Instinkte melden sich jeweils nur kurzfristig und bis zu ihrer vorübergehenden Stillung. Die spirituelle Sehnsucht hört niemals auf. Der spirituelle Trieb kommt aus dem Innersten des Menschen. Es ist der beständige Ruf nach Freiheit von allen Einschränkungen, nach ständiger Aufwärtsentwicklung bis hin zu einem vollkommenen spirituellen Dasein.

In der kurzen Zeit seines Erdendaseins braucht der Mensch seine fünf Sinne. Weil er auf einem materiellen Planeten lebt, braucht er materielle Sinne, um sich hier zurechtzufinden. Doch zugleich ist der Mensch auch Bürger einer spirituellen Welt, die er durch verborgene Fühler im Innersten wahrnimmt. Eine spirituelle Intuition sagt ihm: »Wenn der Mensch gestorben ist, wird es ein neues Leben für ihn geben.« Jemand sagte einmal, daß der Mensch nicht an die Unsterblichkeit glaubt, weil er sie nicht beweisen kann. Doch er versucht, sie dauernd zu beweisen, weil er es nicht lassen kann, daran zu glauben.

Was hat es mit diesem eigenartigen außerweltlichen Instinkt auf sich, der den Menschen aus dem Tierreich heraushebt? Der Trieb nach der Todlosigkeit ist keine Täuschung. Er entspringt der Stimme des Unendlichen im menschlichen Wesen. Diese belehrt ihn stets, daß sein Leben mehr bedeutet, als er sehen, fühlen und hören kann. Diese Stimme flüstert ihm sanft ins Ohr, daß er ein edleres Wesen ist, als er aufgrund seiner täglichen Unvollkommenheiten annehmen möchte. Der Mensch kommt aus der Unendlichkeit, und sein Weg wird ihn wieder in die Unendlichkeit führen, denn sein Bewußtsein hat Ursprung im Unendlichen und kann niemals zerstört werden.

Die hohen Ideale des Menschen können unmöglich seinen weniger entwickelten biologischen Vorfahren entstammen. Sie sind vielmehr ein Zeichen des hohen Ursprunges des Menschen im Unendlichen, der tief in ihm stets gegenwärtig ist. Der Mensch ist nicht der Erfinder seiner Ideale, vielmehr dient er selbst zu deren Ausdruck.

Die reinste Liebe, die der Mensch erfahren kann, die größte Schönheit und höchste Wahrheit, die er erfassen kann, sind nur ein schwacher Abglanz des ursprünglichen Lichtes, dem sie entstammen. Dieses unendliche und ursprüngliche Licht, das der Mensch meist unerkannt in sich trägt, ist zugleich sein göttliches Ziel.

Wenn ein Mensch spirituelle Ideale hat, so sind diese ein Ausdruck seiner Sehnsucht nach dem Unendlichen. Die Natur dieses ersehnten Unendlichen umfaßt alles, was des Menschen größte Werte sind, und noch weitaus mehr. Zuweilen scheint das unendliche Licht stärker und schwächer zu werden, als käme es von einem blinkenden Leuchtturm, der einsamen Schiffen Signale gibt. Doch das Licht wird in Wahrheit nicht stärker und schwächer. Es behält seine eigentliche Natur bei. Es ist der Weg des Menschen, der es ihm zuweilen verdunkelt.

Die menschliche Reise zur Selbsterkenntnis

Der Mensch muß sich auf seinem Wege *bewußt entscheiden*, die Wahrheit zu erkennen. Er hat die vormenschlichen Lebensformen hinter sich gelassen, in denen die Lebensvorgänge automatisch abliefen. Er besitzt nun Verstand und Intelligenz, die es ihm ermöglichen, die Wahrheit über seine Beziehung zum Unendlichen zu erkennen. »Mensch, erkenne dich selbst!«, so lautet von jetzt an seine Aufgabe. Jeder Fortschritt, den er dabei bezüglich Glück und Gesundheit erlangt, hängt vom Wissen um die Möglichkeiten seiner freien Wahl und Entscheidung ab.

Doch wird der Mensch zu den größten Errungenschaften auf geistigem und seelischem Gebiet nur dann vorstoßen, wenn er zunächst die höheren Gesetzmäßigkeiten des Geistes kennenlernt. Die geistigen Voraussetzungen dazu besitzt er bereits. Einige Wagemutige arbeiten schon jetzt mit größtem Erfolg nach diesen Gesetzen, die sich in allen Lebensbereichen heilvoll und positiv auswirken. Denn nur ein Beweis allein zählt für die Wirksamkeit geistiger Gesetze: die erstaunlichen Resultate, welche durch sie hervorgebracht werden.

Etwas Höheres als die bloße menschliche Fähigkeit bringt die Erkenntnis, um die es hier geht, zustande. Der große Entwicklungsstrom des Unendlichen trägt den Menschen seiner Bestimmung entgegen. Dabei erkennt er die tiefe Sinnhaftigkeit seiner Existenz. Der Mensch erfährt sich selbst, seinen Ursprung im Unendlichen und seine fast unglaublichen Fähigkeiten, die er in seiner Eigenschaft als höchster irdischer Ausdruck der allumfassenden Ganzheit besitzt.

Das Unendliche hatte sich auf der Ebene des Felsen, der Pflanze und des Tieres in endliche Formen gegossen. Dies waren lediglich die vorbereitenden Stufen. Wir steuern nun bewußt dem Höhepunkt dieser Entwicklung entgegen, in welcher alle die vorhergehenden Erscheinungen entstehen mußten. Es liegt in unserer eigenen Entscheidung, ob wir zur Erreichung dieses Höhepunktes beitragen und höchste Erkenntnisse erlangen. Niemand wird zum Einschlagen dieses Weges gezwungen. Doch derjenige, der sich zu seinem Gehen entschließt, wird die ungeahnten Möglichkeiten des Gesetzes der Schöpferkraft erfahren, für welches es keinerlei hemmende Grenzen gibt.

Warum wird das Gesetz der Schöpferkraft mit Sicherheit immer wirken, wenn Sie es richtig anwenden?

● Die allumfassende Ganzheit strebt stets nach ausgeglichener Vollkommenheit. Krankheit, Elend und Probleme sind jedoch häßliche Unvollkommenheiten.

● Nur ihre eigenen unvollkommenen Gedanken hindern das Gesetz der Schöpferkraft daran, stets positiv in Ihrem Leben zu wirken.

● Überwinden Sie diese unheilsamen *Wurzel-Gedanken* durch klare und positive *Heil-Gedanken*, die Sie bewußt aufnehmen!

● Dann wird das Gesetz der Schöpferkraft durch Sie wirken, um Sie mit unerschütterlichem inneren Frieden, allumfassendem Glück zu erfüllen.

Zweiter Teil

DIE ANWENDUNG DES GESETZES DER SCHÖPFERKRAFT

Methoden, Übungen und Fallbeispiele

12. Kapitel

Wie man eine heilende Gebetsbetrachtung vornimmt

Jeder, der dieses Buch lesen kann, ist auch in der Lage für sich selbst oder im Gedenken an einen anderen eine heilende Gebetsbetrachtung vorzunehmen. Es gibt diesbezüglich keine Geheimnisse und auch keinerlei komplizierte Methodik.

Erstens: Man muß dabei von der Gewißheit ausgehen, daß diese Gebetsbetrachtung kein Schuß ins Ungewisse ist. Auch versucht hier nicht der schwache Mensch, die Pforten des Himmels zu stürmen. Es geht einfach darum, ein bestimmtes spirituelles Gesetz in einer bestimmten Richtung in Bewegung zu setzen, um eine gleichfalls bestimmte Wirkung zu erlangen. Wenn die Gedanken, die man dem Gesetz der Schöpferkraft übergibt, mit den universellen Harmonien dieses Universums in Einklang stehen, wird das Gesetz diese Gedanken mit Sicherheit aufnehmen. Es wird diese Gedanken auf klaren Wegen zu erlebbaren Tatsachen wandeln.

Zweitens: Derjenige, der die heilende Gebetsbetrachtung vornimmt, wendet sich damit nicht an eine bestimmte Krankheit, ein Organ oder körperliches Gebrechen. In diesem Punkte irren sich viele Anfänger. Sie denken, wir wollen ein schwaches Herz oder ein angegriffenes Nervensystems heilen. Doch diese Krankheiten sind für uns nur Symptome. Die eigentliche Ursache liegt in den Denkgewohnheiten.

Aus diesem Grunde gehen wir bei der heilenden Gebetsbetrachtung nicht auf die Symptome ein, sondern auf die Ursachen, indem wir die *Wurzel-Gedanken*, die für ein bestimmtes Leiden verantwortlich sind, durch positive *Heil-Gedanken* ersetzen. Würden wir nur die Symptome beseitigen oder unterdrücken, wäre nichts gewonnen, denn der entsprechende *Wurzel-Gedanke* könnte neue Wirkungen hervorbringen.

Drittens: Man kann einem anderen auf die beste Weise damit helfen, daß man zunächst *sich selbst* hilft. Wir versuchen auf keinerlei Weise das Denken eines anderen zu beeinflussen oder zu verändern. Wenn wir eine Gebetsbetrachtung im Gedenken an einen anderen vornehmen, dann darum, um uns selbst zum Bewußtsein zu bringen, daß der Kranke oder der niedergeschlagene Mensch das Leben von einem irrigen Standpunkt betrachtet und daß zunächst wir uns nun über die wahre Sachlage klarwerden.

Wir müssen einen universellen Standort einnehmen

Die Entwicklung der Ganzheit dieses Universums verläuft nach einem klaren Plan, der auf immer größere Vollkommenheit gerichtet ist, die sich auf menschlicher Ebene in rechtem Handeln und reibungslosem Ablauf der körperlichen Funktionen zeigt. Ein Mensch, der diesbezüglich einen Fehler begeht, nimmt einen gegenteiligen Standpunkt ein. Dieser wirkt sich in einer Krankheit oder sonstigen Schwierigkeiten aus. Doch die Tendenz des Universums bleibt weiterhin auf die Vollkommenheit gerichtet; nur dieser eine Mensch hegt den widersprechenden Gedanken.

In dieser Weise handeln auch wir stets vor dem Hintergrund unzutreffender Lebenshaltungen. Doch unsere Vernunft sagt uns, daß Krankheit aus einer falschen Sichtweise resultieren muß, während die Tendenzen dieses unendlichen Universums stets auf Gesundheit und das Rechte gerichtet sind. Darum entschließen wir uns dazu, uns ganz auf die Seite des Gesunden und Rechten zu stellen. Wenn wir eine Gebetsbetrachtung für einen anderen Menschen, der leidet, vornehmen, dann nehmen wir damit an seiner Stelle und für ihn den universellen Standort ein.

Wir bewegen in uns die göttlichen Gedanken, die dem Leidenden zum Durchbruch verhelfen könnten, indem wir uns selbst all des Positiven und Wunderbaren dieses Universums versichern.

Wenn ich Gebetsbetrachtungen für einen anderen Menschen vornehme, vergegenwärtige ich mir zunächst einige philosophische Gedanken, wie sie auch im vorliegenden Buch angeklungen sind. Ich sage mir, daß das Bewußtsein jenes Menschen Teil der allumfassenden Ganzheit ist; daß in dieser harmonischen Ganzheit nur vollkommene und fehlerfreie Gesetze und Tendenzen wirken; daß ich in diesem Augenblick ein Werkzeug der Vollkommenheit bin; und daß mein bewußtes Denken an diese Vollkommenheit nun dem Gesetz der Schöpferkraft übergeben wird, das es in erlebbare Tatsachen wandelt.

Es ist möglich, meine Überzeugung dabei zu unterstützen, indem ich an scheinbar aussichtslose Fälle denke, deren Heilung durch spirituelle Methoden ich erlebte oder von denen ich hörte und las. Wenn ich feststellen kann, welcher *Wurzel-Gedanke* zu der entsprechenden leidhaften Situation führte, versuche ich dessen Gegenteil in meinem Inneren zu bewegen. Ich rufe dazu alles das in mir wach, was meinen Glauben an den *Heil-Gedanken* stärkt, der jenem *Wurzel-Gedanken* entgegengesetzt ist.

Beim Beten ist der Leidende nicht direkt anzureden

Wenn ich meine Gebetsbetrachtungen für andere Menschen in Worte fasse, spreche ich vom anderen immer in der dritten Person. Ich rede *über* jenen Menschen, nicht aber *zu* ihm. Der Gebrauch des Wortes »Du« würde den Anschein erwecken, ich wollte den Leidenden zum Ändern seiner Gedanken nötigen. Auch birgt diese Anrede die Gefahr eines hypnotischen Effektes. Wenn ich jedoch das Wort »Er« oder »Sie« verwende, zeigt dies deutlicher mein Bestreben, *mich selbst* davon zu überzeugen, daß jener Mensch in falsche Ansichten verstrickt ist. Wenn der Punkt erreicht ist, an dem sich in mir ein klares Bild der Wahrheit jenen Menschen betreffend geformt hat, übergebe ich es dem Gesetz der Schöpferkraft.

Ich stelle mir dabei den Menschen, für den ich bete, möglichst lebhaft vor. Ich gebrauche im Text der Gebetsbetrachtung seinen Namen, indem ich etwa so beginne: »Diese Worte spreche ich für John

Smith, er wohnt am Broadway 1111 in New York.« Ich habe dies als sehr wirksam empfunden. Nicht, daß es nötig wäre, den Wohnort von Herrn Smith der Unendlichkeit zu beschreiben; dieses Vorgehen hilft der Konzentration meiner eigenen Gedanken.

Schließlich entlasse ich die Gebetsbetrachtung vollständig und ohne Vorbehalte aus meinem Bewußtsein und übergebe sie der Unendlichkeit. Ich versuche nicht, dem Gesetz der Schöpferkraft beim Hervorbringen seiner Wirkungen zu helfen. Ich versuche in dieser Angelegenheit nichts zu erzwingen oder zu erkämpfen. Ich weiß, dies wäre ebenso unmöglich, wie einem Planeten bei seiner Umdrehung zu helfen. Mein innerer Kampf wäre unmöglich eine Hilfe; im Gegenteil: Die dadurch entstehenden Spannungen wären dem Entfalten der notwendigen Harmonie eher hinderlich.

Das Denken ist einziges Hilfsmittel!

Wir legen beim Leidenden nicht die Hände auf, wie es ein Anhänger des Magnetismus tun würde. Unser einziges Hilfsmittel ist das spirituelle Denken.

Selbstverständlich soll ein Kranker oder leidender Mensch auch alle wissenschaftlichen Möglichkeiten der Medizin oder Psychotherapie in Anspruch nehmen. Nach meiner Ansicht ist das spirituelle Heilen den Methoden der Ärzte nicht entgegengesetzt. Beide Wege ergänzen einander bei der Hilfe für einen Kranken. Während die Medizin die körperlichen Schwierigkeiten ausräumt, versucht unsere spirituelle Methode, jenes negative Denken aufzulösen, welches die entsprechenden Krankheiten verursacht hat und in der Zukunft weiter verursachen würde.

In früheren Jahren bat ich Ratsuchende zuweilen, das Beten ganz mir zu überlassen. Damit meinte ich, sie selbst sollten während jener Tage und Wochen, in denen ich heilende Gebetsbetrachtungen für sie vornahm, selbst nichts in dieser Richtung unternehmen. Der Grund dafür lag darin, daß ein Mensch manchmal so von seinen Problemen besessen ist, daß sie gleich sein ganzes Bewußtsein blockieren, wenn er nur an sie denkt. Ich empfahl jenen Menschen, einfach leise zu sprechen: »Ich öffne mich weit für die Gebetsbetrachtungen von Frederick Bailes. Ich freue mich auf jede ihrer Wirkungen.« Sobald sie geheilt waren, sagte ich jenen Menschen: »Nun müssen Sie selbst weitermachen. Die gleiche Macht, die Sie heilte, ist bereit, Sie bei bester Gesundheit zu halten.«

Bitten Sie nicht! Sprechen Sie einfach die Wahrheit aus!

Wenn ich für jemanden bete, bitte ich *nicht* darum, daß jener Mensch geheilt werden möge. Ich spreche die Wahrheit seiner Vollkommenheit aus. Zuweilen benutze ich zur Unterstützung dieses Vollzuges bestimmte innere Vorstellungsbilder, die im folgenden Kapitel beschrieben werden. Sehr sinnvoll finde ich es, die Worte der Gebetsbetrachtung leise zu flüstern. Dies hilft bei der Konzentration, denn es hält die Gedanken davor ab, sich zu zerstreuen.

Einst erzählte mir ein Geschäftsmann von seiner Schwester. Diese hatte einen Kropf, was mit einer Überfunktion der Schilddrüse zusammenhing. Ihr Leiden war von Herzklopfen und nervösen Zuckungen begleitet.

Zweifellos »hatte« seine Schwester die beschriebene Krankheit. Ihr Herzschlag war schnell, ihre Augen traten hervor und die Hände zitterten in einer für dieses Leiden typischen Weise. Doch den gleichen raschen Herzschlag, zitternde Hände und ein Erbleichen findet man bei erschreckten Menschen, die an einem Unfall beteiligt waren, wobei es jedoch in jenen Fällen bald wieder abklingt, wenn der erste Schock vorbei ist. Der Geschäftsmann stellte sich nun vor, auch seine Schwester zeige diese Anzeichen nur in Folge eines Unfalles, und bald würden sie wieder abklingen. Folgende Gebetsbetrachtung sollte sodann zur vollständigen Genesung der Frau führen:

»Ich weiß, daß die Worte, die ich nun für Frau Jane Schwelling, wohnhaft am Broadway 1111 in New York, sprechen werde, nicht unnötig gesagt sein werden. Sie werden ihren Zweck erfüllen. Frau Schwelling ist ein vollkommener Ausdruck des unendlichen Planes,

hervorgebracht als ein einzigartiger Ausdruck der allumfassenden Ganzheit. Ihr Bewußtsein entstammt dem allumfassenden Bewußtsein, in welchem es Stille, Beständigkeit und Sicherheit gibt. Ihr Körper ist geformt aus spiritueller Stofflichkeit, welche in diesem Augenblick ihre gegenwärtigen Denkgewohnheiten offenbart.

Das allumfassende Bewußtsein kennt keinerlei Überfunktionen. Stets setzt es nur soviel Kraft ein, um alle Bewegungen vollkommen auszuführen. Niemals besteht für es die Notwendigkeit einer Überfunktion. Seine Bewegungen sind der Auszuführenden stets auf natürliche Art angemessen. Selbstverständlich, leicht und ohne Anstrengung laufen sämtliche Tätigkeiten ab. Dies geschieht auch in diesem Augenblick in jeder Körperzelle von Frau Schwelling. Jeder Teil ihres Körpers erkennt dies und verhält sich entsprechend.

In diesem Augenblick kennt Frau Schwelling keinerlei Selbstmitleid mehr. Sie erkennt, daß sie die Welt in einer Weise wahrnimmt, die ihrem Denken entspricht. Sie erkennt alle Menschen jetzt als Teile der universellen Ganzheit. Sie fürchtet sich vor nichts und niemandem. Sie erhebt sich über negative Eigenschaften wie Neid und Ängstlichkeit, um sich vollkommen dem heilsamen Einfluß des Gesetzes der Schöpferkraft zu öffnen. Ihre Augen sind nun auf die Wahrheit gerichtet. Die Wahrheit wird sich ihr enthüllen.

Die Kraft des Gesetzes der Schöpferkraft wirkt nun in ihrem Körper, ob sie es empfindet oder nicht. Sie löst alles auf, was nicht von vollkommener Natur ist, und läßt jene Dinge heranreifen, die den universellen Harmonien entsprechen.

Keinerlei Hindernisse hemmen den Fluß dieser spirituellen Kraft im Denken von Frau Schwelling. Ihr ganzes Bewußtsein von der Oberfläche bis in die tiefsten Schichten wird von der spirituellen Kraft durchdrungen. Ihr dadurch harmonisiertes Denken wirkt sich in jeder Nervenzelle des gesamten Körpers aus. Das Gesetz der Schöpferkraft wird ihr zu rechtem Handeln verhelfen.

Schon bevor ich die Resultate dieser Gebetsbetrachtung erkennen darf, empfinde ich Dankbarkeit dafür. Möge das Gesetz der Schöpferkraft, dem ich diese Gedanken übergebe, sie für Frau Schwelling und mich erlebbare Wirklichkeit werden lassen. Möge Frau Schwel-

lings Denken geheilt werden, damit auch ihr Körper Heilung findet. So sei es.«

Man wird bemerkt haben, daß dieses Gebet keine Bitte um Heilung enthält und auch keinerlei Gelübde zur Umkehr oder Besserung einschließt. Eine Gebetsbetrachtung in meinem Sinne besteht aus der bestimmten Feststellung von Grundwahrheiten über eine Persönlichkeit, die vom Standpunkte der Ganzheit zutreffen. Die eigentlichen Leiden und Krankheiten werden dabei nicht direkt angesprochen, sondern nur durch den jeweiligen Heil-Gedanken, der ihnen entgegengesetzt ist.

Praktische Beispiele

Nachfolgend finden Sie einige praktische Beispiele, die zeigen sollen, wie man ganz einfach die Wahrheit aussprechen kann. Auf vielfachen Wunsch wähle ich dabei besonders kurze Aussagen, die je nach persönlichen Erfordernissen erweitert werden können.

Wenn es sich um eine ernsthafte Krankheit handelt, werde ich etwa folgende Worte sprechen:

»Möge unendliche Liebe das Bewußtsein dieses Menschen erfüllen. Möge unendliche Liebe seinen Körper durchfluten. Heilende Harmonie findet sich in vollkommener Weise in jeder Körperzelle.«

Für jemanden, der sich einer Operation unterziehen muß:

»Mögen die Harmonien und das vollkommene Tun der universellen Ganzheit durch den Arzt und durch jedermann, der diesen Menschen berührt, fließen.«

Für den Alkoholiker:

»Möge das unendliche Licht, das diesem Universum leuchtet, das Bewußtsein dieses Menschen vollkommen durchdringen. Möge er zu wahrer Selbstverwirklichung gelangen und das Leben ohne künstliche Reize meistern.«

Bei geschäftlichen Schwierigkeiten:

»Das niemals versagende Gesetz der Schöpferkraft ist auch ein

Gesetz des Zugewinns. Möge es diesem Menschen den gewünschten Erfolg schenken.«
Bei der Stellensuche unterstützen folgende Gedanken:
»Dieser Mensch ist ein untrennbarer Teil der allumfassenden Ganzheit. Möge sich dies auch darin erweisen, daß er stets bei angemessenem Lohn in harmonischer Umgebung tätig sein kann.«
Für denjenigen, der gerade die Nachricht erhielt, daß »endgültig« etwas Entsetzliches eingetreten sei, spreche man folgende Worte:
»Das unendliche Leben kennt nicht die Gegensätze ›schwer‹ oder ›leicht‹, ›groß‹ oder ›klein‹, ›endgültig‹ oder ›umkehrbar‹. Möge dieses grenzenlose Leben der Unendlichkeit nun zur hauptsächlichen Erfahrung dieses Menschen werden. Ohne Hindernisse durchdringt ihn jene Erfahrung und macht ihn zu einem vollkommenen Ausdruck des Lebens und der Ganzheit.«

Wie lautet die universelle Wahrheit über uns?

An dieser Stelle bedarf es einer Erklärung über die menschlichen Vorstellungen von einer Person und deren tatsächliche Wirklichkeit. Der Mensch beschäftigt sich normalerweise mit der äußeren Erscheinung eines anderen Menschen, wobei dessen wirkliches Sein nicht zur Betrachtung kommt. Bei der Gebetsbetrachtung nehmen wir nun einen Standpunkt ein, der uns über die äußeren Erscheinungen hinaus zur eigentlichen Wirklichkeit führt.

Normalerweise sehen wir uns und unsere Mitmenschen durch die verzerrende Brille unseres noch wenig entwickelten Menschseins. Fälschlich nehmen wir dann an, daß das, was wir sehen, auch der Wahrheit entspricht: jener Mensch ist krank, arm und unglücklich. Doch vielleicht ist dies nicht der Weisheit letzter Schluß.

Wie uns der Augenschein lehrt, scheint ein Felsblock etwas zu sein, das unzerstörbar ist. Doch wir alle wissen, daß es Mittel und Methoden gibt, diesen Felsen zu zerstören, auch wenn es manchmal schwer vorstellbar erscheint. Kann es nicht sein, daß auch der Mensch ganz anders erscheint, als er in Wahrheit ist?

Kann es nicht sein, daß uns der Mensch aus einem anderen Blickwinkel betrachtet als völlig neuartiges Wesen erschiene? Was alles könnte sich im Innersten völlig anders darstellen, als es der Augenschein nach oberflächlicher Betrachtung erkennen läßt!

Da können sich die Krankheiten des Menschen als lediglich verzerrte Schatten erweisen, welche durch ebenso verzerrte Denkgewohnheiten als dauerhafte Leiden wahrgenommen werden. Obwohl sie dem Menschen als wirklich und leidhaft erscheinen, könnte er sich doch durch Erkenntnis ihrer wahren Natur vollends auflösen.

Wir müssen daran denken, daß die spirituelle Natur des Menschen bislang noch ein unentdeckter schwarzer Kontinent ist. Ein Mensch, der im fünfzehnten Jahrhundert im Herzen Afrikas wohnte, hätte sich vermutlich niemals träumen lassen, daß es weite Ozeane und ferne Kontinente gibt. Er hätte denjenigen sicherlich ausgelacht, der ihm von Menschen mit weißer Haut und blauen Augen erzählen wollte.

Sein zeit- und ortsgebundenes Erkenntnisvermögen hätte ihm gesagt, daß er *wisse*, was ein Mensch ist. Er hatte Tausende gesehen, Neugeborene und Alte, Frauen und Männer. Doch niemals war darunter einer mit blauen Augen und weißer Haut. Seine Antwort wäre sicher gewesen: »Wenn du sagst, es gibt Millionen solcher Menschen, dann bist du verrückt. Das widerspricht dem gesunden Menschenverstand.« Zwar bestanden die Tatsachen, doch jener Afrikaner kannte sie nicht,

Viele philosophische und theologische Ansätze basieren auf einer ähnlichen Unkenntnis des Menschen. Da erzählt man dem Menschen, er wäre in Schuld geboren und zur Sünde verdammt. Man behauptet, daß er vollkommen geschaffen wäre, jedoch aus innerer Schwäche gefallen, wodurch er sich Gottes Ungnade zugezogen habe. Es wird behauptet, Krankheiten wären göttliche Strafen für menschliche Vergehen oder etwas, was man aus Gründen des Reifens erleiden muß.

Solange man jedoch an derartigen Ansichten festhält, wird jede Erkenntnis über die wahre Ursache einer Krankheit unmöglich sein. Wenn man glaubt, der angenommene Unwille eines Gottes hätte uns mit einer schrecklichen Krankheit belegt, wieso sollte man dann noch seine eigenen Denkgewohnheiten erforschen?

Der Mensch ist ein Ausdruck göttlicher Ganzheit

Nach meinen Erkenntnissen ist es die Bestimmung des Menschen, durch seine Persönlichkeit, seinen Körper und alle seine Erfahrungen auf der irdischen Ebene die göttliche Ganzheit auszudrücken. Der Weg zur Erkenntnis dieser Bestimmung liegt in ihm: ebenso das Vermögen, diesen Weg zu gehen. Wenn meine diesbezüglichen Erkenntnisse der Wahrheit entsprechen, kann der Mensch von *allen* negativen Beschränkungen frei werden, seien sie körperlicher, wirtschaftlicher oder gesellschaftlicher Natur.

Spirituelle Heilung wäre unmöglich, wenn meine Erkenntnisse und die daraus folgenden Theorien völlig falsch wären. Der Mensch könnte sich dann zwar durch äußere Hilfsmittel und innere Anstrengung von quälenden Krankheitssymptomen mehr oder weniger befreien. Doch es gäbe keine vollkommene und andauernde Heilung, wie sie mittlerweile von ungezählten Menschen durch spirituelle Methoden erlangt wurde.

Es ist nicht einfach, einem Menschen die spirituelle Heilung hilfreich nahezubringen, wenn er die grundsätzlichen Prinzipien, auf denen sie beruht, nicht verstanden hat. Er meint dann, es ginge bei meinen Methoden um eine Art »Wunderheilung«, oder sie glauben, es wäre eine besondere »Gabe« im Spiel. Doch beides ist nicht der Fall. Hat man jedoch die Prinzipien des Wirkens des Gesetzes der Schöpferkraft einmal begriffen, erleichtert man diesem sein heilsames Wirken. Nicht umsonst heißt es: »Ihr sollt die Wahrheit kennen, und die Wahrheit wird euch frei machen.«

Machen Sie sich keine Gedanken, wie es geschehen wird!

Wenn man Gebetsbetrachtungen im Sinne der hier vorgestellten Methode üben möchte, ist es wichtig, *sich innerlich direkt das angestrebte Ziel als schon erreicht vorzustellen. Man braucht sich keine Gedanken darüber zu machen, durch welche Mittel und Wege das Gesetz diese Wirkung hervorbringt.* Man sollte sich selbst von derartigem Fragen und Grübeln freihalten.

Bei einer Gebetsbetrachtung lassen wir die gesamte Außenwelt weit hinter uns. Wir treten in ein schweigendes Zwiegespräch mit dem allumfassenden Bewußtsein, sprechen dann unsere positiven Gedanken für den Kranken oder Leidenden aus und schließen mit dem Gedanken:

»Das allumfassende Bewußtsein kennt tausend Möglichkeiten, von denen ich nichts weiß, wie das hier Ausgesprochene zur Wirklichkeit werden kann. Ich werde das Wirken des Gesetzes der Schöpferkraft nicht auf die Vorstellungen einengen, die ich mir augenblicklich denken kann. Möge es auf die angemessene Weise geschehen.«

Wir schwächen die Wirkungsmöglichkeiten des Gesetzes, wenn wir durch angestrengtes Beobachten und gedankliches Spekulieren herausfinden wollen, auf welche Weise das Erwünschte eintreten wird. Wir sollen einfach offen sein, um dann dankbar die Erfüllung zu erkennen, aus welcher Richtung sie auch immer kommen mag. Wenn wir unsere Vorstellungen zu eng gestalten, engen wir auch die Wirkungsmöglichkeiten des Gesetzes ein.

Der Mensch braucht bei dieser Methode lediglich einen vollkommenen Gedanken zu *formulieren*, um diesen dann dem Gesetz der Schöpferkraft zu *übergeben. Dann soll man nicht weiter daran denken.* Das soll nicht bedeuten, daß man sich künftig nachlässig oder unvernünftig verhalten kann! Man muß sich im täglichen Leben und besonders beim Lösen anstehender Probleme bemühen. Doch wir betrachten dieses Bemühen wie den Dünger, den wir einem Apfelbaum geben, von dem wir uns gute Früchte erwarten. Der Dünger ist unsere Zutat. Der Fluß des schöpferischen, lebendigen Lebens aus der Erde bringt dann die tatsächlichen Früchte hervor.

Lassen Sie sich nicht von »Aussichtslosigkeiten« entmutigen

Ebensowenig wie über die Art und Weise, in der die Lösung oder Heilung zu uns kommt, sollten wir uns über den scheinbaren Fortgang der leidvollen Situation übermäßige Gedanken machen. Selbst wenn ein berühmter Arzt uns sagen sollte, daß er nach medizinischem Ermessen nichts mehr für uns tun kann und unser Fall aussichtslos wäre, sollten wir uns dadurch nicht zur Hoffnungslosigkeit hinreißen lassen. Was der Arzt sagt, mag für die Möglichkeiten seiner ärztlichen Kunst zutreffen. Doch wenn wir uns dadurch selbst aufgeben, verhindern wir auch das Wirken der spirituellen Gesetze in uns, die uns auf ungeahnte Weise Hilfe und Heilung bringen könnten.

Wenn wir eine Nachricht von »Aussichtslosigkeiten« erhalten, dann sollten wir etwas tiefer über das entsprechende Problem nachdenken. Wir sollten uns sagen, daß vielleicht nach menschlichem Ermessen und Vermögen die Lage aussichtslos ist. Jedoch gibt es Kräfte, die unsere menschlichen übersteigen. Wir denken an das Gesetz der Schöpferkraft und sagen uns, daß Tausende Menschen durch dieses unermeßliche Gesetz Heilung und Lösung ihrer Schwierigkeiten gefunden haben, nachdem sie ihren falschen Glauben aufgaben. Diese Tatsache können wir uns in den »aussichtslosesten« Situationen vor Augen halten.

Wir mögen vielleicht nicht wissen, *wie* das Gesetz wirken kann. Vielleicht sind tatsächlich lebenswichtige Funktionen durch eine Erkrankung gestört. Aber wir wissen, daß die unendliche Schöpferkraft alle Hindernisse überwinden kann, um alles Zerstörte auf neue Art aufzubauen. Auch wenn wir nicht wissen, auf welche Weise eine Rettung kommt, müssen wir sicher sein, daß immer eine Rettung möglich ist.

Einer meiner Mitarbeiter berichtete mir kürzlich von einer ungebildeten Arbeiterin, die große Erfolge hat, wenn sie mit Kranken betet. Er fragte sie: »*Was* tun Sie, wenn Sie für andere Menschen derartige Gebetsbetrachtungen vornehmen?«

Ihre Antwort: »Nun, meine Freunde kommen, um mir zu sagen, was ihnen fehlt. Das besteht dann meist aus einer langen Liste fremdartiger Namen, die ihnen der Arzt gesagt hat. Ich kenne diese Krankheiten alle nicht. Also sage ich zu Gott: ›O Herr, ich weiß zwar nicht, was diesem Menschen fehlt, aber Du mußt es wissen. Ich weiß nur, daß jeder, der nach Deinem Bild geschaffen ist, in Ordnung sein muß. Also kümmere Dich bitte um ihn! Jetzt bist Du am Ball!‹«

Vielleicht hält das nicht jedermann für die angemessene Sprache. Doch die Gebete jener Frau haben zu Hunderten Heilungen geführt, viele davon geschehen bei sogenannten »unheilbaren« Fällen. Diese einfache Frau muß eine hohe spirituelle Verwirklichung aufweisen. Sie überläßt ihr Anliegen jeweils voller Vertrauen dem Gesetz der Schöpferkraft. Im Verlaufe der Geschichte gab es immer wieder einfache Menschen, die äußerlich wenig Bildung besaßen, im Inneren jedoch ein Bewußtsein höchster Harmonie mit dem Universellen trugen.

Solche Beispiele zeigen uns, wie man seinen Blick stets von der Oberfläche der Erscheinungen zu den verborgeneren Wahrheiten wenden sollte. Auf diese Tatsache wurde auch von Jesus wiederholt hingewiesen. Stets machte er die Menschen darauf aufmerksam, zunächst das Wesentliche zu erkennen und zu verwirklichen. So auch, als er riet, *zuerst* das Gottesreich zu verwirklichen, um *dann* auch alles weitere zu empfangen. Dies ist die göttliche Ordnung der Dinge.

Wie lange sollte eine Gebetsbetrachtung sein?

Zuweilen werde ich gefragt, wie lange eine Gebetsbetrachtung sein soll. Die Antwort darauf hängt davon ab, wie lange der Betende braucht, um sich selbst über alle inneren Zweifel zu erheben. Er muß zunächst so lange an sich arbeiten, bis er sicher sein kann, daß die Worte, die er nun spricht, mit voller Überzeugung vorgetragen werden. Manchmal kann das in wenigen Sekunden verwirklicht werden; andere Male wird man eine halbe Stunde brauchen, bis man diese innere Sicherheit spürt. Doch er *muß unbedingt* jenen Punkt erreichen, an dem es in seinem Denken nicht den leisesten Zweifel an der Redlichkeit seiner Worte gibt. Ist dieser Punkt erreicht, sollte man sagen: »Ich habe nun in dieser Angelegenheit das vollkommenste mir mögliche Bild verwirklicht. Dieses übergebe ich nun dem Gesetz der Schöpferkraft, damit es erfahrbare Wirklichkeit werden möge.«

Folgendermaßen können wir diesen erhabenen Punkt in unserem Bewußtsein verwirklichen: Zuerst sollten wir uns vollkommen entspannen. Dann bauen wir eine Atmosphäre unerschütterlichen inneren Friedens auf. Vielleicht können dabei die folgenden Worte helfen: »Ich bin Ausdruck und Abbild des unermeßlichen Seins. Ein Teilchen, in dem sich doch das Ganze offenbart. Der tiefe Frieden, der die Natur des Unermeßlichen ist, wohnt darum auch in meinem Herzen und ist das Wesen meines Daseins. Nichts vermag diesen Frieden zu stören.«

Wir unterstützen unser Vertrauen, indem wir uns an Beispiele unserer Kenntnis erinnern, bei welchen es zu spirituellen Heilungen oder Problemlösungen kam. Wir halten uns diese durch inneres Erwägen vor Augen und vergegenwärtigen uns dann wieder des unermeßlichen Friedens, in dem wir geborgen sind: »Was immer auch die Ursachen jener Leiden sein mögen, sie besitzen keine dauerhafte Wirklichkeit in der wahren Natur des Seins. Mein Wesen ist geborgen im Frieden des Unermeßlichen wie das Kind in den Armen der liebenden Mutter. Vollkommen umfangen mich der Frieden und die Stille des Unermeßlichen.«

Wie oft sollte man eine Gebetsbetrachtung vornehmen?

Auf diese Frage kann geantwortet werden, daß ein- bis zweimal am Tag vollkommen ausreicht. Die Heilung oder Problemlösung ist keine Frage der Quantität und ein ungeduldiges, ständiges Beten wäre keinesfalls angebracht. Die einzige unverzichtbare Notwendigkeit besteht in unserem Freisein von allen inneren Zweifeln, während wir die Betrachtung vornehmen.

Wenn man in kurzen Abständen jeden Tag immer wieder die Gebetsbetrachtung vornimmt, beweist dies eigentlich einen Mangel. Man hat sein Anliegen nicht völlig an das Gesetz der Schöpferkraft *übergeben*. Wenn die Betrachtung vollendet ist, denke man: »Nun ist es vollbracht. Es ist jetzt nicht mehr in meinen Händen, sondern wird von den universellen Gesetzmäßigkeiten besorgt.« Wer dies kann, beweist wahren Glauben. Taucht das Problem dann während des Tages unerwartet im Bewußtsein auf, so beginne man nicht zu grübeln, sondern spreche leise die Worte: »Ich bin glücklich, daß das Gesetz wirkt.« Darauf fahre man mit seiner normalen Tätigkeit fort.

Man sollte sich niemals für eine Heilung oder eine angestrebte Problemlösung verantwortlich fühlen. Alles, was man zu tun hat, ist einem möglichst vollkommenen inneren Bilde durch Worte Ausdruck zu verleihen. Wenn man sich jedoch bei der Gebetsbetrachtung für eventuelle Ergebnisse oder deren Ausbleiben verantwortlich fühlt, gerät man unter inneren Druck. Doch unter Druck kann eine Gebetsbetrachtung niemals wirksam werden. Sie ist dann eher ein Ausdruck der Furcht als ein Ausdruck des Vertrauens. Man möge daran denken, daß etwas Höheres als man selbst nun wirkt.

Dennoch besitzen wir eine wesentliche Verantwortlichkeit. Diese besteht darin, unsere Gebetsbetrachtungen nach bestem Vermögen so vorzunehmen, daß alle Zweifel und negativen Gedanken dabei ausgeschlossen werden. Dann können sich schlimmste Situationen ganz plötzlich in höchst erwünschte verwandeln. Darum sollte man sich als Anfänger in dieser Methodik bemühen, furchterregende Bedingungen zu *durchschauen* und nicht andauernd *anzuschauen*.

Nicht immer zeigen sich sofort Erfolge. In manchen Fällen muß man Wochen und Monate die Gebetsbetrachtungen wiederholen, bis das Erwünschte vollendet ist. Doch darf man davon ausgehen, daß erste Erfolge schon nach kurzer Zeit fühlbar werden. Allerdings muß man so lange mit den Betrachtungen fortfahren, bis das Erwünschte vollkommen eingetreten ist.

An dieser Stelle muß etwas Grundsätzliches klar gesagt werden: Man denkt vielleicht, daß man über eine bestimmte Zeitperiode täglich die Gebetsbetrachtungen vornehmen soll, die sich dann mehr und mehr verstärken. Doch wir sollten in einem ganz anderen Bewußtsein üben! Wir sollten jeden Tag unsere Betrachtungen so vornehmen, als hätten wir niemals zuvor etwas Derartiges getan. Jede Gebetsbetrachtung muß eine neue, in sich abgeschlossene Handlung sein.

Würde man im Bewußtsein üben, daß noch eine ganze *Serie* von Gebetsbetrachtungen zu diesem Thema bevorstehen, dann könnte sich die Gefahr einschleichen, daß man sich insgeheim auf eine erst zukünftige Wirkung verläßt. Doch Millionen Menschen sind durch nur *eine* Gebetsbetrachtung geheilt worden. Heilung oder Problemlösung ist nicht ein Werk, das allmählich vollendet wird, es ist eine plötzliche

Offenbarung. Es ist das Erwachen eines Menschen von seinem alptraumartigen Leben. Es ist etwas Unmittelbares; tatsächlich sollte man sich auch stets auf die Erwartung eines unmittelbaren Geschehens einstellen.

Nur die Gedanken müssen geheilt werden

Eigentlich müßte letztlich nur unser falsches Denken und der falsche Glauben geheilt werden. Dies könnte mit der Geschwindigkeit eines Augenzwinkerns geschehen. Sobald dies getan ist, beginnt sich auch die materielle Wirklichkeit zu wandeln. Einige äußerliche Zeichen unseres alten Denkens mögen dann noch auftreten. Doch sie verschwinden allmählich, wenn sich erst unsere Grundhaltung geändert hat. Aus diesem Grunde setzen wiederholte Gebetsbetrachtungen lediglich das fort, was ohnehin schon begonnen hat.

Langjährige Erfahrungen haben mir gezeigt, wie sich bestimmte Gebetsbetrachtungen durch wiederholten Gebrauch quasi aufladen. Woran dies letztlich liegt, habe ich noch nicht herausgefunden. Es scheint wie bei einem Kind zu sein, das einen Kreisel führt. Zuerst wird der Kreisel einmal fest zum Drehen gebracht. Dann, regelmäßig geschlagen, dreht er sich schneller und schneller.

Vielleicht gibt es auch eine andere Erklärung dafür: Jener Mensch, der die Gebetsbetrachtung vornimmt, mengt in seine diesbezüglichen Erwägungen immer wieder unbewußte negative Gedanken. Doch allmählich nehmen diese ab, und schließlich wird die eine entscheidende Betrachtung vorgenommen, die dann zum Erfolg führt. Es ist so, wie ein Samenfaden unter Millionen schließlich eine Eizelle befruchtet und den Vorgang der körperlichen Fortpflanzung einleitet. Das eine entscheidende Gebet setzt den schöpferischen Prozeß des Gesetzes in Gang.

Doch was immer auch der Grund sei, man soll mit dem Üben so lange fortfahren, bis der Erfolg sich einstellt.

Schwächt persönliche »Unwürde« die Wirkung?

Man sollte sich nicht deswegen von einer Gebetsbetrachtung für einen anderen abhalten lassen, weil man sich selbst für unwürdig oder in irgendeinem Sinne schuldig hält. Je bewußter ein Mensch wird, um so klarer stehen ihm auch seine Mängel vor Augen.

Tatsächlich wird kein Mensch jemals »gut genug« sein. Würden Heilungen und Problemlösungen von der Heiligkeit des Übenden abhängen, dann würde es wohl keinerlei Heilung geben. Selbst der Mensch, der sich absolut unwürdig fühlt, sollte den Mut zur Gebetsbetrachtung finden. Gerade durch unvollkommene Kanäle manifestiert sich die Vollkommenheit häufig. Dies soll uns nicht davon abhalten, nach einem Leben auf den höchsten Ebenen zu streben, doch es kann uns vor einer überbewußten Selbstminderung zurückhalten.

Es kann nicht oft genug betont werden, daß es *die Wahrheit* ist, die letztlich heilt. Die Wahrheit kann jedoch auch durch irrende Kanäle fließen. Wenn man sich oder anderen wirklich helfen will, ist dies die erste Voraussetzung. Sodann sollte man verstehen, auf welche Weise die gesprochene Wahrheit durch das Gesetz der Schöpferkraft wirkt. Jene Wirkung hat nichts mit unserer eigenen Verwirklichung oder Fortschritten zu tun; sie ist überindividuell.

Wie man sich der Kraft versichert

Verschiedene Menschen mögen sich auf unterschiedliche Weise der Kraft des Gesetzes der Schöpferkraft versichern. Vielleicht darf man sagen, daß alles, was die heilende Kraft wirksam macht, eine gute und erlaubte Methode ist.

Vielleicht geschieht es durch den Anblick der sinkenden Sonne oder einer erblühenden Blume. Vielleicht ist es das Erleben des Friedens der Ebbe am Strand, das Beobachten des Sternenhimmels, die Bewunderung des sicheren und anmutigen Fluges eines Vogels. Vielleicht hören wir das Lied der Feldlerche und sehen, wie die Mutter ihre Jungen füttert.

All dies sind harmonische Ausdrucksformen der allumfassenden Ganzheit. Durch sie können wir etwas von der eigentlichen Natur des Seins erfahren. Wir können beginnen, die hier wirkenden harmonischen Gesetze auch auf unser Leben zu beziehen. Wenn wir daran denken, daß die Erde ein Gewicht von 6 594 126 820 000 000 000 000 Tonnen hat und dennoch mit Leichtigkeit ihre Bahn zieht, ahnen wir etwas von der großen kosmischen Kraft, mit der wir es zu tun haben.

Die gleiche Kraft, die das Universum regiert, wirkt auch in unserem Körper und unseren täglichen Angelegenheiten. Unser Zutrauen wird heilsam anwachsen, wenn wir uns klarmachen, daß in unseren Bemühungen jene unermeßliche Kraft wirkt, die leicht und ohne Anstrengung, Zwang oder Druck arbeitet. Diese Kraft hat keinen materiellen Ursprung. Sie ist nur geistig zu erklären und hat ihren Sitz im allumfassenden Bewußtsein.

Uns selbst wird diese Kraft in jenem Ausmaß zuteil, in dem wir uns durch unser Vertrauen für sie öffnen können. Je weniger Angst wir haben, um so gewaltiger wird die Kraft sein. Je weniger wir uns anstrengen und zwingen wollen, um so mehr Kraft kann freigesetzt werden. Je weniger wir uns vor bestimmten Bedingungen fürchten, desto mehr spirituelle Energie wird uns zuteil.

Ich kenne einen Fall von Krebs, der geheilt wurde, nachdem die Patientin sagte: »Wenn ich einen Pickel auf der Nase habe, weiß ich, daß er nach ein paar Tagen verschwindet. Darum mache ich mir deswegen keine Sorgen. Das Ding an meiner Brust betrachte ich wie einen Pickel auf der Nase. Es wird verschwinden.«

Diese einfache Frau wußte nicht, daß ein großer medizinischer Unterschied zwischen einem Pickel und einem Krebsgeschwür besteht. Doch ihre »Logik« nahm ihr die Angst, worauf der Heilungsprozeß durch das Gesetz der Schöpferkraft und seine Möglichkeiten eingeleitet werden konnte. Würde ein anderer Mensch den Satz jener Frau ohne ihre innere Sicherheit wiederholen, hätte das keinerlei Erfolg.

Ein Mann, dessen Gebetsbetrachtungen große Erfolge bringen, sagte einst: »Ich hatte niemals großes Zutrauen zu jener Kraft. Ich zweifelte hauptsächlich an meinem Vermögen, alles so korrekt zu

machen, daß es zu einem Kontakt mit der Kraft kommen kann. Doch es wendete sich alles zum Besten, als mir der Einfall kam, genau diesen Zweifel zum Gegenstand einer Gebetsbetrachtung zu machen.«
Dabei handelte es sich um die folgende Betrachtung:
»*Ich weiß, daß Millionen Menschen durch spirituelle Methoden geheilt wurden. Darum ist mir klar, daß es ein verborgenes Gesetz des Heilens geben muß. Meine Gefühle des Zweifels entspringen meiner persönlichen Überempfindlichkeit. Weder beweisen sie noch widerlegen sie die Existenz des Gesetzes. Ich sollte in diesem Falle meinen verstandesmäßigen Überlegungen mehr Vertrauen schenken als meinen Gefühlen. Darum möchte ich mit meinem ganzen Willen daran glauben, daß es ein Gesetz der Heilung gibt. Es wird durch mein Wort ebenso wirken wie durch das jener, die ich jetzt darum beneide. Ich werde von nun ab daran glauben, daß meine Worte Kraft haben und daß meine Gebete die gleichen Wirkungen haben wie bei anderen Menschen.*«
Heute gehört jener Mann in Amerika zu den berühmtesten Persönlichkeiten auf religiösem Gebiet. Wenige nur, die ihn heute erleben, würden seine zweifelnden Anfänge für möglich halten.

Das nötige Zutrauen ist auch dadurch leicht zu erreichen, daß man sich klarmacht, wie man durch unsere Methode eigentlich nur einen Gedanken durch einen anderen ersetzt, wobei ein schöpferischer Gedanke tausendmal mächtiger ist als ein negativer. Beim spirituellen Heilen des Körpers ist es eigentlich das Denken, das geheilt wird. Die materielle Auswirkung einer Gebetsbetrachtung erfolgt automatisch, denn die Betrachtung ist ein Ausdruck der Wahrheit. Und die Wahrheit überwindet aus sich heraus jedes Hindernis, denn sie löst alles auf, was ihr nicht gleichfalls als Wahrheit entspricht.

Gebet und Arzt

Auf keinen Fall sollte man versäumen, im Krankheitsfall den Arzt aufzusuchen. Es ist kein Zeichen mangelnden Vertrauens zum Gesetz der Schöpferkraft, wenn man *alle* bestehenden Möglichkeiten ausschöpft. Doch wäre es sicherlich der günstigste Fall, wenn man einen Arzt findet, der gegenüber spirituellen Fragen aufgeschlossen ist. Ist der Arzt ein reiner Materialist, wird es vielleicht etwas schwerfallen, entgegen seinen Vorstellungn doch am Üben der Gebetsbetrachtungen festzuhalten. Vielleicht hat nicht jeder kranke Mensch hierzu die Kraft. Glücklicherweise wird es heute immer leichter, solche Ärzte zu finden, die auch gegenüber spirituellen Methoden aufgeschlossen sind.

Kürzlich sagte auf einem Ärztekongreß ein bekannter Urologe aus Hollywood, daß sich jeder Arzt letztlich auf eine göttliche Macht verlassen muß, wenn er seine Patienten zurück zur Gesundheit führen möchte. Ein anderer Arzt prägte den Ausspruch: »Ich behandle, doch etwas Größeres als ich heilt.«

Dr. Elmer Hess, der Präsident des Amerikanischen Ärztebundes, erklärte: »Ein Arzt, der das Krankenzimmer betritt, ist nicht allein. Er versucht mit den materiellen Werkzeugen der Medizin das ihm Mögliche, doch sein Glaube an eine höhere Macht besorgt alles Weitere. Zeigen Sie mir einen Arzt, der nicht auf irgendeine Weise an etwas Höheres glaubt, als er selbst ist, und ich werde sagen, daß er kein Recht hat, seinen Beruf auszuüben. Ich fürchte manchmal, daß bei der heutigen Medizinerausbildung die spirituellen Werte erheblich zu kurz kommen.«

Diese Männer sagen nicht, daß die Ärzte ihre wertvollen Erfahrungen vergessen sollen, ihre Ausbildung verleugnen, die Diagnose oder notwendige Behandlungen vernachlässigen. Sie meinen jedoch, daß jene Macht, die schließlich *heilt*, die menschlichen Möglichkeiten übersteigt. Ärzte, die in solchem Bewußtsein wirken, sind ein großer Segen für die Menschheit und Vorreiter eines neuen Arzttums der Zukunft.

Manchmal setzt die Wirkung des Gesetzes der Schöpferkraft ein, bevor der Arzt seine Behandlung begonnen hat. Kürzlich wurde mir folgender Vorfall geschildert:

Eine Frau sollte sich im Krankenhaus einer schweren Operation unterziehen. Eine der Krankenschwestern, die sehr belesen ist, lieh der Frau eines meiner Bücher als Lektüre für die drei Tage vor der Operation. Nach zwei Tagen verlangte die Frau ihre Kleider. Sie sagte, daß sie die Operation nicht mehr braucht und nun heimgehen wollte. Der diensthabende Arzt wurde gerufen, und er lehnte ihren Wunsch ab. Schließlich mußte ihr Ehemann gerufen werden. Er versuchte, seine Frau umzustimmen. Doch sie war sehr bestimmt in ihrer Haltung, nicht im Krankenhaus zu bleiben.

Schließlich sagte ihr Mann: »Gut, wir wollen zu Dr. X gehen, der die Notwendigkeit der Operation festgestellt hat. Wenn er sagt, daß du inzwischen geheilt bist, brauchst du dich nicht operieren zu lassen. Doch wenn er sagt, daß alles unverändert ist, wirst du dann ins Krankenhaus zurückgehen?«

»Ja, das ist fair. Ich stimme zu.«

Sie ließ sich also erneut untersuchen. Ihr Arzt war höchst erstaunt. Er sprach: »Ich verstehe mein Fach genau, und ich weiß, daß Sie vor wenigen Tagen diese Operation noch sicher brauchten. Doch jetzt brauchen Sie sie sicher nicht mehr.«

Dann sagte er noch etwas von der wunderbaren Art, in der die Natur oftmals ernste Situationen wieder ausgleicht. Die Frau hatte ihm nicht verraten, was sie gelesen hatte und daß sie Gebetsbetrachtungen vorgenommen hatte.

Es sei betont, daß jene Frau ein tatsächliches Leiden hatte, das von einem anerkannten Arzt festgestellt wurde. Wenn es nur ein bestimmtes Gefühl der Patientin selbst gewesen wäre, hätte man es leicht als vorübergehende Einbildung erklären können. Es war weder vorübergehend noch eingebildet.

Wie man mit dem Arzt zusammenarbeitet

»Also braucht man keine Ärzte?«

Man wird immer Ärzte brauchen! Leider gibt es einige Ärzte, die einen Patienten lieber sterben sehen würden als durch Methoden spirituellen Heilens gerettet. Doch auf der anderen Seite gibt es auch Verfechter des spirituellen Heilens, die einen Leidenden lieber sterben sähen, als durch ärztliche Kunst mit rein materiellen Mitteln gerettet. Solche Leute weigern sich zuweilen sogar, für jemanden zu beten, der auch ärztliche Hilfe in Anspruch nimmt. Wie schädlich derartige Ansichten sind, braucht nicht gesagt zu werden. Kürzlich schrieb ein derartiger Extremist ein haßerfülltes Buch gegen die Ärzte, was doch nur seinen vollkommenen Mangel an der Kenntnis medizinischer Zusammenhänge zeigte. Ärzte, Drogen und Teufel sind für jenen Autor das absolut selbe.

Doch die heutige Medizin mit ihren umfassenden Möglichkeiten der Diagnose, ihren Kenntnissen der Körperfunktionen und Fähigkeiten raschen Eingreifens bei akuten Not- und Unglücksfällen kann auch vom Standpunkte spirituellen Denkens nur als eine große Wohltat für die Menschheit gewertet werden!

Solange der Mensch unvollkommen ist und in sich zerstörerische Gedanken und Gefühle hegt, wird er auch des Arztes bedürfen. Der Mensch befindet sich noch auf einem langen Weg ins klare Licht seiner spirituellen Natur. Solange er dies nicht erreicht hat, wird er genügend körperliche Störungen verursachen, um in Zukunft noch ungezählte Ärzte zu beschäftigen. Doch immer mehr Ärzte erkennen heute, daß auch die körperlichen Leiden tiefere Ursachen haben. Sie beschäftigen sich auch mit den Denkgewohnheiten ihrer Patienten. Diese Tendenz wird im Laufe der kommenden Jahrzehnte sicherlich zunehmen.

Es ist eine Tatsache, daß materielle und spirituelle Methoden des Heilens einander keinesfalls entgegengesetzt sind. Sie sind die beiden Enden des gleichen Stranges. Sie sind wie zwei Säulen, die nebeneinander stehen und sich scheinbar niemals berühren. Doch weit in der Höhe überspannt beide derselbe Bogen.

Wenn wir nun für einen Menschen eine Gebetsbetrachtung vornehmen, der sich einer ärztlichen Behandlung oder eines chirurgischen Eingriffes unterziehen muß, gehen wir in folgender Weise vor: Wir erklären zunächst, daß es in diesem Universum nur ein allumfassendes Bewußtsein gibt. Dieses Bewußtsein wirkt auch stets im behandelnden Arzt, wenn dieser eine Untersuchung vornimmt oder die Röntgenbilder studiert. Wenn dieses allumfassende Bewußtsein durch Gedanken heilen kann, dann vermag es sich auch aller materiellen Mittel bedienen, die zu einer Wiederherstellung der natürlichen Gesundheit beitragen. Wir sprechen den Wunsch aus, daß die Kraft dieses

allumfassenden Bewußtseins im Denken und in den Händen aller Menschen wirken möge, die mit dem Kranken in Berührung kommen.
Wir bedienen uns dabei einer Gebetsbetrachtung der folgenden Art:
»*Ich weiß, daß Jacob Jacobsen stets im allumfassenden Bewußtsein zu Hause ist, welches durch ihn wirkt und ihn stets zu rechtem Tun anleitet. Dieses unendliche Bewußtsein wirkt gleichfalls durch die behandelnden Ärzte, die Schwestern, Pfleger und Pflegehelfer, die sich um Jacob Jacobsen kümmern. Jeder von ihnen wirkt jetzt harmonisch zu den Gesetzen der allumfassenden Ganzheit, in welcher alles auf Vollkommenheit und Gesundheit gerichtet ist. Darum werden sie alle zur rechten Zeit das Rechte tun. Es kann dabei keinerlei Fehler geben. Jeder Beteiligte denkt klar, konsequent und in vollkommener Weise. Die ganze Umgebung von Jacob Jacobsen bildet einen vollkommenen Kreis rechten Tuns.*

Die großen Heilkräfte des Gesetzes der Schöpferkraft fließen durch das Denken von Jacob Jacobsen. Dadurch kann seine Heilung als sicher gelten. Allmählich erfaßt das Wirken der Heilkräfte sein gesamtes Bewußtsein. Sie fließen aus den tiefsten Bewußtseinsschichten an die Oberfläche und durchdringen schließlich heilend jede Körperzelle. Ich übergebe diese Gedanken dem Gesetz der Schöpferkraft. Möge Jacob Jacobsen und jeder, der ihn berührt vom heilenden Wirken des Gesetzes geleitet sein.«
Wiederholt schon haben mir Ärzte berichtet, daß sie sich ohne erkennbaren äußeren Grund während einer Operation plötzlich dazu bewegt fühlten, von ihrem ursprünglich geplanten Vorgehen abzuweichen. Dies führte dann zu einer überraschenden Rettung des jeweiligen Patienten, mit der zuvor nicht gerechnet wurde. Die Wege des Wirkens des Gesetzes der Schöpferkraft sind oftmals wunderbar und für den Menschen nicht immer zu durchschauen.

13. Kapitel

Wirksame Hilfe bei der Gebetspraxis

Während der letzten fünfundzwanzig Jahre habe ich für mich zahlreiche Methoden entwickelt, die meine Gebetspraxis unterstützen und mir helfen, das Gesetz der Schöpferkraft zum Wirken zu bringen. Ausgehend von diesen Methoden haben meine Mitarbeiter und Schüler eigene Vorgehensweisen gefunden, die ihren jeweiligen Bedürfnissen entgegenkommen. Zweifellos wird auch der Leser dieses Buches seine eigenen wirksamen Hilfen finden.

Eigentlich denkt der Mensch in Bildern. Worte und Begriffe sind lediglich Werkzeuge, damit wir uns mit anderen über die Bilder in unserem Inneren verständigen können. Aus diesem Grunde kann auch die Gebetspraxis durch das Erzeugen von Bildvorstellungen erheblich unterstützt werden. Es geht dabei darum, Methoden zu finden, durch die man sich das Wirken des Gesetzes der Schöpferkraft bildhaft vorstellen kann. Nachfolgend werde ich einige Methoden, die mir selbst geholfen haben, beschreiben, damit der Leser davon ausgehend, seinen eigenen Weg finden kann.

Die »Nebel-Methode«

Ich praktiziere die »Nebel-Methode« jeden Sonntag, bevor ich hinausgehe, um zu meinen Zuhörern zu sprechen. Zunächst versetze ich mich dabei in eine stille und konzentrierte Bewußtseinshaltung. Sodann stelle ich mir bildhaft vor, wie ein leuchtender Nebel durch Fenster und Türen in das Gebäude eindringt, den gesamten Raum erfüllt und schließlich auch in den Körper jedes anwesenden Menschen eingeht.

Wie bereits ausgeführt, denkt jeder von uns in Bildern. Die Worte, mit denen wir uns verständigen, sind letztlich nur Versuche, die Welt der Bilder zu beschreiben und zu bestimmen. Es wurde einmal gesagt, daß ein Bild mehr Wert als tausend Worte habe. Dies trifft auf die Gebetspraxis doppelt zu.

Ich selbst habe an verschiedenen Küsten gewohnt und kenne daher den Nebel gut. Oftmals habe ich sein sanftes Aufsteigen beobachtet. Lautlos und fast unmerklich bewegt er sich vorwärts, um in einer unbeschreiblichen Sanftheit langsam alles einzuhüllen. Dieses Bild vor meinem inneren Auge weckt in mir ein gewisses Verständnis für die ungehinderte und anstrengungsfreie Bewegung des Gesetzes der Schöpferkraft. Ob dieses Gesetz dabei tatsächlich auf eine derartige Weise wirkt, spielt keinerlei Rolle. Wichtig ist hier nur, daß ich im Symbol des Nebels von einer abstrakten Idee zu einem erlebbaren Bild gelangt bin. Die Tatsache, daß viele Menschen bei meinen sonntäglichen Vorträgen Heilung und Problemlösung fanden, spricht für diese Methode.

Die »Nebel-Methode« führt zur Heilung

Diese »Nebel-Methode« ist keinesfalls »nebulös«. Wie in allen anderen Fällen sprechen auch hier die Erfolge für sich. Einer meiner Mitarbeiter bediente sich vor einiger Zeit der »Nebel-Methode«, um einem jungen Mann zu helfen, bei dem die Ärzte einen Tumor festgestellt hatten, der nicht mehr durch Operation entfernt werden konnte. Die Labortests und Röntgenuntersuchungen waren eindeutig. Man sagte ihm, er hätte nur noch wenige Monate zu leben.

In seiner Hoffnungslosigkeit kam dieser junge Mann zu uns. Sehr oft denken Menschen erst dann an spirituelle Möglichkeiten, wenn sie keinen anderen Ausweg mehr sehen. Kürzlich sagte jemand recht treffend: »Man schickt gleichzeitig nach dem spirituell Kundigen und dem Bestattungsunternehmer; und wer zuerst kommt, schließt den Fall ab.«

Im Falle des jungen Mannes wurde folgendermaßen vorgegangen:

Die Prognose des baldigen Sterbens sollte möglichst vergessen werden. Einzig die Möglichkeiten des Gesetzes der Schöpferkraft sollten in dieser Angelegenheit im Bewußtsein lebendig sein.

Hierzu war es notwendig, daß sich nicht ständig alle Gespräche des jungen Mannes um den »Ernst der Lage« drehten. Dies ist ein wichtiger Punkt. Krankenhäuser sind zwar höchst wichtige Einrichtungen, doch lassen sich die Patienten oftmals dazu verleiten, fast ausschließlich über ihre Krankheiten und deren Ernsthaftigkeit zu reden. Auch wenn Freunde zu Besuch kommen oder anrufen, wird sich das Gespräch früher oder später um die Krankheit drehen. All dies kann jedoch nicht dazu führen, eine positive Atmosphäre und damit einen optimistischen Bewußtseinszustand zu schaffen.

Dann sollte der junge Mann lernen, sich nicht nur als eine körperliche Form zu empfinden. Sein Körper sollte fortan als Gestalt gewordenes Bewußtsein betrachtet werden. Er bildet eine kleine Ganzheit in der allumfassenden Ganzheit dieses Universums, und er kann die gleiche Vollkommenheit wie dieses Universum erlangen, wenn er in sich die gleichen Gesetze der Harmonie wirken läßt.

Dazu kam dann das Anwenden der »Nebel-Methode«. Damit sich der Leidende eingebettet in die vollkommene Harmonie dieses Universums erleben konnte, sollte er zum Bild des Nebels greifen. Die heilende Gegenwart des Gesetzes der Schöpferkraft wurde ihm vor Augen geführt, indem er sein Haus, sein Zimmer, seine Kleider und schließlich jede Zelle seines Körpers von leuchtendem Nebel als Symbol der Allgegenwart der Möglichkeit zur Vollkommenheit erfüllt sehen sollte. Dies sollte dazu führen, daß er sein Denken und inneres Erleben nicht auf die Krankheit richtet. Er mußte sich als Ausdruck und Abbild des unermeßlichen Seins empfinden und erkennen, wie der tiefe Frieden, der die Natur des Unermeßlichen ist, auch in seinem Herzen wohnt. Hierzu verhalf ihm das Bild des langsam aufsteigenden und alles einhüllenden Nebels.

Auch die Gebetsbetrachtung, die in diesem Falle angewendet wurde, ging in diese Richtung. Sie sollte ihm die großen Möglichkeiten seines inneren Friedens vor Augen führen. Er durfte sich auf ganz neue Weise selbst erfahren. Es war ihm, als ob er sanft in den Armen des

Gesetzes der Schöpferkraft ruhte, wie die Erde in den Armen der Atmosphäre sanft ruht.

Vier Monate nach seinem ersten Kontakt mit uns wurde dieser junge Mann erneut untersucht und geröntgt. Doch man konnte nicht die leiseste Spur eines Tumors finden. Seither sind nun fünf Jahre vergangen. Er ist heute ein aktiver und glücklicher Mensch.

Eine Gebetsbetrachtung zur »Nebel-Methode«

Seine Gebetsbetrachtung lautete ungefähr folgendermaßen:
»Bewußtsein ist die einzige Wirklichkeit, das allumfassende Bewußtsein dieses Universums und das Bewußtsein von John Cerebra. Alle anderen Dinge sind nur Projektionen des Bewußtseins. Sie sind nicht wirklicher als die Bilder auf einer Kinoleinwand.

Durch mich und mein Wort spricht und wirkt nun die Kraft des Unendlichen. Darum kann dieses Wort das Gesetz der Schöpferkraft zur Wirkung bringen, um für John Cerebra andere Projektionen des Bewußtseins zu erlebbarer Wirklichkeit zu machen.

Das Gesetz der Schöpferkraft mit all seinen wunderbaren Möglichkeiten des Heilens wirkt nun in ihm, um ihn und durch ihn. Es erfüllt die ganze Stadt, sein Haus, die Räume, in denen er sich aufhält und jede Zelle seines Körpers. Es erfüllt zugleich sein Denken und schenkt ihm dadurch einen tiefen, unerschütterlichen inneren Frieden.

Nicht nur etwas Kraft dieses Universums, sondern alle Kraft des gesamten Kosmos konzentriert sich in seinem innersten Bewußtsein und verwandelt dieses in reine und göttliche Harmonie. Möge innerer Friede das Gesetz seines Lebens werden!

Dieser Friede spiegelt sich in jeder einzelnen Zelle seines Körpers! Das Gesetz des Lebens ist stärker als das Gesetz des Todes. Das Gesetz der Vollkommenheit ist stärker als das Gesetz der Unvollkommenheit. Das vollkommene spirituelle Gesetz des Lebens befreit nun John Cerebra von allem Unheilsamen und Leidhaften.

Möge das Gesetz der Schöpferkraft John Cerebra auf vollkommene Weise Heilung bringen. So sei es!«

Ein wesentlicher Bestandteil dieser Gebetsbetrachtung war die begleitende bildhafte Vorstellung des aufsteigenden und sich ausbreitenden leuchtenden Nebels, der das Gesetz der Schöpferkraft symbolisierte. Natürlich wissen wir, daß das Gesetz nicht die Gestalt des Nebels hat. Doch ist der Nebel ein geeignetes Symbol, um uns beschränkten Menschen das Wirken des Gesetzes begreiflich zu machen.

Die »Methode der unsichtbaren Welle«

Ähnlich der zuvor beschriebenen Methode wirkt auch jene der »unsichtbaren Welle«. Auch dabei bringt man sich zunächst in einen innerlich ruhigen und möglichst konzentrierten Geisteszustand. Sodann hält man sich vor Augen, wie in der Natur und der vom Menschen geschaffenen Technik zahlreiche Dinge auf dem Vorhandensein unsichtbarer Wellen und Schwingungen beruhen.

Das, was wir als manifeste Körper wahrnehmen, sind in Wirklichkeit Schwingungen einer bestimmten Dichte, die uns als feste Dinge erscheinen. Aber auch auf ganz anderen Gebieten findet sich das Prinzip von Schwingungen, die sich in einem »Ding« manifestieren, nämlich jenen der vom Menschen ersonnenen Technik. Man denke dabei etwa an die Radiowellen, die dem Auge unsichtbar, dem Ohr unhörbar und auch dem Tasten unerkennbar bleiben, bis sie sich schließlich als Klang durch das Vorhandensein einer bestimmten Empfangsanlage manifestieren.

Wenn wir nun diese Idee auf unsere Gebetspraxis und unsere Arbeit mit dem Gesetz der Schöpferkraft übertragen, dann sehen wir das Wirken des Gesetzes vor unserem inneren Auge wie jenes einer unsichtbaren Radiowelle. So, wie die Radiowelle durch Wände, ganze Gebäude und sonstige Hindernisse dringt, um ungehindert Nachrichten und Melodien über weite Entfernungen zu tragen, kennt auch das Gesetz der Schöpferkraft keinerlei Hindernisse und Beschränkungen in seinem Wirken. Es überwindet jede Schwierigkeit und jede Hemmung, um jenen Punkt, auf den es gerichtet ist, zu erreichen und in heilsamer Weise zu verwandeln.

Jener »Punkt« auf den man nun in seiner Vorstellung die unsichtbare Welle des Gesetzes der Schöpferkraft richten soll, darf jedoch auf keinen Fall die Krankheit oder das Problem sein, welches überwunden werden soll. Vielmehr muß es sich dabei, wie ich zuvor in diesem Buch ausführlich dargelegt habe, um den entsprechenden *Wurzel-Gedanken* handeln. Um diesbezüglich jeden Fehler zu vermeiden, soll der Betende leise zu sich selbst sprechen:

»Nur durch falsch gerichtetes Denken kommt es zu unheilen Zuständen. Aus diesem Grunde müssen ausschließlich die falschen Grundhaltungen geheilt werden, denen jenes Denken entspringt. Die unsichtbare Welle der großen Heilkräfte des Gesetzes der Schöpferkraft ist jetzt genau auf jene falschen Grundhaltungen gerichtet. Die Welle wird sich als Wirken des Gesetzes in diesen falschen Haltungen manifestieren und sie gänzlich auflösen.«

Die »unsichtbare Welle« in schwer durchschaubaren Fällen

Wenn die tiefere Ursache oder der Usprung eines Problems nicht erkannt werden kann, leistet die Methode der »unsichtbaren Welle« ausgezeichnete Dienste. Der Betende stellt sich dann vor, wie die harmonisierenden Gesetze unseres Universums stets jene Dinge zusammenführen, die auch zusammengehören und einander brauchen.

Das durch seine Worte verursachte Wirken des Gesetzes der Schöpferkraft stellt er sich nun als unsichtbare Wellen vor, die alle Richtungen und den gesamten Raum durchdringen, um schließlich auf jenen unbekannten Punkt zu treffen, der die Ursache des betreffenden Leidens ist.

Dabei sollte das Gefühl jener alles durchdringenden unsichtbaren Welle so intensiv wie möglich entfaltet werden. Man sollte sich auch sagen, daß jener Punkt der Ursache, auf den die Welle treffen muß, nicht das äußerliche Leiden, die Krankheit oder das betreffende

Problem selbst ist. Es handelt sich vielmehr um einen uns unbekannt gebliebenen *Wurzel-Gedanken*, eine falsche Grundeinstellung unseres Geistes, den die unsichtbare Welle aufspüren und sodann mit vollkommener Sicherheit auflösen wird.

Die »Methode des Ausdehnens und Zusammenziehens«

Zuweilen wende ich beim Beten eine Methode innerer Bildschau an, welcher ich den Namen des »Ausdehnens und Zusammenziehens« gegeben habe. Auch dabei versuche ich, zunächst wieder völlig still und konzentriert zu werden. Dann stelle ich mir einen Kreis vor, der sich immer weiter ausdehnt, bis er in meiner Vorstellung die Gesamtheit alles Seienden umfaßt. Dann zieht sich jener unendliche Kreis schließlich langsam zusammen. Zuerst sehe ich vor meinem inneren Auge, wie er unser Sonnensystem umschließt. Dann umfaßt er die Atmosphäre unserer Erde. Schließlich grenzt er das Land ein, in dem derjenige, für den ich beten möchte, lebt. Dann schließt er dessen Heimatstadt ein, sein Haus und endlich ihn selbst. Dann ist der Kreis winzig klein und umfaßt das innerste Zentrum seines Wesens.

Dieser Kreis symbolisiert für mich das unendliche Gesetz der Schöpferkraft mit seinen universellen Möglichkeiten. Meine Gedanken haben dieses universelle Gesetz nun auf das innerste Zentrum des Wesens eines Menschen konzentriert. Hier soll es nun zum Heile dieses Menschen wirken und seine jeweiligen körperlichen, familiären oder wirtschaftlichen Schwierigkeiten bereinigen.

Sodann stelle ich mir vor, daß sich dieser Kreis wieder bis ins Unendliche ausdehnt. Hierdurch mache ich mir die Tatsache bewußt, daß der einzelne Mensch ein Ausdruck und Abbild des unermeßlichen Seins ist. Er stellt ein Teilchen dar, in dem sich doch das Ganze offenbart. Und die Harmonie, die im ganzen wirkt, die wirkt auch im einzelnen, wenn dieser sie nur zulassen möchte.

Die hier geschilderte Vorstellung des sich ausdehnenden und zusammenziehenden Kreises hat sich vielfach als eine der wirksamsten Methoden für die Gebetsbetrachtung erwiesen, denn sie führt, wenn man dieses Bild im Innersten auf sich wirken läßt, zu einer spirituellen Bewußtheit.

Die Bedeutung spiritueller Bewußtheit

Es ist notwendig, daß wir den Unterschied zwischen verstandesmäßiger *Erkenntnis* und spiritueller *Bewußtheit* einsehen. Wenn wir eine der hier dargelegten Methoden mit dem Verstand begreifen und sie sodann anwenden, kann dies zu sehr positiven Ergebnissen führen. Doch wenn wir wirklich dauerhafte Erfolge wünschen, müssen wir einen bestimmten Grad spiritueller Bewußtheit erreichen. Diese wird sich in einer inneren Sicherheit zeigen.

Wenn man die in diesem Kapitel beschriebenen Methoden anwendet, werden sich die Ergebnisse in dem Maße verbessern und verstärken, in dem auch die spirituelle Bewußtheit des Übenden zunimmt. Wenn zum Beispiel das innere Bild des sich ausdehnenden und zusammenziehenden Kreises von einem tiefen Empfinden der Gegenwärtigkeit des heilenden Prinzips begleitet wird, ist unsere Übung mehr als eine bloße »Technik«. Sie wird dann zu einer lebendigen Wirklichkeit. Der Übende wird dann zu einem Sachwalter der harmonischen Gesetze unseres Universums.

Daraus entspringt ein Empfinden innerer Freiheit, die nur sehr schwer beschrieben werden kann. Der Mensch spürt die großen Möglichkeiten des Handelns und Wirkens, die ihm offenstehen. Doch zugleich ist ihm bewußt, daß er nichts aus sich selbst heraus vermag, sondern stets ein Größeres und Höheres, das ihn in seiner Beschränktheit überschreitet, durch und mit ihm wirkt. Dieses Empfinden der Freiheit führt zu einem Abbau aller inneren Spannungen und seelischen Aufwühlungen. Dadurch stellt sich ein wunderbarer Frieden ein, der als tiefe Stille empfunden wird.

Die Kraft der Stille

Die Worte »still« und »Stille« werden oftmals völlig mißverstanden. In unserem spirituellen Zusammenhang haben sie nichts mit unterdrückten Gefühlen, beklemmtem Schweigen oder einer gezwungenen »Friedhofsruhe« zu tun. Sie bezeichnen vielmehr den wunderbaren Zustand, in welchem negative Wünsche, egoistische Regungen und unheilsame Haltungen vollends zur Ruhe gekommen sind. Dadurch wird unser Wesen erst reif und frei, um die Liebe und alle herrlichen Dinge dieses Lebens wahrhaft zu erfahren.

Oft denken Menschen, daß alle gute Dinge dieser Erde nur mit harten Kämpfen und dem Einsatz von »Blut, Schweiß und Tränen« erlangt werden können. Selbst im religiösen Leben und beim Beten denkt man, es wären Kampf und Anstrengung erforderlich, um das gewünschte Ziel zu erreichen.

Doch das Gegenteil ist wahr! Gerade bei unseren Gebetsbetrachtungen ist es wichtig, nicht gegen das Negative anzukämpfen, nicht auf Anstrengung und Mühe zu bauen. Wenn wir wirklich innerlich *still* werden können, fallen uns unermeßliche Werte ohne unser angestrengtes Zutun wie von alleine zu.

Im spirituellen Leben fließt alle wandelnde Kraft aus der Stille, die sich auf Gewißheit und Vertrauen gründet.

Die »gebietende Methode«

Einst suchte mich ein Mann auf, der vor einiger Zeit als Boxer einige Berühmtheit erlangt hat. Es handelte sich um eine Persönlichkeit von hoher Intelligenz, die früher auch in bester körperlicher Verfassung gewesen war. Nun sagte er zu mir: »Seit einiger Zeit verliere ich dauernd an Gewicht, doch niemand kann herausfinden, was mit mir los ist. Ich bin geröntgt worden, habe die unterschiedlichsten Bluttests und Laboruntersuchungen vornehmen lassen, aber es ist nichts dabei herausgekommen. Es scheint keine körperliche Ursache zu haben. Und dennoch leide ich unter Kopfschmerzen, Schwächeanfällen und

Appetitlosigkeit. Nun meinen meine Ärzte, daß es sich vielleicht um eine unbekannte Drüsenstörung oder eine psychosomatische Angelegenheit handelt.

Sie haben nun kürzlich im Rundfunk etwas gesagt, was mir Hoffnung machte. Vielleicht können Sie mir zeigen, was mit meinem Denken nicht in Ordnung ist. Ich habe versucht, es herauszufinden, doch es ist mir nicht gelungen. Was kann es nur sein? Ich bin glücklich verheiratet, habe eine ausgezeichnete Stellung und meine Frau bestätigt mir, daß ich keinerlei Anzeichen einer Neurose zeige.«

Ich erzählte ihm, daß ich schon ähnliche Fälle erlebt hatte. Wenn man unter solchen Bedingungen nach der Ursache forscht, werden die Beschwerden häufig noch schlimmer, denn der Mut sinkt nach jedem erfolglosen Versuch, den Grund herauszufinden. Doch ich kenne eine Methode, die in derartigen Situationen gute Hilfe leistet.

Ich sprach: »Stellen Sie sich vor, ein Bote aus einem Kleidergeschäft klingelt an Ihrer Haustür. Er trägt eine Schachtel in der sich ein Gürtel befindet und verlangt dafür von Ihnen einen bestimmten Geldbetrag.

Sie sagen, daß sie keinen Gürtel bestellt haben. Dann fragen Sie Ihre Frau, doch auch sie weiß nichts von einem Gürtel. Darum lehnen Sie ihn ab.

Doch der Bote bleibt stur. Es steht Ihr Name und Ihre Anschrift auf der Schachtel. Darum meint er, es muß für Sie sein. Er versucht nun, Ihnen die Schachtel aufzudrängen. Alle Versuche Ihrerseits, ihn wegzuschicken, schlagen fehl. Sie können sich nicht vorstellen, wie dieser ungewünschte Gürtel an Ihre Haustür kommt. Doch Sie wissen sicher, daß Sie ihn nicht wollen.

Doch Sie sind im Recht. Das Gesetz besagt, daß Sie keine Lieferung entgegennehmen müssen, die Sie nicht bestellt haben. Darum sagen Sie: ›Ich weiß nicht, wie, wo und warum Ihre Firma auf die Idee kam, mir einen Gürtel zu liefern. Ich habe ihn nicht bestellt. Und *ich lehne es ab, ihn anzunehmen!*‹ Dann schließen Sie Ihre Haustür. Der Bote kann ohne Ihr Einverständnis nichts tun, um Ihnen den Gürtel zu verkaufen. Das Gesetz ist auf Ihrer Seite.

Heute sind Sie in einer ähnlichen Situation. Es ist etwas in Ihr Leben getreten, das Sie weder gewünscht noch bestellt haben. Da nun alle

Versuche, die Ursache herauszufinden, fehlgeschlagen sind, sollten wir keine Zeit damit vertun, über den tieferen Grund zu spekulieren oder dabei stehenzubleiben, nur über die negativen Auswirkungen auf Ihr Leben nachzudenken. Statt dessen sollten Sie eine Geisteshaltung einnehmen, in der Sie es ablehnen, das Unerwünschte anzunehmen. Sagen Sie sich hierzu die folgenden Worte:

›*Ich habe mir diese Schwierigkeiten nicht gewünscht. Ich mag sie nicht, brauche sie nicht und will sie nicht haben. Mein Körper wünscht sich nichts Derartiges, und ich lehne es daher ab, es anzunehmen. Ich kenne mein Recht, Dinge, die ich nicht verlangt habe, abzulehnen. Ich bin ein denkendes Wesen, und meine Gedanken stehen höher als ihre körperlichen Manifestationen. All mein Denken entscheidet sich nun dafür, diese Dinge nicht anzunehmen. Ich lehne es ab, das Unbestellte zu empfangen und dafür zu bezahlen. Darum schließe ich die Tür meines Geistes für derartige Einflüsse!*‹

Sprechen Sie diese Worte immer dann, wenn Sie an Ihre derzeitigen Schwierigkeiten denken. Tun Sie es darüber hinaus dreimal täglich. Nehmen Sie dabei die gleiche innere Haltung ein, die Sie gegenüber jenem Boten einnehmen würde, der Ihnen Unbestelltes verkaufen möchte. Es ist Ihr Recht, vor jenem Boten die Tür zu schließen, und dasselbe Recht haben sie auch auf der Ebene des Denkens, gleichgültig ob Sie die Ursachen kennen.

Ihre Schwierigkeiten machen Ihnen deshalb besonders zu schaffen, weil Ihnen bislang niemand die Ursache dafür sagen konnte. Dadurch ist es zu einer äußerst negativen inneren Haltung gekommen, der Angst. Tun Sie, was Sie können, um über Ihre Angst hinauszuwachsen. Die Angst war bis jetzt Ihre Gebieterin. Werden nun Sie zum Gebieter der Angst!«

Etwa eine Woche später rief er mich an und sagte: »Vor meinem Kampf mit Joe Doe vor einigen Jahren hatte ich Angst. Er war ein gefürchteter Schläger, und so machte ich mir große Sorgen, ob ich es gegen ihn aufnehmen könnte. Während des Trainings kam mir immer wieder der Gedanke, von ihm k. o. geschlagen zu werden. Ich hoffte, daß mein Kopf keine ernsthaften Verletzungen davontragen würde, denn ich hatte Angst, daß ich dann nicht mehr für meine Frau und die Kinder arbeiten könnte.

Mein Manager spürte das und sagte mir: ›Hör zu Bill, du läßt dich schon vor dem Kampf von ihm schlagen, wenn du so weitermachst. Schau der Wirklichkeit ins Auge: Du bist mindestens ebenso schnell wie er und machst keine Fehler. Wenn du willst, kannst du seine Rechte abfangen und selbst zuschlagen. Habe keine Angst vor ihm, laß ihn Angst vor dir haben.‹

Ich hielt mich daran und nahm Joe den Kampf aus der Hand. Er sollte machen, was ich wollte. In der dritten Runde streckte ich ihn nieder.

Jene Zeit habe ich mir in den letzten Tagen wieder ins Gedächtnis gerufen. Ich habe versucht, die gleiche innere Haltung wie damals anzunehmen. Ich habe wieder das Vertrauen, daß ich meinen Kampf gewinnen kann, und ich fühle mich nun unsagbar besser.«

Bis heute weiß Bill nicht, worin die Ursache seiner Schwierigkeiten bestanden hat. Auch ich habe keine Ahnung. Doch er ist wohlauf und glücklich.

Bills Fall ist ein gutes Beispiel für die »gebietende Methode« bei der Gebetsbetrachtung. In der Bibel kommt sie symbolisch in jenen Geschichten zum Ausdruck, in denen Jesus »Teufel« oder Dämonen austreibt.

Nichts kommt ohne unser Einverständnis

Nichts kann in unser Leben treten, nach dem wir nicht bewußt oder unbewußt verlangt haben. Doch selbst, wenn wir die Spur zu einem bestimmten unbewußten Wunsch nicht zurückverfolgen können, steht es uns durchaus frei, bewußt und absichtlich eine andere Entscheidung zu treffen und diesen unbewußten Wunsch abzulehnen.

Wenn wir nicht feststellen können, welcher *Wurzel-Gedanke* ein bestimmtes Leiden oder Problem verursacht hat, sollten wir uns darüber keine zu großen Sorgen machen. Unsere echte Ablehnung, unsere Aussage, daß wir die Situation nicht akzeptieren und annehmen wollen, wird ihre Wirkung nicht verfehlen. Im Gegensatz zu unserem sonstigen Vorgehen setzen wir hier zwar nicht bei der Ursache, sondern bei der Wirkung an. Doch greift bei dieser Methode des Gebietens das Ablehnen der Wirkung auch auf die unbekannte Ursache über und löst diese auf.

Die »Methode der räumlichen Konzentration«

Eine Frau war durch Gelenkentzündungen an den Rollstuhl gefesselt. Zwar behandelte sie alle Menschen mit einer ausgesprochenen Liebenswürdigkeit, doch standen ihre überaus harten Gesichtszüge dazu in einem auffallenden Gegensatz. Dies könnte dem ständigen Schmerz zugeschrieben werden. Doch es erweist sich häufig auch als Ausdruck einer inneren und versteckten Feindseligkeit, die oft eine verborgene geistige Ursache für Gelenkentzündungen ist.

Unser Gespräch führte zu ihrer Erzählung, daß sie in ihrer Jugend als Entwicklungshelferin nach Afrika gehen wollte. Ihre reichen Eltern hatten es ihr jedoch strikt verboten. Zwar hatte sie sich ihren Eltern gefügt, denn sie wußte, daß diese sehr besorgt um sie waren. Doch in ihr wuchs langsam eine gewisse Feindseligkeit heran. Sie heiratete bald darauf. Auf ihrer Hochzeitsreise nach Europa verursachte ein Taxifahrer, der sich später als heimlicher Trinker erweisen sollte, einen Unfall, bei dem ihr Mann getötet wurde. Sie selbst erlitt dadurch einen schweren Schock, war jedoch körperlich nicht ernstlich verletzt.

Zum zweiten Male in ihrem Leben hatte sich das Tor zum Glück vor ihr geschlossen. Ihre versteckte Feindseligkeit wuchs.

Schließlich beerbte sie ihre Eltern. Mit dem neuen Wohlstand stürzte sie sich in das gesellschaftliche Leben. Nach einigen höchst unbefriedigenden sexuellen Erfahrungen kehrte sie jedoch der Gesellschaft den Rücken. Sie gab jeden Gedanken, selbst Glück in diesem Leben zu finden, auf. Statt dessen setzte sie nun ihr Vermögen für soziale Zwecke ein. Doch tief in ihr wurde sie zu einem Menschenfeind.

Durch den Rat eines schlechten Anlageberaters verlor sie schließlich ihr Vermögen und mußte nun als Kleiderverkäuferin arbeiten. Dadurch wuchs ihre innere Grundhaltung der Feindseligkeit erheblich an, um auch noch eigenartige religiöse Vorstellungen zu erzeugen. Sie stellte sich nun vor, von einem strafenden Gott verdammt zu sein.

In jener Zeit begannen dann auch ihre Schwierigkeiten mit der Gelenkentzündung. Ihre gute Erziehung ermöglichte es ihr zwar, dem äußeren Schein nach freundlich und höflich zu bleiben, doch innerlich grollte sie Gott und der Welt und verdammte dieses ihr so ungerecht erscheinende Leben.

Weinend fragte sie mich: »Was soll ich nur tun? Ich habe alles versucht, um meine feindselige Einstellung zu überwinden. Von Kindheit an wurde ich dazu erzogen, nach außen hin die Dame zu spielen. Doch niemand hat mir gezeigt, wie man häßliche Gefühle im Inneren überwindet.«

Sie war mit einer außergewöhnlich starken Willenskraft ausgestattet, wie man sie oft bei Menschen ihres Charakters findet. So sagte sie: »Dr. Bailes, erklären Sie mir, was ich tun soll. Ich werde es tun, koste es, was es wolle!«

Ich antwortete: »In dieser Sache ist es sicherlich besser, wenn Sie Ihre Willenskraft auf der Seite lassen. Ich glaube, daß Ihnen geholfen werden kann, wenn Sie sich gestatten, einfach einmal passiv zu werden. Denken Sie nicht, daß Ihnen schwere Aufgaben und Kämpfe bevorstehen. Lassen Sie sich von einer Kraft helfen, die außerhalb Ihrer begrenzten Möglichkeiten ihren Ursprung hat.«

An dieser Stelle möchte ich den grundsätzlichen Unterschied ansprechen, der zwischen psychologischen Methoden und unserer spirituellen Vorgangsweise besteht. Beide versuchen grundsätzlich, die innere Haltung des leidenden Menschen zu ändern. Doch der Psychologe baut auf die Möglichkeiten der zu behandelnden Persönlichkeit, indem er davon ausgeht, daß dessen *eigener* Glaube und seine *eigene* Kraft die Verwandlung des Lebens bewirken werden. Im Gegensatz dazu geht man in der spirituellen Praxis davon aus, daß der Mensch zunächst erkennen muß, wie er in ein größeres Sein eingebettet ist. Er ist Teil einer umfassenden Ganzheit, und die Kräfte, die in ihm wirken, haben ebenso wie er selbst ihren Ursprung außerhalb seines beschränkten Wesens. In dem hier beschriebenen Fall konnte der Glaube jener Frau an ihre eigenen Möglichkeiten keine Hilfe bringen. Er hatte sie zu immer größerem Leiden geführt. Das Erkennen einer über sie hinausgehenden Macht war nun notwendig.

Ich sprach für sie nun die nachfolgende Gebetsbetrachtung:

»Frau Laidys Schwierigkeiten sind das Ergebnis ihrer Gefühle der Feindseligkeit, die vielleicht durch den Schock nach dem Unfall in Frankreich vor vielen Jahren ausgelöst wurde. Doch in jedem Falle ist ihre Feindseligkeit eine irrige Haltung. Ihre Eltern liebten sie und taten alles, um sie glücklich zu machen. Die Männer, mit denen sie Erfahrungen machte, hatten gute Gründe, sie nicht zu heiraten. Jener schreckliche Unfall war kein Gottesurteil, sondern die Schuld eines betrunkenen Taxifahrers. Ihr Vermögen verlor sie durch schlechten Rat, was durch die klügere Auswahl des Anlageberaters vermeidbar gewesen wäre. Auch die Gelenkentzündung ist nicht die Strafe eines göttlichen Gerichts. Sie ist vielmehr das unausweichliche Ergebnis entsprechender falscher Einstellungen.

In diesem Augenblick konzentrieren sich alle Heilkräfte dieses Universums auf Frau Laidy. Aus allen Richtungen dieses Kosmos strömen heilende Kräfte der universellen Ganzheit auf jenen Ort ein, an dem sie sich aufhält, um sich hier räumlich zu konzentrieren.

Ihr Körper und ihr ganzes Wesen wird von diesen Heilkräften erfaßt. Hierdurch vollzieht sich in ihr eine wunderbare Wandlung. Eine echte und ungeheuchelte Liebe zu allen Menschen erwacht in ihr.

Ihr Wesen ist geborgen im Frieden des Unermeßlichen wie das Kind in den Armen der liebenden Mutter. Vollkommen umfängt sie der Frieden und die Stille des Unermeßlichen.

Mögen die Aufwallungen ihrer auf Negatives gerichteten Willenskraft schweigen. Möge sie erkennen, wie sie ein Teil des Ganzen ist. Ruhig wird sie im Angesicht der Gegenwart des Unermeßlichen, das sich nun in ihr konzentriert. Unendliche Stille kehrt in sie ein. Auch wenn draußen der Sturm tobt, spürt sie in sich den Frieden, der letztlich alles umfaßt. Unerschütterlich wird sie auf diese Weise, ruhig, gelöst und dem Höheren geöffnet, das sich nun ganz in ihrem körperlichen Sein konzentriert.«

Wesentlich bei dieser Methode »räumlicher Konzentration« ist die begleitende Vorstellung, daß sich die Heilkräfte der universellen Ganzheit im Wesen des leidenden Menschen konzentrieren. Auf verschiedene Weise kann man sich dies bildlich vergegenwärtigen. So könnte man vor dem inneren Auge Strahlen aus allen Richtungen des Universums sehen, die auf den entsprechenden Punkt treffen, um sich dort zu geballter Heilkraft zu konzentrieren. Man kann dies auch als Wellen sehen oder ausgehend von der »Nebel-Methode« sich den zuvor alles einhüllenden Nebel an einem Punkte konzentrieren lassen. Jeder Übende wird hier seinen eigenen Zugang finden können, der in ihm die entsprechenden Empfindungen auslöst.

Jene Empfindungen, um die es hier geht, bestehen darin, daß man durch das Bild der räumlichen Konzetration alle positiven Kräfte des Kosmos auf das zu lösende Problem konzentriert erlebt. Hieraus entspringen Vertrauen und Gewißheit, daß eine Lösung möglich ist. Vertrauen und Gewißheit jedoch sind die notwendigen positiven Einstellungen, die das Wirken des Gesetzes der Schöpferkraft ermöglichen.

Gerne hätte ich von der vollkommenen Heilung jener Dame berichtet, für die ich obige Gebetsbetrachtung sprach. Doch sie ist noch nicht vollständig geheilt. Zwar braucht sie keinen Rollstuhl mehr, doch hat sie zuweilen noch leichte Gelenkschmerzen. Immer noch ist sie nach außen ein liebenswerter Mensch, doch ist dies inzwischen auch tatsächlich zu ihrer inneren Einstellung geworden. Und diese innere Einstellung und die damit verbundene Bewußtheit läßt auch den Heilungsprozeß voranschreiten.

»Was kann durch mich geschehen?«

Der Grad unseres Vertrauens und unserer Bewußtheit bedingt auch die Ergebnisse unserer spirituellen Praxis. Niemand kann Dinge wirklich erwarten, wenn er nicht an sie glauben kann. Darum *werden nur solche Dinge durch uns geschehen, an die wir zu glauben vermögen.*

Es sind nicht unsere engen persönlichen Wünsche, Hoffnungen und Bitten, die zu einer spirituellen Problemlösung führen. Vielmehr kommt diese durch unser gesprochenes Wort zustande, wenn dies auf entsprechende Erkenntnis, Bewußtheit und das notwendige Vertrauen gegründet ist.

Nachfolgend seien kurz fünf Fragen beantwortet, die in diesem Sinne unsere Gebetspraxis betreffen.

1. Kann jedes Problem jedes Menschen auf eine positive Weise gelöst werden? Diese Frage ist uneingeschränkt zu bejahen. Millionen Menschen haben im Laufe der Geschichte durch spirituelle Methoden großes Heil erfahren.

2. Braucht man eine besondere Begabung oder eine naive unwissenschaftliche Einstellung, wenn man zu spirituellen Methoden greifen möchte? Hierzu ein klares Nein. Zahlreiche Menschen, die sich spiritueller Methoden bedienen, sind skeptische und wissenschaftlich geschulte Denker.

3. Wie sehr hängt eine Heilung von mir ab? Sie hängt hauptsächlich davon ab, daß ich meine eigenen Widerstände beiseite räume, damit das Gesetz der Schöpferkraft auf natürliche Weise durch mich und in mir wirken kann. Dies ist möglich, wenn in mir keine unharmonischen Gedanken sind. Wo es inneren Frieden, Sicherheit, Liebe, Verständnis und Vertrauen gibt, kann das Gesetz ohne Einschränkung arbeiten. Neid, Angst, Haß und Eifersucht jedoch verhindern Heilung und Problemlösung.

4. Was genau bringt eine Heilung hervor? Es ist das menschliche Verlangen nach Vereinigung. Mit anderen Worten: Sobald die Erkenntnis und das Erleben unseres Einsseins mit der allumfassenden Ganzheit eintritt, sobald wir die Illusion aufgeben, daß wir alleine auf uns gestellt und abgesondert von anderen alles vermögen, lösen sich unsere inneren Verhärtungen.

5. Die wichtigste Frage: Worauf beruht wahrer Glaube? Millionen Menschen behaupten, einen »Glauben« zu besitzen. Doch sie wirken keinesfalls gesund oder frei von Problemen. Für sie bedeutet Glaube das Annehmen bestimmter äußerlicher Glaubensbekenntnisse, die jedoch mit ihrem jeweiligen Alltag und dessen Schwierigkeiten nichts zu tun haben.

Ein dynamischer Glaube in spirituellem Sinne weist insbesondere drei wesentliche Merkmale auf:

1. Er besteht in der Gewißheit, daß alle Dinge, die mit uns geschehen, hauptsächlich durch unsere eigenen Taten und inneren Einstellungen verursacht werden, und wir keinesfalls den grausamen Umständen hilflos ausgeliefert sind. Niemand wird dadurch zum Versager, daß er etwas nicht schafft. Doch der Glaube, daß andere an seinem Ungenügen Schuld haben, macht ihn zum Versager. Wer den rechten Glauben besitzt, wird die Ursache seines Leidens in sich selbst suchen.

2. Dazu kommt als besonderes Merkmal die vertrauensvolle Gewißheit, daß alle Gesetze dieses Universums in harmonischer, positiver und heilsamer Weise arbeiten wollen. Nur dadurch, daß wir uns ihrem Wirken durch egoistische Tendenzen entgegenstellen, kommt es überhaupt zu Leiden, Schmerz, Kummer und Verzweiflung.

3. Das Wesentlichste jedoch ist die sich daraus ergebende Konsequenz: Wir müssen alle egoistischen *Wurzel-Gedanken* des Hasses, der Grausamkeit, Feindseligkeit, Habsucht, Neid und Ärger aufgeben und überwinden durch das wunderbare Heilmittel, das im Mittelpunkt aller Religionen steht: die *Liebe*.

Das heilende Gesetz ist das Gesetz der Liebe

Paulus hat die große Bedeutung der Liebe im 13. Kapitel des ersten Briefes an die Korinther hervorgehoben: »Wenn ich mit den Zungen der Menschen und Engel rede, aber die Liebe nicht habe, bin ich ein tönendes Erz oder eine klingende Schelle geworden. Und wenn ich weissagen kann und alle Geheimnisse weiß und alle Erkenntnis und allen Glauben habe, so daß ich Berge versetzte, aber die Liebe nicht habe, so bin ich nichts. Und wenn ich alle meine Habe den Armen gebe und meinen Leib hingebe, damit ich verbrannt werde, aber die Liebe nicht habe, so nützt es mir nichts.

Die Liebe ist langmütig und gütig; die Liebe ist nicht eifersüchtig; die Liebe prahlt nicht, sie bläht sich nicht auf, sie tut nichts Unschickliches, sie sucht nicht ihren Vorteil, sie läßt sich nicht erbittern, sie rechnet das Böse nicht zu, sie freut sich nicht an der Ungerechtigkeit, sondern freut sich mit der Wahrheit; sie erträgt alles, sie glaubt alles, sie hofft alles, sie duldet alles.

Die Liebe hört niemals auf. Seien es Weissagungen, sie werden abgetan werden; seien es Zungenreden, sie werden aufhören; sei es Erkenntnis, sie wird abgetan werden. Denn unser Erkennen ist Stückwerk, und unser Weissagen ist Stückwerk. Wenn aber das Vollkommene kommt, wird das Stückwerk abgetan werden. Als ich ein Kind war, redete ich wie ein Kind, dachte wie ein Kind, urteilte ich wie ein Kind; als ich aber ein Mann wurde, tat ich ab, was kindisch war. Wir sehen jetzt durch einen Spiegel, in einem dunklen Wort; dann aber von Angesicht zu Angesicht. Jetzt erkenne ich stückweise; dann aber werde ich erkennen, wie ich auch erkannt bin. *Nun aber bleibt Glaube, Hoffnung, Liebe, diese drei; aber die Liebe ist die größte unter ihnen.«*

Liebe ist die größte Kraft dieses Universums. Sie heilt den Gebenden wie auch den Nehmenden. Ein liebendes Herz ist voller Mitempfinden dem gegenüber, der ein elendes und ungeliebtes Leben führt. Sein Verständnis zeigt ihm, weshalb ein anderer Mensch leidet. Die eigenen schmerzhaften Gefühle treten dadurch in den Hintergrund und der andere Leidende wird wichtig. Wahre Liebe erhebt einen Menschen über alle egoistischen Triebe und Neigungen.

Ein liebendes Herz kann nicht verletzt werden. Es hat sich über Schmerz, Kummer und Verzweiflung erhoben. Alle eigenen Regungen und Taten erkennt es in ihrer wahren Bedeutung. Es macht sich keine falschen Vorstellungen über die Motive der eigenen Handlungen und versucht stets jenen zu helfen, die nicht aus eigener Kraft den Weg aus dem Elend finden.

Jeder Mensch kann Liebe entfalten

Ein liebendes Herz ist stets voller Verständnis und Geduld dem anderen gegenüber. Dies ist auch unser eigener Gradmesser zum Erkennen unserer Liebesfähigkeit. Wir sollten uns hier genau prüfen, um nicht der Täuschung angenehmer Gefühle zu erliegen.

Um wahre Liebe zu entfalten, müssen wir mit kleinen Schritten beginnen. Wir sollten zuweilen jener gedenken, die uns selbst das Empfinden der Liebe gaben oder geben: Daß wir überhaupt leben, verdanken wir der Liebe zweier Menschen. Daß wir das geworden sind, was wir sind, verdanken wir derer, die uns förderten.

Die erste Liebe, die wir erfuhren, war wohl die unserer Mutter. Sie hat uns geliebt vom Anfang der Empfängnis, geliebt zur Stunde unserer Geburt, hat uns beschützt, uns Nahrung gegeben, vielleicht unter Verzicht auf vieles, was sie selber benötigte. Auch heute leben wir nicht zuletzt durch die Liebe mancher Menschen, die uns trägt: Familienmitglieder, Partner, Freunde, Kollegen.

Es gibt, wenn wir nur etwas darüber nachdenken wollen, ungezählte Situationen, in denen wir Liebe empfingen und empfangen. Derartige Situationen können wir uns ins Gedächtnis rufen, und wir können versuchen, sie in unserem Geiste erneut zu erleben.

Aus diesem Empfinden der Zusammengehörigkeit und der erlebten Liebe können wir nun versuchen, verschiedenste Menschen vor uns zu sehen: Solche, die uns körperlich verwandt sind, solche, die wir schätzen, uns Gleichgültige, Nachbarn und Kollegen, Freund und Feind. Sie alle umfassen wir in unserem von Liebe erfülltem Geist, ihnen allen lassen wir unsere Liebe zuströmen. Und sodann können wir den Entschluß fassen: Wo immer ein Wesen in dieser Welt weint, will unsere liebende Tat es trösten. Wo immer ein Wesen leidet, möge unsere Liebe ihm Trost und Hilfe sein. Wo immer ein Wesen unter seiner Last zusammenbricht, soll unsere Liebe sie ihm abnehmen und tragen!

Je nachdem, welche Momente der Liebe wir in der Vergangenheit erlebten und in der Gegenwart erleben, je nachdem, wie es uns gelingt, diese Momente in unserem Geiste wachzurufen, werden wir in unserem Inneren diesen Entschluß zur Liebe spontan in eigene Wort kleiden.

Doch es soll nicht beim Wort bleiben! Auch wenn wir daran zweifeln, ob wir bereits die wahre Liebe entfaltet haben, können wir doch bereits Taten ausführen, die einer liebenden Haltung entsprechen. Denn, wie ich in einem eigenen Abschnitt dieses Buches ausgeführt habe, innere Einstellungen entstehen aus unseren Handlungen. Wir werden das, was wir tun.

Wir können den wahren Glauben verwirklichen, der Berge versetzt. Er beruht auf Gewißheit, Vertrauen und Liebe. Mangelt es daran, wird auch der Glaube schwanken. Doch es sollte uns Mut machen, daß uns dieser Weg offensteht. Schritt für Schritt können wir das hier Dargelegte umsetzen. Dann sind wir in der Lage, uns und anderen zu helfen. Im Grunde ist es doch ganz einfach...

Anhang

Gebetsbetrachtungen für bestimmte Probleme

Es wären einige umfangreiche Bände notwendig, wenn man im Detail alle Probleme auflisten wollte, die den jeweiligen *Wurzel-Gedanken* entspringen.

Dennoch füge ich hier eine kurze Liste an, die nach meiner Erfahrung den am häufigsten auftretenden Problemen und den jeweils zugrundeliegenden *Wurzel-Gedanken* entspricht.

Ich gebe jeweils dazu den notwendigen Heilgedanken und eine kurze Gebetsbetrachtung. Bei diesen habe ich mit Absicht immer ein paar Zeilen freigelassen. Hier sollen Sie mit eigenen Worten etwas hinzufügen, was Ihren persönlichen Bedürfnissen entspricht. Dies ist sehr wichtig, denn Sie müssen bei der spirituellen Praxis mit eigener Bewußtheit arbeiten und dürfen nicht lediglich meine Worte wiederholen.

Man sollte immer daran denken, daß der von uns gewünschte Wandel eigentlich mehr bedeutet als nur das Annehmen einer anderen Haltung. Unsere geänderte Haltung ermöglicht in uns den freien Fluß der schöpferischen Kräfte dieses Universums. Und hieraus entspringt unser eigentliches und dauerhaftes Glück.

Nachfolgend nun die Auflistung der Probleme und Gebetsbetrachtungen:

1. Der Wurzel-Gedanke der Überlastung

Das damit verundene Gefühl kann in folgende Worte gefaßt werden: »*Das schaffe ich nicht. Ich halte das nicht mehr aus.*«
Hieraus entspringen die folgenden Schwierigkeiten: Alkoholismus, Blutarmut, Angst, Unrast, Neid auf Erfolgreiche, Herzbeschwerden, Bluthochdruck, Minderwertigkeitskomplexe, Nervenleiden, Nervenzusammenbrüche, Übergewicht, Lähmungen.
Dem kann der *Heil-Gedanke* der inneren *Wendigkeit* und *Zulänglichkeit* durch folgende Gebetsbetrachtung entgegengesetzt werden:
»*Jedes Gesetz dieses Universums wirkt gemäß seiner Ausrichtung und Bestimmung frei von Anstrengungen und Belastungen. Das allumfassende Bewußtsein dieses Kosmos findet niemals einen Anlaß davonzulaufen. Ich bin ein Teil dieses allumfassenden Bewußtseins. Darum reicht auch meine Kraft aus, um die mir zukommenden Lasten frei von Anstrengungen und dem Empfinden der Belastung zu tragen. Ich besitze die Wendigkeit und den Einfallsreichtum, um dem Leben ins Auge zu sehen. Ich lehne es ab, daß negative Vorstellungen und Überbelastung und Mutlosigkeit von meinem Denken Besitz ergreifen. Möge durch mich heute und allzeit die unermeßliche Kraft der allumfassenden Ganzheit wirken.* (Fügen Sie nun selbst Ihre Gedanken an!)

_____

_____

_____

_____

_____«

2. Der Wurzel-Gedanke des Verlusts

Das damit verbundene Gefühl kann in folgende Worte gefaßt werden: »*Alles entgleitet mir. Es ist für immer verloren. Es ist aus.*«
Hieraus entspringen die folgenden Schwierigkeiten: Verluste aller Art in Gesundheit, Eigentum, Beruf, Ansehen, Liebe, Freundschaft, Schönheit, Jugendlichkeit.
Dem kann der *Heil-Gedanke* der *untrennbaren Ganzheit* durch folgende Gebetsbetrachtung entgegengesetzt werden:
»*Nichts ist in der allumfassenden Ganzheit dieses Universums jemals wirklich verloren. In meinem tiefsten Inneren weiß ich, daß ich finden kann, wonach ich verlange. Die harmonischen Gesetze dieses Universums führen stets das zusammen, was einander braucht und füreinander bestimmt ist. Das unendliche Licht dieses Universums wird mir helfen, das zu finden, was verloren erscheint. Ich weigere mich, die Idee des dauernden Verlustes zu akzeptieren. Ich glaube an die Ganzheit und daran, daß in meinem Leben künftig alles den rechten Platz einnimmt.* (Fügen Sie nun selbst Ihre Gedanken an!)

_____

_____

_____

_____

_____

_____«

3. Der Wurzel-Gedanke der Störung und Hemmung

Das damit verbundene Gefühl kann in folgende Worte gefaßt werden: *»Von diesen Menschen, Orten oder Dingen werde ich behindert, gestört oder gehemmt.«*

Hieraus entspringen die folgenden Schwierigkeiten: Augenleiden, Kreislaufbeschwerden, geschäftliche Probleme, Verstopfung, Schwerhörigkeit, Schwierigkeiten in Liebe und Ehe, verschiedene Probleme im Berufsleben und mit dem Besitztum.

Dem kann als *Heil-Gedanke* das *Gefühl unserer inneren Freiheit* durch die nachfolgende Gebetsbetrachtung entgegengesetzt werden:

»Alle Hindernisse, die ich in der äußeren Welt zu sehen glaube, entspringen in Wahrheit meinen irrigen Haltungen mir selbst und dem Universum gegenüber. Ich bin ein Teil des unendlichen Ganzen, das durch mich vollkommen zum Ausdruck kommen möchte.

Dieses unendliche Universum kennt keine Störungen und Hindernisse. Auch mein Bewußtsein kann Anteil hieran haben, wenn ich mich dafür entscheide, dem harmonischen Fluß der kosmischen Gesetze keinen Widerstand entgegenzusetzen. (Fügen Sie nun selbst Ihre Gedanken an!)

_____

_____

_____

_____

_____

_____«

4. Der Wurzel-Gedanke der Reizbarkeit

Das damit verbundene Gefühl kann in folgende Worte gefaßt werden: »*Diese Dinge reizen oder ärgern mich.*«
Hieraus entspringen die folgenden Schwierigkeiten: Ausschlag und alle Reizbarkeiten der Haut, Entzündung verschiedenster Art, Geschwüre, Probleme mit der Gallenblase, Überempfindlichkeit gegenüber Kritik, Unduldsamkeit gegenüber Menschen, die »anders« sind.
Dem kann als *Heil-Gedanke* das Empfinden *innerer Stille und Sicherheit* durch folgende Gebetsbetrachtung entgegengesetzt werden:
»*In mir gibt es eine Welt, die vollkommen frei von jedem Empfinden der Reizbarkeit ist. Es ist ein geheimer Ort meines Wesens, an welchem die Stille regiert. Niemand kann hier ohne meine Zustimmung eintreten. Nichts kann ohne meinen Willen nach hier gelangen. Ich weigere mich, künftig eine Störung meines inneren Friedens zuzulassen. Mein Geist bleibt ruhig und gefaßt, was immer geschehen mag. Der Friede des allumfassenden Universums wirkt nun durch mich.* (Fügen Sie nun selbst Ihre Gedanken an!)

_____

_____

_____

_____

_____

_____«

5. Der Wurzel-Gedanke der Feindseligkeit

Das damit verbundene Gefühl kann in folgende Worte gefaßt werden: »*Die Menschen sind gegen mich.*«

Hieraus entspringen die folgenden Schwierigkeiten: Allergien, Heuschnupfen, Infektionen verschiedener Art, Asthma, unerklärliche Feindseligkeiten anderer uns gegenüber, Probleme am Arbeitsplatz, Eifersucht, Neid, Streitigkeiten und Kritiksucht.

Dem kann als *Heil-Gedanke* die Gewißheit, *daß die Erde ein freundlicher Ort ist,* durch nachfolgende Gebetsbetrachtung entgegengesetzt werden:

»*Ich bin eine Zelle in der Gesamtheit des Universums. Grundsätzlich kann es zwischen den verschiedenen Zellen dieses allumfassenden Körpers keine Feindschaft geben. Es kann zwischen uns keine eigentliche Konkurrenz geben, denn jeder von uns wirkt bewußt oder unbewußt für den anderen.*

Jedermann, der mir ein Unrecht getan hat, soll dafür Vergebung finden. Ich möchte keinerlei negativen Gefühle gegenüber irgendeinem Menschen hegen. Ich möchte jedermann mein Bestes geben, und ich erwarte auch von den anderen Menschen nur das Beste. (Fügen Sie nun selbst Ihre Gedanken an!)

_____

_____

_____

_____

_____«

6. Der Wurzel-Gedanke der Ablehnung

Das damit verbundene Gefühl kann in folgende Worte gefaßt werden: »*Die Leute blicken auf mich herab. Ich werde von allen abgelehnt. Ich bin unerwünscht.*«

Hieraus entspringen die folgenden Schwierigkeiten: Verrenkungen, Brüche, Augenleiden, geschäftliches Versagen, Probleme in Freundschaft und Liebe, Selbstmitleid, Verzweiflung, Einsamkeit, Mißverständnisse, Schwierigkeiten bei der Arbeitssuche.

Dem kann als *Heil-Gedanke* die *Kenntnis der eigenen Werte* durch nachfolgende Gebetsbetrachtung entgegengesetzt werden:

»*Es gibt nur eine allumfassende Ganzheit. Ich bin an jedem Punkte meines Daseins ein Teil dieser universellen Ganzheit. Darum bin ich besser, klüger, stärker und attraktiver als ich es mir bisher zugestehen wollte.*

Ich habe mich bisher selbst unten gehalten und unter meinem eigentlichen Wert verkauft. Andere haben meine eigene Vorstellung über mich übernommen.

Künftig werden sie auch meine neuen Erkenntnisse über mich annehmen. Endlich erkenne ich meinen wahren Wert. Jeder Teil meines Wesens ist in Körper, Geist und Charakter mit dem Universellen verbunden. (Fügen Sie nun selbst Ihre Gedanken an!)

_____

_____

_____

_____

_____«

7. Der Wurzel-Gedanke des falschen Handelns

Das damit verbundene Gefühl kann in folgende Worte gefaßt werden: »*Krankheit und Schwierigkeiten sind etwas völlig Normales.*«
Hieraus entspringen alle Arten von Schwierigkeiten: Krankheiten, Probleme, Kummer, Verzweiflung und Armut.

Dem kann der *Heil-Gedanke* des *rechten Handelns* entgegengesetzt werden, der besagt, daß Gesundheit und Freude die natürlichsten Werte sind. Hierzu empfiehlt sich die folgende Gebetsbetrachtung:

»*Dieses Universum wird von Gesetzen vollkommenen und rechten Handelns regiert. Ich bin ein Teil dieses Universums, und auch in mir sollten jene harmonischen Gesetze des vollkommenen Handelns zu meinem und zum Heile aller Wesen regieren.*

Nur meine eigenen falschen Ansichten können mich am vollkommenen Werk hindern. Künftig werde ich stets das Wahre, das Schöne und das Gute suchen, auf denen sich meine Haltungen und Handlungen gründen sollen. Ich weigere mich, an irrigen Anschauungen und vorgefaßten Meinungen festzuhalten. Möge mein Alltag in aller Zukunft unter dem Gesetz des rechten Handelns stehen. (Fügen Sie nun selbst Ihre Gedanken an!)

_____

_____

_____

_____

_____«

IHR PROGRAMM ZUR SELBSTHILFE

Frederick Bailes   **ICH LEBE GLÜCKLICH**

In sieben Tagen ein neues Leben! Glauben Sie es nicht – versuchen Sie es! Dieses Buch ist in zwei Teile gegliedert. Im ersten Teil schildert der Autor, wie ihm das Gesetz der Schöpferkraft vor über 30 Jahren das Leben rettete. Er erklärt dieses Gesetz in einer, auch für den Laien, leicht verständlichen Weise. Der zweite Teil des Buches wird Sie mit allen notwendigen Methoden zum Gebrauch dieses schöpferischen Gesetzes vertraut machen. Diese Methoden wirken nicht wie ein Zauberstab, mit dem man eigenartige und undurchschaubare Bewegungen ausführt. Vielmehr entspringen sie einer klaren Schau der menschlichen Natur. Der Mensch denkt in Bildern. Worte und Begriffe dagegen sind Werkzeuge, die uns dabei helfen, uns mit anderen über diese Bilder zu verständigen. Die hier angesprochenen Methoden sind so aufgebaut, daß Sie sich das Wirken des schöpferischen Prozesses bildhaft vorstellen können. Auf diese Weise wird Ihr eigenes Vertrauen und Ihr Einsatz gestärkt, wodurch höhere Wirksamkeit entsteht.

Der Autor hat diesen Methoden folgende Bezeichnungen gegeben:
1. Die »Nebel-Methode«
2. Die »Methode der unsichtbaren Welle«
3. Die »Methode des Ausdehnens und Zusammenziehens«
4. Die »gebietende Methode«
5. Die »Methode der räumlichen Konzentration«

Sie erfahren etwas über die Wurzeln Ihres unheilsamen Denkens, die Möglichkeiten, dieses zu überwinden und hierfür hilfreiche kurze meditative Gebete. 258 Seiten.

John Randolph Price   **DEINE ZUKUNFT IST JETZT**

Aufruf zur Rettung der Erde. Dieses Buch ist der Heilung und Harmonisierung unseres Planeten und allen darauf bestehenden Lebensformen in Liebe gewidmet. Es ist gleichzeitig ein Aufruf der planetarischen Kommission, sich mit all jenen Menschen gedanklich zu verbinden, die diese Idee, deren Zeit gekommen ist, kraftvoll unterstützen. Denn: Jeder Gedanke – auch der von unauffällig lebenden Menschen ohne Einfluß und Position – ist beteiligt an den Ursachen weltbewegender Wirkungen. Sind wir uns dieser ungeheuren Verantwortung, der sich niemand entziehen kann, bewußt? Wir stehen am Anfang eines neuen Zeitalters. Eine kollektive Bewußtseinsveränderung des Menschen würde bedeuten, daß wir endlich Krieg und Vernichtung, Haß und Unversöhnlichkeit hinter uns lassen und zu neuen, friedlichen Ufern aufbrechen. Und wie, so mögen Sie fragen, kommen wir von hier nach dort? Wenn ein jeder von uns die Entscheidung trifft, seine Gedanken von der materiellen Ebene auf die spirituelle umzulenken. Das bedeutet durchaus nicht, sich von materiellen Gütern loszusagen. Im Gegenteil. Aber wir müssen aufhören, ihnen nachzulaufen, ihnen eine falsche Bedeutung beizumessen und sie anzubeten wie einen falschen Gott. Dadurch wird das kollektive Bewußtsein mit negativer Energie genährt, die alles Übel verursacht, denn: **Was oder wen wir vergöttern, dem geben wir Macht über uns.** 191 Seiten.

David B. Goodstein   **SUPERLIVING**
                                     LIEBER REICH UND GLÜCKLICH...

Erfolg, Reichtum, Glück und Liebe – all das kann Teil Ihres Lebens sein. Bevor er diese Erfahrungen machte, sagte der Autor von sich: »Ich war hoffnungslos, mein Leben grau in grau, ich war ein Einzelgänger, nicht beliebt und nicht sehr liebevoll. Ich hamsterte mein Geld und meine Zeit. Und ich war überzeugt, daß so ziemlich jeder an meiner Misere schuld hatte, ausgenommen ich selbst. Dann verlor ich auch noch meinen Job.« Die Wende im Leben eines Menschen wird so gut wie nie durch einen Glücksfall ausgelöst. Der Autor befand sich in einer Situation, als käme ihm auf der Autobahn geradewegs jemand entgegengerast, um ihn zu vernichten. Erst als er begriff, daß er der Geisterfahrer war – ständig auf der falschen Spur –, das heißt, daß er seinen Kurs ändern mußte, kam die Wandlung. Dies ist ein ehrlicher, schonungsloser Lebensbericht, in dem der Autor gleichzeitig ein praktisches neues Programm enthüllt, das Ihnen hilft, emotionale und psychologische Barrieren zu durchbrechen, die Sie bisher daran gehindert haben, ein reiches und volles Leben zu erfahren. 227 Seiten.

Verlangen Sie das Gesamtprogramm beim
Verlag Peter Erd, Gaißacherstraße 18, Postfach 75 09 80,
8000 München 75; Telefon (0 89) 7 25 01 26

IHR PROGRAMM ZUR SELBSTHILFE

Dr. Evarts G. Loomis **HEILEN DURCH LIEBE UND ERKENNTNIS**
J. Sig Paulson

Ein neues Leben im Ganzheitsbewußtsein. Dieses Buch wurde von zwei außergewöhnlichen Männern geschrieben, die – und es liegt nahe so zu denken – auf ganz verschiedenen Bereichen wirken. Um so überraschender ist ihre Erkenntnis von ihrer gemeinsamen, nicht zu trennenden Verantwortlichkeit: den Menschen gesund zu machen, ihn »ganz« zu erhalten, ihm zu helfen, mit dem Universum in natürlicher Harmonie zu leben. Der eine dieser Männer, Dr. Evarts G. Loomis, ist Mediziner, der andere, J. Sig Paulson, ein Geistlicher. Wir haben die Zuständigkeiten von Arzt und Priester längst getrennt. Für uns tritt der Seelsorger in Aktion, wenn der Mediziner mit seiner Kunst am Ende ist. So wird es in unserer Zeit praktiziert, und es ist längst in Vergessenheit geraten, daß Hippokrates, der Vater der Medizin, ein Geistlicher war. Er behandelte Körper **und** Seele seiner Patienten, erfragte ihre Ängste und Nöte, denn meistens sind es unausgesprochene seelische Belastungen, die sich als Krankheit manifestieren. Erst wenn der Mensch angstfrei und voll Vertrauen in die Schöpfung seinen Weg geht und sich als Ganzheit von Körper und Geist begreift, kann er gesund bleiben und werden. Wem es gelingt, dieses universelle Bewußtsein zu entwickeln, für den ist auch das Alter kein Schreckgespenst mehr, weiß er doch, daß er diese Lebensphase der Reife und die ihr innewohnende Schönheit gesund erleben und genießen kann. Und so sind sich denn beide Autoren darüber einig, daß es gilt, in diesem Ganzheitsbewußtsein zu leben, um seelische Ausgeglichenheit und körperliche Gesundheit zu erreichen. Das von Dr. Loomis gegründete Zentrum für Ganzheitsmedizin in Meadowlark/Kalifornien basiert auf diesen Erfahrungen und erfreut sich aufgrund des enormen Erfolgs größter Beliebtheit weit über die Grenzen der USA hinaus. 287 Seiten.

Dr. Ainslie Meares **ÄNGSTIGE DICH NICHT –**
LEBE UND GEWINNE!

Wie man Ängste abbaut, um glücklich zu leben. Es ist eine Tatsache, daß nichts unser Leben so sehr beeinflußt wie die Angst. Ihr verdanken wir das flaue Gefühl im Magen, die Schweißausbrüche oder die Herzbeklemmungen, wenn wir in einer schwierigen Situation stecken. Es ist die Angst, die alle psychosomatischen Leiden, alle Hemmungen verursacht. Aber das ist nicht alles. Das schlimmste, was sie uns antut, ist, daß sie uns in Abwehrhaltungen hineinzwingt, die sich äußern in Aggressivität, Mißtrauen, Selbstsucht und vieles mehr. Diese uns durch Angst aufgezwungenen Eigenschaften lassen es nicht zu, daß wir zu jenen Menschen werden, die wir sein könnten. Mit anderen Worten: Wir können noch so sehr an uns arbeiten, noch so sehr bestrebt sein, eine störende Eigenschaft abzulegen, es wird nicht eher gelingen, bis wir die Angst abgebaut haben, die als Ursache für diese Fehlhaltung in Frage kommt. Mental-Ataraxie ist ein schwieriges Wort für eine unkomplizierte Methode, zu einem Abbau der Ängste zu gelangen. Ihre Auswirkung wird sofort spürbar im täglichen Leben, sei es in der Arbeitswelt, in Freizeit und Familie oder im sexuellen Bereich. Der Autor dieses Buches praktiziert mehr als 30 Jahre als Psychiater, und er ist immer mehr von den konventionellen Behandlungsweisen abgerückt zugunsten einer Methode, die durch Entspannung und meditative Erfahrungen im Zustand der Stille leidvolle innere Zustände, durch Angst hervorgerufen, beseitigt. 233 Seiten.

Claude M. Bristol **TNT – EINE KRAFT IN DIR WIE DYNAMIT**
Harold Sherman

Die meisten Menschen blockieren sich ständig selbst und behindern damit ihr natürliches Vorwärtskommen. Sie halten es für vermessen, sich in einer Position zu sehen, die ihnen nach der sozialen Stufenleiter „nicht zukommt". Und das ist das grundlegende Übel. Nur derjenige, der eine solche Idee zuläßt, der sie ständig im Auge behält, d. h. sie innerlich verbildlicht, wird sie unweigerlich durchsetzen. Die Kraft in uns, die ihr zum Durchbruch verhilft, ist bei jedem Menschen in der gleichen Stärke vorhanden. Es ist ein schier grenzenloses Potential, über das wir verfügen. Aber nur wenige Menschen wissen davon und nutzen es für ihre Ziele. Diejenigen, die es tun, sind die Planer und Vollbringer auf dieser Welt. Die große Masse gedankenloser menschlicher Wesen folgt nur ihrem Kielwasser. 216 Seiten, Leinen.

Verlangen Sie das Gesamtprogramm beim
**Verlag Peter Erd, Gaißacherstraße 18, Postfach 75 09 80,
8000 München 75; Telefon (0 89) 7 25 01 26**

IHR PROGRAMM ZUR SELBSTHILFE

Sidney Petrie und **SELBSTHILFE DURCH AUTOGENIC**
Dr. Robert Stone

Nichts ist so anhänglich wie schlechte Gewohnheiten! Was wollen wir uns nicht alles abgewöhnen: das Rauchen, übermäßigen Alkoholgenuß, das ewige Naschen, in unerwarteten Situationen sofort Versagerängste zu entwickeln, und überhaupt immer gleich emotional zu reagieren, u. v. a. m. Es ist so schwer, wenn nicht gar unmöglich, denken Sie. Wenn es Ihnen bisher nicht gelungen ist – **mit Autogenic schaffen Sie es!** Die Autogenic-Methode orientiert sich zwar am Autogenen Training, ist aber eine durch neue Erkenntnisse wesentlich verbesserte Methode und führt in der Praxis zu außerordentlichen Erfolgen. 256 Seiten.

Alle wichtigen Autogenic-Formeln dieses Buches haben wir auch als **Kassetten** verfügbar. Damit können Sie Ihren Erfolg mühelos steigern.

Petrie / Stone **DAS AUTOGENIC-**
KASSETTEN-PROGRAMM

Was ist Autogenic? Autogenic ist eine in Amerika entwickelte Selbsthilfemethode, die sich zusammensetzt aus Autogenem Training (Selbstentspannung von Körper und Geist) und bestimmten Konditionierungsformeln. Eine mit Erfolg praktizierte Therapie, von der heute Menschen in allen Lebensbereichen profitieren. Und das ohne Willensanstrengung! Die erwünschte Wirkung wird erreicht durch Entspannung und Imagination (geändertes Vorstellungsbild). **Die Resonanz ist überwältigend.** Was man häufig weder mit guten Vorsätzen, Diäten noch Medikamenten erreichte, wird möglich durch Selbstsuggestion.

Mit folgenden Kassetten:
- Mühelos schlank auf Dauer
- Erfolg beim anderen Geschlecht
- Andere für seine Ziele gewinnen
- Ab sofort Nichtraucher
- Frei von Schlafstörungen
- Frei von Migräne
- Mühelos lernen
- Nicht mehr alkoholabhängig
- Gesund und vital
- Finanzielle Sicherheit
- Glücklich und selbstsicher
- Depressionen überwinden
- Angst überwinden
- Streß und Nervosität überwinden

LEXIKON DER TRAUMDEUTUNG

Wir alle träumen pro Nacht eineinhalb Stunden. Durch die Träume versucht unser Unterbewußtsein Kontakt mit unserem Verstand herzustellen und ihm eine Botschaft zu übermitteln. Doch meistens können wir die vielen Symbole und okkulten Sinnbilder, die es dabei anwendet, nicht entschlüsseln. Wir können die Botschaft nicht aufnehmen. Dieses Lexikon lüftet den Schleier der Geheimnisse. Es deutet 2500 Träume. Es enthüllt Ihnen, was die seltsamen Begebenheiten, Gegenstände, Menschen, Orte und Gefühle Ihrer Traumwelt in Wirklichkeit für Sie bedeuten. 432 Seiten, kartoniert.

Marianne Streuer **GESUNDHEIT FÜR EIN GANZES LEBEN**

Dieses Buch unterscheidet sich von den im Übermaß angebotenen, mehr oder weniger einseitig ausgerichteten, Fitneß-, Ernährungs- und Schönheitsfahrplänen durch Einbeziehung einer Lebensbejahenden Grundeinstellung und macht es so wertvoll. 152 Seiten.

Verlangen Sie das Gesamtprogramm beim
**Verlag Peter Erd, Gaißacherstraße 18, Postfach 75 09 80,
8000 München 75; Telefon (0 89) 7 25 01 26**

IHR PROGRAMM ZUR SELBSTHILFE

Dr. Joseph Murphy

LASS LOS UND LASS GOTT WIRKEN
103 Meditationen für Gesundheit, Wohlstand, Erfolg und Harmonie

Meditieren heißt loslassen und gleichzeitig neue Kraft schöpfen. Schmerzliche Erfahrungen werden aufgelöst, es wächst das Urvertrauen in die Schöpfung und ihre Wege. Das Leben gewinnt an Intensität und erfährt eine Wandlung zum Positiven.
Dies ist eine exklusive Sonderausgabe als Geschenkkassette.
Darin sind enthalten: 1 Broschüre Murphy Meditationen I „Stille Momente mit Gott", 1 Broschüre Murphy Meditationen II „für Gesundheit, Wohlstand, Liebe und Selbstausdruck" und 3 Kassetten dieser Meditationen.

DAS GROSSE BUCH VON DR. JOSEPH MURPHY

Mehr als dreiviertel der gesamten Bevölkerung glauben an außersinnliche Kräfte wie Telepathie, Hellsehen, Kontakte mit Verstorbenen. Denn es ist inzwischen bewiesen, daß es diese Kräfte tatsächlich gibt, und daß wir von diesen unsichtbaren Kräften in vielen Entscheidungen gelenkt und geleitet werden. Ob wir dies nun wollen oder nicht! Dr. Joseph Murphy zeigt Ihnen in diesem Buch, wie Sie sich diese Kräfte zunutze machen können, um Ihr Leben erfolgreich zu gestalten. (ASW und TELE-PSI in einem Sonderband.) 500 Seiten.

DAS SUPERBEWUSSTSEIN
WIE SIE UNMÖGLICHES MÖGLICH MACHEN

Jeder Mensch kann sich erheben, wachsen und sich entfalten, unabhängig von Geburt und Herkunft, wenn er es versteht, das SUPERBEWUSSTSEIN im Innern zu berühren. Ihre Aktionen gehen vom wachbewußten Verstand aus, Ihre Reaktionen sind Sache des Superbewußtseins. 252 Seiten.

ASW
IHRE AUSSERSINNLICHE KRAFT

Jeder Mensch besitzt übersinnliche Kräfte und kann diese Tatsache jederzeit an sich erfahren. Sie können ohne Schwierigkeiten lernen, diese außerordentlichen Kräfte wie Hellsichtigkeit, Telepathie, Präkognition und Retrokognition im täglichen Leben sinnvoll einzusetzen und das mit Ergebnissen, die Sie nicht für möglich gehalten haben. 244 Seiten.

TELE-PSI
DIE MACHT IHRER GEDANKEN

TELE-PSI ist eine einfache, praktische, logische und wissenschaftliche Methode, durch deren Anwendung Sie Ihre sehnlichsten Wünsche erfüllen können. Dr. Murphy stellt hier ganz entschieden und unmißverständlich fest: wenn Sie den Instruktionen des Buches folgen, werden Wunder in Ihrem Leben geschehen. 256 Seiten.

MEHR GLÜCK UND ERFOLG DURCH DIE RICHTIGE ANWENDUNG DER GEISTIGEN GESETZE

Dieses Buch zeigt Ihnen, wie wichtig es ist, die geistigen Gesetze im Leben zu beachten und danach zu handeln. Denn diese Gesetze sind ebenso gültig wie die aus Mathematik und Physik. Dieses Buch bietet eine Vielzahl von Suggestionshilfen und Techniken, die von jedermann anwendbar sind, um unser Leben bewußt durch konstruktives Denken positiv zu verändern. 255 Seiten.

GROSSE BIBELWAHRHEITEN
FÜR EIN PERFEKTES LEBEN

Der weltberühmte Autor hat eine Vielzahl von interessanten Bibelstellen auf ihre wahre, innere Bedeutung hin untersucht. Seine Interpretationen und Erkenntnisse weichen absolut von der „Buchstäblichkeit" der Gleichnisse und Allegorien ab. Er zeigt Ihnen, daß diese Bibelwahrheiten der Schlüssel für ein perfektes Leben in Glück und Freiheit sind. 242 Seiten.

Verlangen Sie das Gesamtprogramm beim
**Verlag Peter Erd, Gaißacherstraße 18, Postfach 75 09 80,
8000 München 75; Telefon (0 89) 7 25 01 26**

IHR PROGRAMM ZUR SELBSTHILFE

MEDITATIONEN I + II

Diese Meditationen sind Musterprogrammierungen, die schon Zigtausenden von Menschen geholfen haben ihr Leben zu ihren Gunsten zu verändern. Sie sind absolut gezielt und sicher anwendbar. 54 Seiten, 70 Seiten.

KASSETTEN

Endlich sind sie da, die Kassetten mit den Murphy Meditationen I (2 Kassetten: 1. Teil und 2. Teil) sowie die Murphy Meditationen II (1 Kassette) – zur Freude aller Murphy-Fans. Überlassen Sie sich ganz diesen geübten Stimmen, mit deren Hilfe Sie an sinnvolles meditatives Arbeiten herangeführt werden. Damit verstärken Sie Ihren Erfolg bei der Selbstprogrammierung durch die Meditations-Broschüren ganz wesentlich!

AUTOGENES KASSETTENPROGRAMM
DR. JOSEPH MURPHY
- Das Gesetz des Erfolgs
- Wunscherfüllung

Catherine Ponder

DIE HEILUNGSGEHEIMNISSE DER JAHRHUNDERTE

Die Heilungsgeheimnisse der Jahrhunderte bestehen darin, daß jeder Mensch zwölf dynamische Geisteskräfte besitzt, die in zwölf beherrschenden Nervenzentren im Gehirn und mitten im Körper liegen. Das Buch zeigt Ihnen weiterhin, wie dieses Wissen angewendet werden muß, um jedes Leiden Ihres Körpers zu heilen. 282 Seiten.

DIE DYNAMISCHEN GESETZE DES REICHTUMS

Sie können durch DIE DYNAMISCHEN GESETZE DES REICHTUMS einen goldenen Strom von Reichtümern in Ihr Leben leiten. Dieses Buch enthüllt Ihnen, wie bestimmte geistige Einstellungen in Ihrem Leben Wohlstand hervorrufen, warum die stärkste Kraft der Welt zu Ihren Gunsten wirkt und wie man die geheimen „Gesetze für Wohlbefinden" zur Erlangung des eigenen Glücks anwendet. 349 Seiten.

IHR WEG IN EIN BEGLÜCKENDES LEBEN
(bisher erschienen unter dem Titel:
Das Wohlstandsgeheimnis aller Zeiten)

Sie können alles haben, sobald Sie das Wohlstandsgeheimnis aller Zeiten kennen- und anzuwenden gelernt haben. Dieses Buch zeigt Ihnen Seite für Seite, was es mit diesem verblüffenden Geheimnis auf sich hat, wie es angewendet wird und wie es den Weg in Ihr Leben finden kann. 265 Seiten.

BETE UND WERDE REICH

Dieses Buch möchte Sie mit vielen faszinierenden Arten bekannt machen, auf die man beten kann: durch Entspannung, Verneinung, Bejahung, Konzentration, Meditation, in der Stille, durch Erkenntnis, durch Danksagung. Sie werden sehen, es gibt für jede Lebenslage einen Weg, zu beten – der zu Stimmung und Umständen paßt – eine Methode, die unweigerlich funktioniert! Auf keine bessere Weise können Sie sich die Lebensqualität sichern, die Sie sich so sehnlich wünschen. 272 Seiten.

Dr. Kurt E. Schweighardt **FEUERLAUFEN**

Feuerlaufen hat eine alte, spirituelle Tradition. Bis zu 900 Grad Hitze strahlt die glühende Holzkohle bei diesem Ritual aus. Jeder kann die Macht des Geistes der Teilnehmer erahnen, wenn diese sie mit bloßen Füßen unverletzt überqueren. Dieses Ritual ist bei verschiedenen Völkern, so auch bei den mazedonischen »Anastenariden« ein Teil eines ganzheitlichen Heilkults. In ihm wird die Heilung des Menschen immer im Rahmen des Einswerdens mit der Schöpfung gesehen. 120 Seiten.

Verlangen Sie das Gesamtprogramm beim
**Verlag Peter Erd, Gaißacherstraße 18, Postfach 75 09 80,
8000 München 75; Telefon (0 89) 7 25 01 26**

IHR PROGRAMM ZUR SELBSTHILFE

Brunhild Börner-Kray   **DER GEISTIGE WEG – DER WEG ZUM ÜBERLEBEN**

Daß es eine höhere Wirklichkeit gibt, jenseits der Physik, davon war selbst Einstein zutiefst überzeugt. Mit dem Intellekt meistern wir die physische Welt. Unsere Daseinsberechtigung aber liegt begründet in unserer geistig-seelischen Existenz, die viele Leben durchwandert und unsterblich ist. Für jeden wahrhaft Suchenden ist das Werk dieser Autorin ein kostbares Geschenk. Nein, mehr noch: eine Offenbarung.

Hier wird klar, eindringlich und überzeugend dem Menschen sein geistiger Weg zum Überleben aufgezeigt. Der Leser wird das Buch nicht mehr aus der Hand legen, bevor er die letzte Zeile gelesen hat. 363 Seiten, Leinen.

Dan Custer   **ICH BIN – ICH KANN – ICH WERDE**

Das Wunder Ihrer Geisteskraft! Welche Aussage machen Sie häufiger: „Ich kann" oder „Ich kann nicht"? Seien Sie ehrlich, meistens bringen Sie eine negative Einstellung zum Ausdruck. Zugegeben, da spielen Frustrationen aus der Kindheit eine Rolle. Man hat uns häufig eine falsche Bescheidenheit beigebracht, Erwartungen und Wunschvorstellungen lächerlich gemacht. Dabei ist nichts so notwendig, als sich selbst zu akzeptieren als selbstbewußten Mittelpunkt, als einmalige Schöpfung, die alles ist, sein kann und sein wird. Ihre Möglichkeiten sind unbegrenzt, ob Sie nun Ihr Bewußtsein für körperliche Gesundheit und Jugendlichkeit, finanzielle Sicherheit, Entscheidungskraft oder Persönlichkeitsentfaltung einsetzen. 344 Seiten, Leinen.

MEDITATIONSPROGRAMM DAN CUSTER
■ Ich liebe den heutigen Tag:
2 Kassetten (1 Morgenmeditation und 1 Abendmeditation)

Dr. Ian Gawler   **KREBS – EIN SIGNAL DER SEELE?**
VORBEUGEN UND HEILEN IST MÖGLICH

Der Autor dieses Buches kennt die Gefühle eines Krebskranken. Er war Krebspatient, und sein Arzt nannte ihm eine Lebenserwartung von 3 bis 6 Monaten. Jetzt ist er geheilt.
Wie er mit dieser Krankheit fertig geworden ist, welche Therapie angewandt wurde und warum er jetzt weiß, daß Vorbeugen und Heilen möglich ist, lesen Sie in diesem Buch, das alle angeht, nicht nur die direkt Betroffenen. Es ist Warnung und Hilfe zugleich, und was das allerwichtigste ist: es macht die Zusammenhänge transparent und verhilft uns zu einer neuen, versachlichten Einstellung gegenüber dieser gefürchteten Krankheit. 283 Seiten, Leinen.

Vernon Howard   **DURCH MYSTISCHE WEISHEIT ZU KOSMISCHER KRAFT**

Hier ist endlich ein Buch, das es wagt, das Geheimnis der Ewigkeit zu enthüllen! Ja, es ist wahr. Sie werden herausfinden, wie Sie sich „in Berührung" mit der Mystischen Gemeinschaft bringen, um die goldene Ernte von Weisheit, Verstehen, Kraft und Liebe einzubringen. Sie werden sehen, wie Ihnen das ungeheure Wissen hinter jahrhundertealten Symbolen nutzen kann, wie Sie die „versteckten Kräfte", die in Ihrem Bewußtsein schlummern, wecken und wie Sie damit umgehen können. Wer die wunderbaren Möglichkeiten des Menschenlebens nutzen möchte, wer mit seiner gegenwärtigen Lage unzufrieden ist, kann in diesem praxisbezogenen Buch eine unerschöpfliche Quelle für die Arbeit an sich selbst finden. 283 Seiten, Leinen.

D. Scott Rogo   **REISEN IN DIE UNSTERBLICHE DIMENSION**

Ein 8-Schritte-Führer für Astralreisen!
Die Astralreise, d. h. die Fähigkeit, den Körper zu verlassen, ist ein Phänomen, das schon seit langem sowohl die Wissenschaft als auch die breite Öffentlichkeit fasziniert. Wenn diese seltsame Kraft immer schon Ihre Neugier erregt hat und Sie bereit sind, diese Neugier einen Schritt weiter zu verfolgen, dann finden Sie in dem vorliegenden Buch eine vollständige Einführung in acht authentische Methoden, die nachweislich Erlebnisse der Loslösung vom Körper bewirkt haben. Ein Buch, das Ihr Denken, aber auch Ihr Leben verändern kann. 279 Seiten, Leinen.

Verlangen Sie das Gesamtprogramm beim
**Verlag Peter Erd, Gaißacherstraße 18, Postfach 75 09 80,
8000 München 75; Telefon (0 89) 7 25 01 26**